侯建新 主编

THE EVOLUTION OF
EUROPEAN CIVILIZATION

欧洲文明进程

工业化 卷

徐滨 著

创于1897
商务印书馆
The Commercial Press

图书在版编目（CIP）数据

欧洲文明进程．工业化卷／侯建新主编；徐滨著．—北京：商务印书馆，2024
ISBN 978-7-100-23221-0

Ⅰ.①欧…　Ⅱ.①侯…②徐…　Ⅲ.①欧洲—历史②工业化—研究—欧洲　Ⅳ.① K500 ② F450.9

中国国家版本馆 CIP 数据核字（2023）第 224951 号

权利保留，侵权必究。

本卷系国家社会科学基金重大招标项目
"欧洲文明进程研究"（批准文号：12&ZD185）最终成果之一

"十三五"国家重点图书出版规划项目

侯建新　主编

欧洲文明进程
工业化 卷
徐滨　著

商 务 印 书 馆 出 版
（北京王府井大街36号　邮政编码100710）
商 务 印 书 馆 发 行
北京市十月印刷有限公司印刷
ISBN 978 - 7 - 100 - 23221 - 0

2024年4月第1版　　　　开本 710×1000　1/16
2024年4月北京第1次印刷　印张 20¼
定价：99.00 元

总　序

侯建新

在课题组全体成员孜孜不倦的努力下，春风夏雨，十年一剑，《欧洲文明进程》（16卷本）终于面世了。这部多卷本著作，通过追溯欧洲文明诞生以来的历史进程，旨在探索回答几代中国人的问题——何谓欧洲文明？它从不同的侧面描述和阐释，跨语境地感知和感悟，希冀离真相再近一步！作为课题主持者，也是分卷作者，回顾走过的这段路程，我有如释重负的快乐且怀有由衷的期望，但愿我们不负前贤无愧来者，交上一份合格的答卷。

历史上的欧洲文明即于今的西方文明，又称北大西洋文明，是当今世界主要文明之一，也是我们必须与之打交道的重要文明。这部书已从16个方面对欧洲文明做了专题性论述；"总序"则力图横纵结合、通达遂晓，从总体上探讨它——诸如欧洲文明的时空维度；欧洲文明形成的条件；欧洲文明确立的标志，即"文明元规则"的生成；还有，欧洲文明对现代世界深刻而复杂的影响等。希望"总序"对这部书的完整性有所助益；同时方便读者阅读和理解全书。末了，再介绍一下这个课题的来龙去脉。

何为西方文明的核心内涵，或者说西方文明是什么？这是本序也是本部书要回答的主题。在开始我们的主题前，暂且把目光收回，回首一下近代中国人对西方文明的认知变化。对欧洲文明的认识，总有一个循序渐进、由浅入深、由表及里的过程。无论如何，前人的经验、认识及研究成果，是我们继续研究的基础；况且，中国命运始终是我们探索欧洲文明的动力。

一、回首：近代国人欧洲观嬗变

从16世纪到18世纪，以利玛窦（Matteo Ricci）、汤若望（Johann Adam Schall von Bell）、南怀仁（Ferdinand Verbiest）等为代表的耶稣会士来华传教，同时扮演了欧洲文明传播者的角色。虽然他们带来的欧洲历算知识、火炮技术等，曾经被明朝和清朝政府部分接纳，不过未能触动传统的华夷文明观。以鸦片战争为节点进入近代后，国人对欧洲的认知大致可以分为三个阶段：

从鸦片战争到甲午战争。1840年的鸦片战争，是中国与西方世界碰撞的开始，也是国人了解欧洲文明的标志性起点。战争失败后，魏源的《海国图志》、徐继畬的《瀛寰志略》等一批海外舆地著作相继出现。作者介绍了欧洲各国的经济、社会、文化及民情风俗等，并强调欧洲在世界文明格局中的中心位置。魏源对欧洲文明印象强烈，"欧列国万民之慧智才能高大，纬武经文，故新地日开，遍于四海焉"[1]；徐继畬《瀛寰志略》亦有积极评价。两次战争的失败，使中国人意识到欧洲并非中国周边的"蛮夷"可比，尤其关注西洋船坚炮利之"长技"。因此，不久洋务运动启动，一批军工企业开始建立，声光化电等西学著作相继出版，使中国人进一步认识到欧洲科技和物质成就。

国门逐渐打开，动摇了部分士大夫的华夷文明观，一部分人开始承认欧洲文明的先进性。冯桂芬是洋务派代表人物之一，可他对西方的认知不止于"器物"，他说，"人无弃材不如夷，地无遗利不如夷，君民不隔不如夷，名实必符不如夷"，故应"惟善是从"。[2] 19世纪70、80年代，近代第一位驻外公使郭嵩焘和广东青年士子康

---

[1] 魏源撰、陈华等点校注释：《海国图志》，岳麓书社1998年版，第1103页。
[2] 冯桂芬：《校邠庐抗议》，上海书店出版社2002年版，第49页。

有为，也体会到这一点。康有为1879年游历香港后"乃始知西人治国有法度"。不过他们的看法总体上未突破中体西用的框架。

对欧洲文明的认识，也存在明显误读，甚至不无荒诞。一部分人承认欧洲文明的可取之处，可是认为所谓"西学"不过源自古代中国而已：西洋人的技术发明，其原理早已由中国上古圣人阐发，诸如电线、西医、火轮汽机等，都能在经典古籍中找到，或者出于《易经》，或者出于《墨子》等。西洋政教风俗同样源于中国，即所谓"泰西近古"说，诸如"在上下之情通，君民之分亲……实有三代以上之遗意焉"。①

从甲午战争到五四运动。甲午战争的失败，对中国知识界是一次前所未有的打击，也引发了中国人学习西方的热潮。不少人认为，洋务运动只学了西学的皮毛，策中国于富强，非"西政"不可。这一时期，以进化论为代表的新哲学，以及自由、平等、主权在民、男女平权等新观念，政治、法律等社会科学知识，以及小说、音乐等文学艺术，都开始进入中国。来自海外的各种信息空前丰富，推动中国思想改良，中国人对欧洲文明也有了新认识。严复称，西方社会"身贵自由，国贵自主"。他说："中国最重三纲，而西人首明平等；中国亲亲，而西人尚贤；中国以孝治天下，而西人以公治天下；中国尊主，而西人隆民。"②1900年，梁启超发表《立宪法议》，将欧洲君主立宪制度视为最合理的制度，强调宪法的根本法地位，"盖谓宪法者，一国之元气也"。

总之，在追求制度变革的背景下，欧洲文明和中国文明的地位出现反转，孙中山《三民主义》一书指出：义和团失败后，中国人"便明白欧美的新文明的确是比中国的旧文明好得多……要中国强盛，要中国能够昭雪北京城下之盟的那种大耻辱，事事便非仿效外国不可，不但是物质科学要学外国，就是一切政治社会上的事都要学外国"。

---

① 王韬：《弢园文录外编》，上海书店出版社2002年版，第89页。
② 严复："原强""论世变之亟"，王栻主编：《严复集》第1册，中华书局1986年版，第17、3页。

民国初年新文化运动，给予西方文明前所未有的肯定，具有一定的理论色彩。新文化运动的先进知识分子赞扬西方社会的价值观，号召个性解放，建立自主自由的人格。陈独秀将欧洲文明特征概括为"人权说""生物进化论"和"社会主义"，他说："科学之兴，其功不在人权说下，若舟车之有两轮焉。"[①]后来人们将西方文明归纳为科学与民主。李大钊《东西文明根本之异点》认为，东西方道德区别在于，"个性灭却"和"个性解放"，"东方想望英雄，结果为专制政治，……西方倚重国民，结果为民主政治"。

五四运动后到抗日战争。第一次世界大战爆发并使欧洲经济凋敝，引起西方世界的文化反思和悲观情绪，斯宾格勒《西方的没落》即在这个时期面世。与此同时，东方文明救世论在国内兴起，直接影响了国人的欧洲观。1920年，梁启超游历欧洲归国后，出版《欧游心影录》一书，态度大变，他不再说"中国与欧洲之文明，相去不啻霄壤"[②]，而是认为西方物质文明没有给人类带来幸福，却将人类带入深渊，因此西洋文明已经破产，需要东方文明来拯救。当年曾高歌"欧西文明"的梁氏尚且如此，何况一般人乎？国人对西方认知基础之脆弱，不言而喻。1935年，王新命等人发表《中国本位的文化建设宣言》，倡导新儒家的文化立场，虽然承认学习西方的必要性，但比照以前大打折扣，强调西方文明为物质文明，中国文明为精神文明。

与新儒家相对立的，是坚持全面学习西方的人物，他们继续抱有清末以来一些知识人士对西方的热情。1926年胡适指出，不能将中西文明概括为精神文明和物质文明，凡一种文明必有物质和精神两个因子，而且西方精神发展程度，"远非东洋旧文明所能梦见"。[③]同时胡适也提倡"整理国故"，他解释说他不是主张"全盘西化"，

---

① 陈独秀："法兰西人与近世文明""敬告青年"，陈独秀著、王观泉导读：《〈独秀文存〉选》，贵州教育出版社2005年版，第45、44页。

② 梁启超："论中国与欧洲国体异同"，张品兴主编：《梁启超全集》第1册，北京出版社1999年版，第312页。

③ 参见欧阳哲生编：《胡适文集》(4)，北京大学出版社1998年版，第6、10页。

而是充分现代化。另一位代表人物陈序经在《中国文化的出路》一书中认为，西洋文化是现代的基础文化，是现代化的主体。西方文化并非尽善尽美，但中国文化在根本上不如西洋。[①]

我们力求客观、简约地表述近代国人欧洲文明观的大致轨迹，难免挂一漏万。近代中国人对西方文明的认识经过了一个不断丰富和深化的过程，有高潮也有低谷。他们出于济世救国情怀而关注和评说西方文明，时有切中要害的智慧点评，也出现了一些专业性研究成果。例如，陈衡哲的《新学制高级中学教科书·西洋史》（1924年），被称为一部开山之作；还有高一涵的《欧洲政治思想史》（1926年）、蒋百里的《欧洲文艺复兴史》（1921年）、雷通群的《西洋教育史》（1935年）等。不过，总体来讲，一直到20世纪中期，中国大学很少设置世界史、欧洲史课程，教育基础薄弱，研究机构几近于无。其次，即使一般的认知也限于知识精英，与普通民众几乎无关，而且，知识精英层对西方的认识也没有达成广泛的共识。但无论如何，近代中国人关于西方文明的心路历程，于今仍具有重要价值。

19世纪中叶，当中国首次与西方世界交手并初识这个陌生文明的时候，西方却正在重新审视自己：欧洲文明如何创生，肇始于何时，其本质特征是什么？整个20世纪都是这一认识不断深化的过程，至今没有结束；令人遗憾的是，长期以来国内学界对这些动态信息所知极不充分。

二、欧洲文明的时空维度

先从西方文明的时间维度说起。

历史学家认为，最初的文明诞生于5000年到6000年之前，自此人类历史上曾先后出现数十种文明形态，上古时代基本独立形成的文明被称为"原生型文明"。随着时光的流逝，一些文明凋零了，

[①]　以上参阅了田涛教授"近代中国对西方文明的认识"授课讲义，谨致谢忱。

一些文明得以延续或再生，当今世界的主要文明不过七八家，其中再生文明居多，它们又被称为"次生型文明"。次生型文明采纳一种或若干种原生型文明的某些成分，但已然是不同质的文明。笔者认为西方文明是次生型文明，与古希腊罗马文明有本质不同，尽管与它们有着某种联系。

　　然而，西方学界长期将西方文明与古典文明混为一谈。欧洲人何以形成这样的观念，需要回放一下当时的历史画面。

　　15世纪初叶，处于中世纪晚期的欧洲人，一方面对强势的基督教教会及其文化深感压抑，希望获得更自由的空间；另一方面随着更多希腊罗马古籍的发现，被其典雅富丽的文风所吸引，希望早已衰败湮没的古典文化得以"复兴"，"文艺复兴"（Renaissance）因此得名。殊不知，此时已届中世纪的历史转捩点，面临着划时代的重要突破，岂是古典世界可比？！"他（但丁）是中世纪的最后一位诗人，同时又是新时代的最初一位诗人"①，正是指的这一特殊历史时期。远方地平线透出丝丝明亮，人们渴望更多的光明与自由。罗素说，他们不过企图用古典人的威信替代教会的威信而已。②这些一心改善现状的人文主义者，无限美化遥远的古典世界，认为罗马帝国崩溃后的历史进入千年愚昧与沉睡，直到现在理性精神才重新被唤醒，因此"黑暗时代"（Dark Ages）、"中世纪"（Medieval, Middle Ages）等话语，一时大行其道，形成一整套话语体系。"中世纪"概念，最先出现在15世纪意大利历史学家比昂多的著作中，其含义不难发现，指两个文化高峰之间的停滞期、低谷期，带有明显的贬义。另一方面，将人文主义者与古典文明绑定，结果自然而然地将中世纪以来的欧洲文明与古典文明并为一谈，似成不刊之论。

　　三百年后，当18世纪爱德华·吉本撰写巨著《罗马帝国衰亡史》时，他仍然拜倒在古典文明脚下，将中世纪史看成一部衰亡、

---

　　① 《马克思恩格斯选集》（第1卷），中共中央马克思、恩格斯、列宁、斯大林著作编译局编，人民出版社1972年版，第249页。

　　② 参见〔英〕罗素：《西方哲学史》（下卷），马元德译，商务印书馆1982年版，第7页。

阴暗的历史。一直到19世纪中后期，不乏欧洲历史学家仍认为中世纪理智处于昏睡状态中，称之为"死海之岸"。①

文艺复兴时期的话语高调持续数百年，临近20世纪才出现拐点，因此对西方自身以及对全球学界的影响不可小觑。中国史学界亦不能幸免。地理和文化相距越是遥远，越是容易留住对方长时段、高分贝释放的声音。例如，翻开几年前我国中学历史教科书，历时千年的中世纪史内容聊胜于无，寥寥几笔便进入文艺复兴话题。也有不同的声音。据我所知，国内学者最早提出不同观点的是雷海宗先生，他在20世纪30年代即指出：欧西文化自公元5世纪酝酿期开始直至今日，是"外表希罗内质全新之新兴文化"。②近年也有学者明确指出，欧洲文明不是古典文明主体的延伸，而是新生文明。③当下国际学界，传统看法依然存在，然而文艺复兴时期的话语不断被刷新，被颠覆！尤其进入20世纪后，越来越多的学者认为，欧洲文明与古典文明具有本质性区别。

对传统看法最先提出挑战的代表性人物，是活跃在19世纪中后期的基佐。弗朗索瓦·皮埃尔·基佐（1787—1874年），是法国著名历史学家和政治人物，他在《欧洲文明史》一书中，明确区别了欧洲文明与古典文明，而且做了不失深刻的分析。基佐敏锐地发现欧洲文明有着"独特的面貌"，不同于古典文明，也不同于世界上的其他文明。他认为，大多数古代文明都有一种明显的单一性，例如在古希腊，社会原则的单一性导致了一种迅速惊人的发展。"但是这种惊人的腾飞之后，希腊似乎突然耗竭了。"在埃及和印度，这种单一性使社会陷入一种停滞状态。社会继续存在，"但一动也不动，仿佛冻僵了"。欧洲不一样，它存在着多样性，各种势力处于不断斗争

---

① Philip Lee Ralph, *The Renaissance in Perspective*, New York: St. Martin's Press, 1973, p. 5.
② 雷海宗：《西洋文化史纲要》，王敦书整理导读，上海古籍出版社2001年版。
③ 参见侯建新："欧洲文明不是古典文明的简单延伸"，《史学理论研究》2014年第2期；侯建新："交融与创生：欧洲文明的三个来源"，《世界历史》2011年第4期；侯树栋："断裂，还是连续：中世纪早期文明与罗马文明之关系研究的新动向"，《史学月刊》2011年第1期；田薇："关于中世纪的'误解'和'正名'"，《清华大学学报》（哲学社会科学版）2001年第4期。

的状态，神权政治的、君主政治的、贵族政治的和平民政治的信条相互阻挠，相互限制和相互修正。基佐认为，欧洲的多样性为欧洲带来无限的发展机会。[①]

大约同时代的黑格尔，也表达了相近的观点。黑格尔认为，世界精神的太阳最早在东方升起，古希腊罗马文明是它的青壮年，最后，"太阳"降落在体现"成熟和力量"的日耳曼民族身上，实现了世界精神的终极目的。他特别指出，"在表面上，日耳曼世界只是罗马世界的一种继续。然而其中有着一个崭新的精神，世界由之而必须更生"[②]。黑格尔的"日耳曼世界"显然指中世纪开始的欧洲文明。不久，马克思在《经济学手稿》中，也将欧洲文明和古典文明明确作了区分。[③]

最早将这样的历史观引进职业历史学领域的，当数斯宾格勒（1880—1936年）和汤因比（1889—1975年），他们的作品《西方的没落》和《历史研究》，具有广泛的影响。斯宾格勒认为人类历史上主要有八种文明，其中"古典文明"和"西方文明"，都是独特的、等值的、自我本位的，都有不能抗拒的生命周期，虽然西方文明是最年轻的文明。这样的观点同样体现在汤因比的《历史研究》中，汤因比指出，古希腊罗马文明无疑已经完结，被两个接替者所取代，一个是西方文明，另一个是拜占庭文明。他特别指出，所谓神圣罗马帝国不过是一个幽灵，没有什么作用，不能因此便将西方历史视为罗马史的延伸。

对文艺复兴话语的致命冲击，来自20世纪以来中世纪研究的新成就。本来，从一定意义上讲，文艺复兴话语建立在贬损和虚无中世纪的基础上，人文主义者极力赞美的人文主义好像是从地下突然冒出来的，而不是中世纪发展的结果。随着原始文献解读和考古学

---

① 参见〔法〕基佐：《欧洲文明史》，程洪逵、沅芷译，商务印书馆1998年版，第20—40页。

② 〔德〕黑格尔：《历史哲学》，王造时译，上海书店出版社2001年版，第339—340页。

③ 参见《马克思恩格斯全集》（第30卷），中共中央马克思、恩格斯、列宁、斯大林著作编译局译，人民出版社1995年版，第465—510页。

发展，中世纪研究逐步深入，人们越来越不相信"黑暗中世纪"的传统描述；恰恰相反，中世纪是最不安分的、充满创生力的时代。

一批杰出的中世纪史学家，从实证到理论彻底颠覆了人们关于中世纪的认知。例如，梅特兰《英国宪制史》（1908年）、亨利·皮雷纳《中世纪的城市》（1925年）、费尔南·布罗代尔《地中海与菲利普二世时代的地中海世界》（1972年）、贝内特《英国庄园生活》（1938年）、马克·布洛赫《封建社会》（1935—1940年）、奥尔特"共同同意的村规"（1954年）、杜泰利斯《中世纪法国公社》（1978年）、雷诺兹《西欧王国与共同体，900—1300年》（1984年）、麦克法兰《英国个人主义的起源》（1978年）、弗朗西斯等《中世纪乡村生活》（1990年）、戴尔《转型的时代：英国中世纪晚期的经济与社会》（2005年）等。①这些作品极大更新了人们头脑中中世纪生活的历史画面，令人震撼不已！

皮雷纳力主西方文明产生于中世纪，而且经历了漫长的过程。亨利·皮雷纳（1862—1935年）是著名中世纪学者，然而最终以其欧洲文明研究闻名于世，其论断被表述为"皮雷纳命题"（the Pirenne Thesis）。这位比利时学者认为古典文明是地中海文明，西

---

① F. W. Maitland, *The Constitutional History of England: A Course of Lectures*, Cambridge: Cambridge University Press, 1908; Henri Pirenne, *Medieval Cities: Their Origins and the Revival of Trade*, Princeton: Princeton University Press, First Printing, 1925; Fernand Braudel, *The Mediterranean and the Mediterranean World in the Age of Philip II*, Translated from the French by Siân Reynolds, New York: Harper and Row, First published in English, 1972; H. S. Bennett, *Life on the English Manor: A Study of Peasant Conditions, 1150-1400*, Cambridge: Cambridge University Press, 1938; Marc Bloch, *Feudal Society*, Translated from the French by L. A. Manyon, London and New York: Routledge, English translation, 1961, 1962; Warren O. Ault, "Village By-laws by Common Consent", *Speculum*, Vol. 29, No. 2 (Apr., 1954); C. E. Petit-Dutaillis, *The French Communes in the Middle Ages*, Amsterdam: North-Holland, 1978; Susan Reynolds, *Kingdoms and Communities in Western Europe, 900-1300*, Oxford: Oxford University Press, 1984; A. Macfarlane, *The Origins of English Individualism*, Oxford: Basil Blackwell, 1978; Frances and Joseph Gies, *Life in a Medieval Village*, New York: Harper and Row, 1990; Christopher Dyer, *An Age of Transition? Economy and Society in England in the Later Middle Ages*, Oxford: Clarendon Press, 2005. 20世纪上半叶中世纪史研究的经典作品还有：Norman Scott Brien Gras and Ethel Culbert Gras, *The Economic and Social History of an English Village, Crawley, Hampshire, A.D. 909-1928*, Cambridge: Harvard University Press, 1930; G. G. Coulton, *The Medieval Village*, Cambridge: Cambridge University Press, 1925; R. H. Tawney, *The Agrarian Problem in the Sixteenth Century*, London: Longmans, 1912, 等等。

方文明终结了古典文明，不过文明交替并非随罗马帝国崩溃而实现，而是及至750年到800年，欧洲文明才逐渐确立。[①]皮雷纳格外关注伊斯兰扩张对西方文明形成的影响，甚至说"没有穆罕默德，就根本无法想象查理曼"云云[②]，似乎有些夸张了，不过他从更广阔的视野分析罗马帝国与西方文明的消长，将历史时间要素和空间要素有机结合，颇富学术魅力。不止皮雷纳，不少学者都看到了伊斯兰世界对西方文明形成的刺激作用，如《西方文明简史》作者杰克逊·斯皮瓦格尔指出："在700年到1500年之间，与伊斯兰世界的冲突帮助西方文明界定自身。"[③]

哈佛大学法学家伯尔曼（1918—2007年）史论并茂地论证了西方文明诞生于中世纪。他集四十年心血写成的《法律与革命》，是一部探究西方法律传统形成的鸿篇巨制，明确界定了西方文明内涵和外延。伯尔曼指出，人们习惯上将西方文明与古典文明视作一脉相承，实为一种误读：西方作为一种文明，不仅区别于东方，而且区别于以色列、古希腊和古罗马。它们是不同质的文明。西方文明与它们之间存在着某些联系，然而，主要的不是通过一个保存或继承的过程，而是通过采纳的过程，它有选择地采用了它们，在不同时期采用了不同部分。他认为西方文明成形于11世纪到12世纪，"虽然直到美国革命时才贡献了'宪政'一词，但自12世纪起，所有西方国家，……法律高于政治这种思想一直被广泛讲述和经常得到承认"[④]。

在当代政治学家中，塞缪尔·亨廷顿（1927—2008年）因其世界文明研究而名动一时，他阐述了相似观点：随着罗马帝国崩溃，古典文明"已不复存在"，如同美索不达米亚文明、埃及文明、克里特文明、

---

①　参见 Henri Pirenne, *Mohammed and Charlemagne*, New York: Meridian Books, 1959, pp. 17, 144, 285。

②　Henri Pirenne, *Mohammed and Charlemagne*, p. 234.

③　Jackson J. Spielvogel, *Western Civilization: A Brief History*, Vol. I, Wadsworth: Cengage Learning, 2010, preface, p. xxiv.

④　参见〔美〕哈罗德·J. 伯尔曼：《法律与革命》（第一卷）：西方法律传统的形成，贺卫方等译，法律出版社2008年版，第2—3、9页。

拜占庭文明、中美洲文明、安第斯文明等文明一样不复存在。他认为西方文明成形于8世纪和9世纪，是次生型文明。①

　　20世纪中叶以后，这样的观念走进历史教科书，这是一个标志性的转变，1963年布罗代尔推出的《文明史纲》是代表作。费尔南·布罗代尔（1902—1985年），法国年鉴学派即20世纪最重要史学流派的集大成者，以其一系列奠基性研究成果蜚声世界。他指出，欧洲文明发展成形于5—13世纪，其中封建制确立和推行对欧洲文明形成意义重大，以至可称早期欧洲为"封建文明"。他认为：封建主义（Feudalism）打造了欧洲。11、12世纪，"欧洲达到了它的第一个青春期，达到了它的第一个富有活力的阶段"。这种统治是一种"原创性的政治、社会和经济秩序"。②关于封建制与欧洲文明内涵的关系，年鉴学派的另一位代表人物布洛赫在其享誉世界的名著《封建社会》中也做过经典论述。

　　问世于20世纪中叶亦广受欢迎的教科书《欧洲中世纪史》，开篇标题醒目而明确："欧洲的诞生，500—1000年"。作者认为新的欧洲文明在公元1000年左右臻于成熟，西方"是中世纪的产品"，欧洲文明与古罗马文明有着亲属关系，然而却是"迥然不同"的文明。③该书由美国历史学会主席C.沃伦·霍利斯特等著，至2006年该书已再版10次，成为美国数百所大学的通用教材。

　　布莱恩·蒂尔尼等在其六次再版的大学教材中指出，中世纪欧洲与罗马时期的社会图景完全不同，"'罗马帝国的衰亡'不仅仅可以被视为一种古代文明的终结，而且还可以视为一种新文明的开端"，"在11和12世纪，一种新的、独特的西方文化开始萌芽"。④

---

　　① 参见〔美〕塞缪尔·亨廷顿：《文明的冲突与世界秩序的重建》，周琪等译，新华出版社1998年版，第29、35页。

　　② 参见〔法〕费尔南·布罗代尔：《文明史纲》，肖昶等译，广西师范大学出版社2003年版，第294、296页。

　　③ 参见〔美〕朱迪斯·M.本内特、C.沃伦·霍利斯特：《欧洲中世纪史》（第10版），杨宁、李韵译，上海社会科学院出版社2007年版，第5—7页。

　　④ 参见〔美〕布莱恩·蒂尔尼、西德尼·佩因特：《西欧中世纪史》（第六版），袁传伟译，北京大学出版社2011年版，第2、131页。

正如广为中国读者熟知的《全球通史》的作者斯塔夫里阿诺斯强调，欧洲中世纪是崭新独特的生活方式，有几种新的罗曼语取代了拉丁语，服装、宗教、谋生之道等都发生深刻变化。他说，古典文明被永久湮没，被一种崭新的东西所代替。

至于"欧洲"一词进入欧洲人的实际生活，已到中世纪末期，此前只见于零星记载。据奥地利历史学家弗里德里希·希尔考证，"欧洲"这个概念在罗马帝国后期开始形成，"最初，它只是用以表明一种区别"。人们发现在罗马皇帝的军队中，来自帝国西部的"欧罗巴人"与东方的"叙利亚人"有显著不同。甚至到5世纪初，历史学家还交替使用"欧罗巴人"和"欧罗巴人军队"这两个词。据悉，这是"欧洲"一词能查阅到的最早的文字记载。[①]随着蛮族入侵，先后出现了一系列蛮族王国，法兰克是蛮族王国的主要代表，其加洛林王朝开始正式使用"欧洲"这个概念。

布罗代尔认为，751年建立的加洛林王朝就是第一个"欧洲"，标示为"欧罗巴，加洛林王朝统治"（Europa, vel regnum Caroli）。加洛林王朝的著名统治者查理大帝，被其后的宫廷诗人赞誉为"欧洲之父"（pater Europae）。后来十字军东征，在与阿拉伯穆斯林的冲突中，"欧洲"概念也曾浮出水面。不过，总的看，这个词在中世纪很少被使用，到文艺复兴时期，在但丁笔下还难得见到，不过彼特拉克、薄伽丘等人已一再地使用它。"欧洲"一词进入欧洲人的实际生活并且较频繁地出现在欧洲所有的语言中，则是15、16世纪的事情了。

显然，一个多世纪以来，西方学界关于欧洲文明时间维度的认知，取得了显著进展。可惜，对于这一不断变化的、内容丰盛的百年学术史，国内的介绍既不及时也不充分，更缺乏深入的研讨和分享。

欧洲文明的空间维度，似乎更加复杂。所谓欧洲，基本是文化意义上的欧洲，所以伯尔曼说，西方是不能借助罗盘找到的。地理上的边界有助于确定它的位置，但是这种边界时常变动，依从文化

---

① 〔奥地利〕弗里德里希·希尔：《欧洲思想史》，赵复三译，广西师范大学出版社2007年版，第1页。

内涵而具有时间性。这里说的欧洲是以西欧为代表的，中世纪以来即如此。南欧、中欧和北欧也属于这个文明圈，其地理与文化是重叠的，涵括大约从英格兰到中欧和从丹麦到西西里的诸民族。一部分东欧国家以及俄罗斯，虽然地处欧洲却不被认为属于这个意义上的欧洲国家。西欧某个特定时期的个别地区也是这样，罗伯特·罗伊指出，中世纪的西班牙被穆斯林统治了七百多年，其间西班牙的穆斯林统治者从不认为自己是欧洲人。①

显然，所谓欧洲，有一条看不见的文化边界，近代以来更加明显。"大航海"后欧洲移民在美洲和大洋洲建立起来的国家，如美国、加拿大、澳大利亚和新西兰等被认为是西方国家，虽远离欧洲本土，依然同根相连，叶枝相牵。西方文明的空间维度有一定的时间性和迁动性，未必与自然地理上的欧洲合一。

三、欧洲文明的形成：采纳、改造与创生

以往，我们习惯于将欧洲近代思想之源头，一则上溯于古希腊罗马，二则归因于17世纪自然权利观的出现，竟至低估了中世纪的贡献，低估了日耳曼人关键性的突破。欧洲文明诞生于中世纪，它与古典文明之间不是衣钵传承关系，而是拣选、采纳为其所用的过程。而且，欧洲文明采纳和改造的对象不单单是古典文明，还有日耳曼（Germanic）文化、基督宗教（Christian）、以色列文化等。事实上，入主欧洲的日耳曼人是创生欧洲文明的主体，对该文明形成具有能动的主导作用。所以萨拜因指出："在6世纪和9世纪之间，欧洲的政治命运永远地转移到了日耳曼侵略者之手。"②

日耳曼人是征服者，他们带着其世世代代生活方式的记忆，以

---

① 参见 Robert Royal, "Who Put the West in Western Civilization?", *Intercollegiate Review* (Spring, 1998), p. 5.

② 〔美〕乔治·霍兰·萨拜因著、托马斯·兰敦·索尔森修订：《政治学说史》（上册），盛葵阳等译，商务印书馆1986年版，第242页。

不同程度的部落形式整体进入欧洲，开创新生活。在这样的过程中，他们与不同的文化相遇，并从不同的文明中吸取"灵感"，然而日耳曼诸蛮族没有变成吸取对象本身。他们与采纳对象之间的位格也不一样。如果说欧洲文明是一座大厦，古典文明、以色列文明和基督宗教等文化元素不过是石块、沙砾等建材，西欧民族才是建筑师。关于中世纪政治经济制度，人们总是争论罗马因素还是日耳曼因素更多，而忽视谁是创造欧洲文明的主体。后者是有意志、有能动性的人，他们不是古罗马人，更不是古希腊人，而是中世纪西欧诸民族。12世纪罗马法复兴运动中，意大利波隆那大学是重要策源地，那里的罗马法学家们不是古罗马人；文艺复兴运动的代表人物伊拉斯谟不是古希腊人。

西方文明并非由古典世界一直延续下来。相反，罗马文明在西罗马帝国灭亡前就已经被蛮族文明替代，高度发达、极其精致的罗马法律体系与日耳曼民俗法差异极大，距罗马最后一位皇帝被废黜很早以前，罗马文明在西部就已经被哥特人、汪达尔人、法兰克人、萨克森人以及其他日耳曼人的原始部落文明所取代。伯尔曼平实而贴切地描述了这种状况，他说，西方文明与古典文明的关系，"主要的不是通过一个保存或继承的过程，而是通过采纳的过程，即：西方把它们作为原型加以采纳。除此，它有选择地采用了它们，在不同时期采用了不同部分"[1]。

即使日耳曼传统文化本身，也要经过拣选和改造。显然，欧洲文明不是任何一个文明的复制品，它所采纳的其他文明有关部分也不是如法炮制，而是经过极其复杂的交汇、嫁接和改造，所以文明创生的主体性作用不可忽视。从这个意义上讲，"罗马因素"和"日耳曼因素"这样陈旧的话语模式可以被超越，也应该被超越。

日耳曼人来自欧洲北部多雾的海边，分为不同的部落，却有大致相近的传统、惯例和制度，最重要的是马尔克（Mark）村庄共同

---

① 〔美〕哈罗德·J. 伯尔曼：《法律与革命》（第一卷）：西方法律传统的形成，贺卫方等译，第2—3页。

体制度。如何理解他们的共同体（Community）呢？一方面日耳曼人的个体不够强大，不得不依附部落群体；另一方面，他们有着共同的观念，通过共同的行为来追求共同的目的。比较罗马法和日耳曼法就会发现，罗马家长权主要取决于一家之主的"意志"（will），相对应的日耳曼家庭父权制度主要取决于"关系"（relation），作为基本概念，指的是一种保护和依从关系。①因此，成员之间没有根本的隶属和支配关系，识别他们的标准是自治和自律。

村民大会和协作轮耕制是其典型标识。马尔克传统在日耳曼人的全部生活里扎下了根，不少学者认为，在整个中世纪里，在大部分欧洲土地上，它是一切社会制度的基础和典范，浸透了全部的公共生活，这并非溢美之词。村社组织并非"残余形式"，而是实际的存在，乡村实行庄园 - 村庄混合管理结构。②即使在农奴制下，村庄也没有丧失集体行为，一些村庄共同体还有自己的印章，甚至有旗帜。中世纪的庄园法庭，明显地保留了日耳曼村民大会的古老遗风。一切重大的安排、村民诉讼以及与领主的争端，都要由这样的法庭裁决。在乡村公共生活中，"村规"（by-laws）享有很高的权威，长期保持旺盛的生命力，受到乡村社会的高度认同。③再一个标志性遗产是著名的"敞田制"，强制性轮耕制和放牧制带有明显的"均平"主义色彩。

村民带着这种观念建立的中世纪城市，就是一个城市共同体。他们有自己的法律和法庭，享有一定自治权。一些法兰西和意大利城镇还自称为"城市公社"。城市手工业行会，简直就是村庄组织的翻版，商会亦然。大学被称为"中世纪最美丽的花朵"，人们仍然可以从其教师行会身上看到马尔克共同体的影子。

---

①　参见 Roscoe Pound, *The Spirit of the Common Law*, Francestown: Marshall Jones Company, 1921, pp. 26-27。

②　参见侯建新："西欧中世纪乡村组织双重结构论"，《历史研究》2018 年第 3 期。

③　参见 Zvi Razi, "The Struggles between the Abbots of Halesowen and Their Tenants in the 13th and 14th Centuries", in T. H. Astonetal., eds., *Social Relations and Ideas: Essays in Honour of R. H. Hilton*, Oxford: Oxford University Press, 1983, pp. 151-167。

上层统治架构也深受日耳曼传统的影响。按照日耳曼人的观念，政府的唯一目标就是保障现存的法律和权利，地方习惯法往往成为王国法律的基础。德国学者科恩指出，中世纪的政治思想与其说是中世纪的，不如说是古代日耳曼的，后者也是欧洲封建制得以创建的重要政治资源。[①] 即使法律本身也导源于日耳曼传统，生活中的惯例在法律中具有排他性和独占性。不难发现，不论是乡、镇基层还是上层政治架构，日耳曼的法律、制度与传统文化为早期西方提供了社会组织胚胎。

基督教是塑造欧洲文明的重要力量，欧洲文明甚至被称为基督教文明，其实基督教本身也必须经过中世纪的过滤和演化。一个平凡的事实是，同为基督宗教，在这边是天主教和改革后的加尔文新教，在拜占庭和俄罗斯等地就变成颇有差异的东正教。经过中世纪的采纳与认同，基督教潜在要素才得以显现。首先，它以统一的一神信仰，凝聚了基督教世界所有人的精神，这一点对于欧洲人统一的身份意识、统一的精神归属意识，具有无可替代、空前重要的意义。而这样的统一意识，对于欧洲人的身份自觉、文明自觉，又发挥了重大作用。布罗代尔指出，在欧洲的整个历史上，基督教一直是其文明的中心，它赋予文明以生命。

其次，它为欧洲人提供了完整的、具有显著的文明高度的伦理体系。基督教早期是穷人的宗教，其博爱观念在理论上（在实际上受很多局限）突破了家庭、地域、身份、种族、国家的界限。耶稣的殉难，以及他在殉难时对迫害他、杀死他的人的宽恕，成为博爱精神极富感染力的象征。博爱精神既为信徒追求大的超越、神圣，实现人生价值、生命意义提供了舞台，也为信徒践行日常生活中的道德规范提供了守则。当基督教出现之后，千百年来折磨人、迫害人、摧残人、杀戮人的许多暴虐传统，才遭遇了从理论到实践的系统的反对、谴责和抵制，以对苦难的同情为内容的人道主义才开始

---

① 参见 Fritz Kern, *Kingship and Law in the Middle Ages*, New York: Praeger Publishers, 1956, Introduction, p. xviii.

流行。它广泛分布的教会组织，对中世纪动荡、战乱的欧洲社会秩序重建，对于无数穷苦人苦难的减缓，起过无可替代的作用。

最后，它关于上帝面前人人平等的观念，无论高贵者还是低贱者皆有"原罪"的理念，导致对世俗权力的怀疑，为以后的代议制度孕育预留了空间。权力制衡权力的实践在罗马时代已出现，但基督教的原罪说才提供了坚实的理论依据，开辟了真正广阔的前景。在上帝救世说中，个人是"原罪"的承担者，而灵魂得救也完全是个人行为，与种族、身份、团体无关；个人的宗教和道德体验超越政治权威，无疑助益个体和个体观念的发展。这是古典世界所不曾发生的。

中世纪基督教会的消极影响也无可讳言，它在相当长的时间里、相当严重的程度上用愚昧的乌云遮蔽了理性的阳光，诸如猎杀女巫运动，对"异端"的不宽容，对"地心说"的顽固坚持，等等。更为严重的问题是，随着教会世俗权力的膨胀，教会也不能幸免自身的腐败。作为近代早期欧洲宗教改革的重要成果，基督教会逐渐淡出世俗，完全回归到心性与精神领域。

古希腊罗马文明是欧洲文明选择、采纳其元素为己所用的另一个重要对象，当然它也要以自己的方式予以改造。古典文明的理性思考，对中世纪神学、经院哲学和对自然科学产生深刻影响。雅典无疑开创了多数人民主的先河，不过我们也应清楚地看到，雅典民主有以众暴寡的倾向，不具备现代民主的气质。说到底，古典时代没有独立的个体，缺乏现代民主的基础。

古罗马对于欧洲文明最重要的贡献是罗马法。罗马法法律体系最初不为蛮族所接受，随着蛮族的成长，12世纪他们重新发现罗马法，采纳了罗马法一些"概念"和"范式"，并重新诠释，结果气质大变，与其说罗马法复兴，不如说再造。人们可能看到，12世纪意大利比萨自由市的法律制度，采用了许多罗马法的规则，可是，相同的准则具有极不同的含义。教会法学家们热衷于解读罗马法，表面上他们在不停地辨析和考证罗马法，试图厘清本意；实际上在不断输入当时的社会共识，表达一种全新的见解。中世纪法学家最杰出的贡献，甚至是唯一成就，就是他们对罗马法中"IUS"概念的重新解读和改造，逐渐彰显自然权利和个体权利，开拓了一种新的文明源泉，为建构欧洲文明框架提供了基本元素。

倘若对中世纪与古典文明有较为深入的把握，就不难发现二者基本气质如此不同，人们对国家和权力的心理，对超自然力量的态度，还有社会组织方式、城乡布局等，都不一样。古典时代没有独立个体或半独立个体，看不到个人权利成长的轨迹，个人融于城邦整体中，最终融于帝国体制中；城邦公民的自由限于参政的积极自由而没有抵御公权侵犯的消极自由。梅因指出，"古代法律"几乎全然不知"个人"，它所关心的不是个人而是家族，不是单独的人而是集团。[1] 在这种情况下，他们只得依附于城邦，当庞大帝国形成时则依附于帝国，如同基佐指出，臣民那么容易地接受帝国的专制政治信仰和感情，对此我们不应感到惊奇。[2] 尽管古典文明达到相当的高度，但是最终还是与其他古代文明一样，未能摆脱谋求强大王朝和帝国的宿命。

无论如何，罗马帝国覆亡以后，不同文明诸种元素熔于一炉，或者一拍即合，或者冲撞不已，更多则是改造和嫁接，形成了一种新的文明源泉。8世纪封建制的确立进一步推进了这一历程。欧洲文明形成要比通常认为的时间晚得多，其过程也漫长得多，正是在这看似无序的过程中，文明元素逐渐更生，至中世纪中期，欧洲文明的内核基本孕育成形。

学者们试图对西方文明核心内涵做出概括性阐释。例如，亨廷顿认为西方文明的主要特征是：古典文明的遗产、天主教和新教、欧洲语言、精神权威和世俗权威的分离、法治、社会多元主义、代议机构和个人主义。西方文明所有重要的方面，他几乎都涉及了，不过这些"特征"没有逻辑关系，甚至因果混淆，未能揭示西方何

---

① 〔英〕梅因：《古代法》，沈景一译，商务印书馆1996年版，第146页。
② 参见〔法〕基佐：《欧洲文明史》，程洪逵、沅芷译，第27—28页。

以成为西方的根本所在。

梅因的研究值得关注。他的目光回溯到文明早期，他承认每一种文明都有其不变的根本，他称之为"胚种"，一旦成形，它的规定性是穿越时空的。他发现当下控制着人们行为的道德规范形式，都可以从这些"胚种"中找到根由。[1]也就是说，虽然欧洲文明不断变化，然而也有不变的东西，它所具有的原始特征，从初始到现今，反复出现，万变不离其宗。

无独有偶，著名的欧洲思想史学家希尔指出了同样的道理，他称不变的东西是欧洲精神版图上铺开的"重叠光环"。这些主题在欧洲历史中反复出现，直到今天还未失去它们的意义。下句话说得更明了：如果哪位读者首次看到它们时，它们已经穿着现代服装，那么我们不难辨认它们在历史上早已存在，虽然穿着那时的服装。[2]不论希尔的"重叠光环"，还是梅因的"胚种"，这些杰出学者的文明研究，都在探求特定文明的原始、不变的根本元素，颇似中华先贤屈原上下求索中发出的"人穷则返本"之呼唤！

四、欧洲文明确立的标志："元规则"生成

笔者认为，12—14世纪形成的自然权利，标志着欧洲文明的确立，它是欧洲文明不变的内核，大概也就是梅因所说的"胚种"。自然权利在一定意义上相当于主体权利，[3]只是角度不同而已。关于自然权利的起源，人们通常认为自然权利观念如同内燃机一样，是现代社会的产物。所幸国际学界近几十年的研究成果不断刷新传统结论，越来越多的学者认为，自然权利观念起源于中世纪，而且逐渐在西方学术界占据了主流地位。

欧美学者将自然权利观追溯至中世纪教会法学家的贡献固然重

---

① 〔法〕梅因：《古代法》，沈景一译，第69页。
② 〔奥地利〕弗里德里希·希尔：《欧洲思想史》，赵复三译，"前言"，第1页。
③ 参见侯建新："主体权利与西欧中古社会演进"，《历史教学问题》2004年第1期。

要，不过还应同时关注观念背后的社会生活，关注12世纪社会条件的变化。一种文明的诞生不会凭空而降，必须具备与之相应的个体与群体，特定的社会共识，相应的社会环境。再好的种子落在石板上，也不会发芽成长。

不难发现，到中世纪中期，个体发展与社会发展已经超越了古典时代，本质上不同于古希腊罗马。早在8世纪，欧洲封建制确立，创建一种原创性的政治社会秩序；同时，也是欧洲个体成长的一个重要节点。领主附庸关系蕴藏的信息相当丰富复杂：一方面领主与附庸关系是等级关系，是一种人身依附关系；另一方面领主与附庸双方都必须履行相应的权利和义务，并受到封建法保护。倘若一方没有履约，另一方可以解除关系，也就是说，领主可以抛弃违约附庸，附庸也可以离弃恶劣的领主，因此封建关系中的契约因素不言而喻。这不是说低贱者不受压迫和奴役，这里仅仅是说，他已根据某个法律体系取得了一种不可剥夺的权利——尽管是一种等级权利、低级权利，他却有条件坚持这种权利，从而获得某种程度的保护。耐人寻味的是，这样的法律条款也是封建法的一部分，几乎同时为统治者和被统治者承认，达到相当程度的社会共识。

封建法中的"准契约关系"，深刻影响了中世纪的经济社会生活。在社会上层，按照规定，附庸服军役责无旁贷，然而服役的天数受到严格限制，否则会遭到附庸质疑和抵抗。英国大宪章运动的根本起因，是男爵们不能忍受约翰王破坏封建法，一再额外征召兵役。在社会下层，在采邑里，领主不能随意提高地租，即使在通货膨胀的情况下也很难，所以"习惯地租"几乎成了固定地租的代名词。可见，不论封臣还是普通农民，虽然等级不同权利也不同，然而都有不可剥夺的权利，一种保护自己不被过分压迫和侵夺的权利。正是因为臣民手里有权利，才有维护权利的法庭博弈。

因此人们不难看到，因某个采邑的归属，一个伯爵可以与国王对簿公堂，理直气壮，声称是为了正义和法律的荣誉。同理，一个佃农，即使农奴，为了他的土地权利也可以依据习惯法与领主周旋于庄园法庭。所以中世纪很少发现农民保有地被无故侵夺的案例。实际上，一个农民同时具有三种身份，他是领主的佃户，同时也是村庄共同体成员和教会的教民，这种多元身份也是农民权利保障的重要条件。中世纪城市是封建领地的一部分，市民也有不可剥夺的权利，而且更多一些，颇有吸引力。如果农奴被迫逃亡城市，有被领主追回的危险，但是度过101天后，依据城市法逃亡者便成为一个合法市民，任何人不能威胁他，他在一个新的共同体里再次获得一种权利。

中世纪的乡、镇居民固然不是现代社会意义上的独立个体，然而与其以前世界中的自我相比，与其他文明如古典文明中的自我相比，已经发生了突破性的变化。是否称之为"准独立个体"，才能更恰当、更充分地解释他们呢？这样的个体是中世纪走向现代社会不可或缺的角色，其中坚力量注定是最不安分的、最富有创新精神的人，是不竭动力的源泉。

"准独立个体"出现的历史意义不可低估。一个具有不可剥夺权利的人，一个不可任意奴役的人，一个能够依法自卫的人，一定会产生新的观念和新的语言，炼出新的品质，创造出新的社会关系和一个新的天地。古典世界是杰出的，但是毕竟没能做出本质性的突破，走向现代世界的突破是西欧民族做出的。个体和个体权利的成长，是欧洲千年发展史的一条主线，整个中世纪都可以理解为个体及个体权利成长的历史。正是在这个意义上，弗兰克·梅耶指出，在人类过去数千年的诸多伟大文明中，西方文明是独特的，不仅与古典文明有所区别，与其他所有文明都有所区别，而且是一种本质性的区别。[①]个体以及个体成长史，是欧洲观念、规则等产生的原点，也是欧洲文明产生的原点。

与古典文明及其他古代文明一样，欧洲中世纪不曾有独立个体（individual）；不过，还须看到变化的一面，大约中世纪中期，欧洲

---

① 参见 Franks S. Meyer, "Western Civilization: The Problem of Political Freedom", *Modern Age* (Spring, 1968), p. 120。

已然出现形成中的独立个体，发展中的独立个体——"准独立个体"。历史从这里分流。

实际上，已经有学者用实证的方式描述这种个体的发展足迹。剑桥大学人类学家艾伦·麦克法兰将英国个人主义（Individualism）追溯到1200年；戴尔则认为英国自中世纪中期就启动了社会转型，开始从共同体本位逐渐转向个人本位。[1]正如布洛赫所描述的那样，在12世纪，"自我意识的成长的确从独立的个人扩展到了社会本身。……从民众心灵深处产生的观念，与神职人员虔诚追求交汇在一起"[2]。基于多元的文化交流和灵动的现实生活，在上至教皇、教会法学家、中世纪思想家，下至乡镇普通教士踊跃参与的讨论中，欧洲社会形成了颇有系统的权利话语及其语境，阐明了一系列权利观念，其中自然权利概念应运而生，被称为一场"语义学革命"（semantic revolution）。[3]一扇现代社会之窗被悄悄地打开。

欧洲学者首先将自然权利的渊源追溯到14世纪，这主要是法国哲学家米歇尔·维利（Michel Villey）等人的贡献，半个世纪后，即20世纪中叶，以布赖恩·蒂尔尼为代表的历史学家则追溯得更远，认为自然权利观念产生于12世纪。[4]彼时，一位意大利教会法学家格拉提安（Gratian），将罗马法学家注释学成果以及数千条教会法规汇编成书。为了纪念他的杰出贡献，后人称该书为《格拉提安教令集》（Decretum of Gratian，简称《教令集》）。在这部《教令集》中，格拉提安重新解释了罗马法中ius的概念，启动了这一概念中主体、主观的含义。继而，12世纪若干教会法学家不断推进，鲁菲努斯（Rufinus）是自然权利概念发展的关键人物，他指出，"ius

---

① 分别参见A. Macfarlane, *The Origins of English Individualism*; Christopher Dyer, *An Age of Transition? Economy and Society in England in the Later Middle Ages*。

② Marc Bloch, *Feudal Society: The Growth of Ties of Dependence*, Vol. I, London and New York: Routledge, 1989, pp. 106-107.

③ Takashi Shogimen, *Ockham and Political Discourse in the Late Middle Ages*, Cambridge: Cambridge University Press, 2007, p. 154.

④ 参见Brian Tierney, *The Idea of Natural Rights: Studies on Natural Rights, Natural Law and Church Law, 1150-1625*, Cambridge: Scholars Press, 1997。

naturale"是一种由自然灌输给个人的力量，使其趋善避恶。另一位学者休格西奥（Huguccio），被称为12世纪最伟大的教会法学家，也指出ius naturale是一种行为准则，其最初的意义始终是个人的一种属性，"一种灵魂的力量"，与人类的理性相联系。至此，自然权利概念逐渐清晰起来。

进入14世纪，著名学者奥卡姆的威廉（William of Ockham）明确将罗马法中的ius阐释为个体的权能（potestas），并将这种源于自然的权利归结于个体，正是在这个意义上，自然权利又称为主体权利，奥卡姆被誉为"主体权利之父"。他说，这种权利永远不能被放弃，实际上它是维持生命之必须。[①]自然权利（nature rights）和主体权利（subjective rights）的出现，第一次确认了在实在法权利（positive rights）之外还有位阶更高的权利，突破了以往单一的法律体系。它们不是法庭上实际运用的权利，而是"天赋权利"，是所有时候都应该承认的权利，具有极其重要的引导和感召作用，成为欧洲深层次的社会规则系统生成的思想源泉。

生活中的实际存在，反复出现的个体与群体的行为，以及观念与话语，必须上升到抽象、系统的概念和理论表述，才能沉淀下来，存续下去，从而成为社会秩序的灵魂，也就是文明的核心要素。自然权利如同欧洲文明之胚种，埋下胚种，就要生根发芽、开枝散叶，12、13世纪的法学家们创造出许多源于自然权利的权利，发展出一种强有力的权利话语体系，衍化成相应的元规则，构成欧洲文明内核。

"元规则"（meta-rules）的定义是：某种特定文明首要、起始和关键的规则，决定规则的"规则"，被社会广泛认同并被明确定义，成为社会生活的基本准则。欧洲文明元规则内涵高度稳定，以至于渗入法律和政治制度层面，从而奠定西方文明基础，使西方成为西方。这个体系大致包括五个方面的基本内容，即"财产权利""同意权利""程序权利""自卫权利"和"生命权利"。它们源自自然，不

---

① 参见 Brian Tierney, *The Idea of Natural Rights: Studies on Natural Rights, Natural Law and Church Law, 1150-1625*, p. 122。

可剥夺，也不可让渡；它们是应然权利，是消极自由权利，却深刻影响着社会走向。五项元规则简述如下：①

1.财产权利（rights to property）。随着罗马法复兴，教会和法学界人士掀起了一场财产权讨论，而方济各会"使徒贫困"的争论第一次将财产权与自然权利概念联系在一起。

方济各会创建于1209年，宣称放弃一切财产，效仿基督，衣麻跣足，托钵行乞，受到历届教宗的鼓励。可教宗约翰二十二世在位时，却公开挑战"使徒贫困"论的合理性，他认为方济各标榜放弃一切所有权是不可能的。显然，教宗只是从实在法权利角度评判"使徒贫困"，而放弃了自然权利意义上的财产权。奥卡姆从"人法""神法"以及"自然权利"等大量权利概念分析入手，结合基督教经典教义，论证了他的复杂的主体权利思想。

奥卡姆承认方济各会士没有财物的实在法权利，然而他们来自福音的自然权利却不可剥夺，是无需任何契约认定的权利，而且位阶高于实在法权利。②结果，奥卡姆彰显了财产观中的自然权利，从而成功地捍卫了方济各会的合法性。

中世纪自然权利观念深刻地影响到社会的财产权利观。《爱德华三世统治镜鉴》（*Speculum Regis Edwardi III*）强调这样一个原则：财产权是每个人都应当享有的权利，任何人不能违背他的意志夺走其物品，这是"一条普遍的原则"，即使贵为国王也不能违反。社会底层人的财产权最易受到侵害，所以王室官员强买贫苦老农妇的母鸡是更严重的犯罪，"必将受到现世和来世的惩罚"。作者排除侵权行为的任何华丽借口，"不存在基于共同福祉就可以违反个人主体权利的特殊情况"。③

---

① 关于欧洲文明元规则论述，详见侯建新："中世纪与欧洲文明元规则"，《历史研究》2020年第3期。

② 参见 Brian Tierney, *The Idea of Natural Rights: Studies on Natural Rights, Natural Law and Church Law, 1150–1625*, pp. 121–122。

③ Cary J. Nederman, "Property and Protest: Political Theory and Subjective Rights in Fourteenth-Century England", *The Review of Politics*, Vol. 58, No. 2 (1996), pp. 332, 343.

13世纪初叶《大宪章》的大部分内容，都关涉到臣民的财产权利。依附佃农的财产权利也并非缺位，他们依照惯例拥有一定的土地权利并受到习惯法保护，权利是有限的却是很难剥夺的。有一定保障的臣民财产权，有利于社会财富的普遍积累。

2.同意权利（**rights to consent**）。"同意"作为罗马法的私法原则，出现在罗马帝国晚期，进入中世纪，"同意"概念被广泛引申到公法领域，发生了质的变化，成为欧洲文明极为重要的元规则之一。

首先，"同意"概念进入了日常生活话语。按照日耳曼传统，合法的婚姻首先要经过父母同意，但至12世纪中期，年轻男女双方同意更为重要，并且成为一条基督教教义。同意原则甚至冲破了蛮族法的传统禁令，可见日耳曼传统也要经过中世纪社会过滤，此乃明证。教会婚姻法规定只要男女双方同意，即使奴隶与自由人之间的婚姻也是有效的，奴隶之间的婚姻亦然。

其次，同意原则成为公权合法性的重要基础。教会法学家认为，上帝授予人类拥有财产和选择统治者的双重权利，因此，不论世俗君主还是教宗，都要经过一定范围人士同意，才能具有足够的权威和足够的合法性。日耳曼诸蛮族入主欧洲，无论王国颁布新法典，还是国王加冕，无不经过一定范围的协商或同意。英王亨利一世加冕后写给安塞姆主教的信中说："承蒙你和其他人的忠告，我已经向自己与英格兰王国人民做出承诺，我是经过男爵们普遍同意而加冕的。"①

乡村基层社会亦如此，庄园领主不能独断专行，必须借助乡村共同体和村规，否则很难实行统治。这些"村规"被认为是"共同同意的村规"（Village By-laws by Common Consent）。庄园领主宣布决定或法庭判决时，一定宣明业已经过佃户全体同意，以彰显权威，而这些过程确实有佃户的参与。

最后，值得关注的是，在确立同意原则的同时，提出对"多数

---

① Austin Lane Poole, *From Domesday Book to Magna Carta 1087-1216*, Oxford: Oxford University Press, 1993, p. 10.

人同意"的限制。多数人的表决不是天然合理。其表述相当明确：民众的整体权利不比其个体成员的权利更高，对个人权利的威胁可能来自统治者，也可能就来自共同体内的多数派。显然他们已然意识到并直接排拒"多数人暴政"，中世纪即发出这样的警示难能可贵。13世纪初，特鲁瓦教堂多数派教士发动一场"财政政变"，试图强占少数派的葡萄园，结果，多数派的这一做法遭到教宗英诺森三世的否定，他的批示是：多数票决不能剥夺教士共同体中少数派的个人权利。可见，同意原则与古典时代判然不同，是民主程序，更是个人自然权利，后者不可让渡。同意原则不仅在观念上被广泛接受，在实践上也得到一定范围、一定程度的实施。

3. 程序权利（rights to procedure justice）。中世纪法学家把坚持正当程序看作一个具有独立价值的要素，在他们的各种权利法案中，程序性条款占据了法律的中心地位，法律程序地位的高低被认为是法治与人治之间的基本区别。正当审判程序原则最早见于1215年英国《大宪章》：对于封臣，如未经审判，皆不得逮捕、监禁、没收财产、流放或加以任何其他损害。还决定推举25名贵族组成委员会，监督国王恪守《大宪章》并对其违规行为实施制裁。这些高度权威性的法条，从程序上明确规约政府公权力，使臣民免于被随意抓捕、监禁的恐惧，体现了程序正义的本质，筑起法治的基石。

实行陪审制的英国普通法，更有利于"程序正义"要素的落实，他们认为刑事审判属于"不完全的程序正义的场合"，即刑事审判的正当程序不一定每次都导致正当的结果，于是，"一种拟制的所谓半纯粹的程序正义"陪审制成为必要的弥补。陪审团由12人组成，与被告人身份相当，即"同侪审判"；犯罪性质全凭陪审团判定，且须陪审员一致通过，陪审团是真正的法官。判决后的案例（case）即成为此后类似案件审理的依据，所以他们不仅是法官而且还是创造律条的法学家！陪审制使得一部分司法权保留在社会手中，减少了司法权的官僚化和法律的僵硬化。

在欧洲大陆，审判程序也趋向严格和理性化，强调规范的诉答和完整证据，即纠问制（inquisitorial system）。13世纪以后逐渐产生了代表国王行使公诉权的检察官制度，理由是刑事犯罪侵害个人同时威胁公共安全。另一个重要发展是，不断出台强化程序的种种限定，以防止逮捕、惩罚等权力的滥用。如遇重要犯罪判决，还要征求庭外一些资深人士意见。由于僵硬的证据要求，为获取口供以弥补证据不足，刑讯逼供往往成为法官的重要选项，纠问制法庭的暴力倾向明显。

近代以后，英国普通法法系与大陆法系有逐渐接近的趋向。"程序正义"从程序上排拒权力的恣意，强调"看得见的正义""最低限度的正义"以及"时效的正义"等；对当事人而言则是最基本的、不可让渡的权利。人们往往热衷于结果的正义，而真正的问题在于如何实现正义以及实现正义的过程。

4.自卫权利（rights to self-defense）。又称为抵抗权（rights to resist），即防御强权侵害的权利，在中世纪，指臣民弱势一方依据某种法律或契约而抵抗的权利。抵抗权观念主要萌芽于日耳曼人传统中，那时人们就认为，他们有权利拒绝和抗拒违规的部落首领。进入中世纪，他们认为，国王和日耳曼村社首领之间没有天壤之别，仅仅是程度上的差异。抵抗权利观念可谓中世纪最有光彩的思想之一。欧洲封建制的领主附庸关系，被认为是一种准契约关系，这不是说欧洲封建制没有奴役和压迫，而是说奴役和压迫受到了一定的限制。倘若一方没有履约，另一方可以解除关系，即"撤回忠诚"（diffidatio）。"撤回忠诚"是从11世纪开始的西方封建关系的法律特性的一个关键。

由于抵抗权的确立，国王难以掠夺贵族，贵族领主也难以掠夺农民，从而有利于生产和经营，有利于社会财富的良性积累，成为英国、荷兰等西欧国家农业经济突破性发展的秘密。人们不难发现，国王与某贵族对簿公堂，国王未必胜诉。在一桩土地权利诉讼案中，被告席上的伯爵这样表示："如果我屈从于国王意志而违背了理性，……我将为人们树立一个坏的榜样：为了国王的罪恶而抛弃法律和正义。"①可见，如果受到不公正的对待，附庸可以反抗，理直气壮地反抗！

同时，国王不能侵害封臣领地，封臣完成规定的义务外，国王不能从封臣采邑中拿走一个便士。"国王靠自己生活"，即国王只能依靠王室领地收入维持王室生活和政府日常开支，只有在战争时期才能向全国臣民征税。在相当长一段时期内，西欧的国王或皇帝没有固定的驻地，他们终年在其所管辖的领地之间巡行，称为"巡行就食"，因为把食物运到驻地的成本过于昂贵。法兰克国王、盎格鲁－撒克逊国王、诺曼诸王、金雀花诸王无不如此。欧洲没有、也不可能有中国那样的"漕运"②。德皇康拉德二世1033年的行程是：从勃艮第巡行到波兰边境，然后返回，穿过香槟，最后回到卢萨提亚。直线距离竟达1 500英里左右！即使在王室领地上，国王的消费——所收缴租税的折合，也受到习惯法限制，国王随行人员数量、停留天数等都有具体规定。

同理，不论在王室庄园还是一般领主庄园，佃农的习惯地租基本是不变的。地租固定可以保证领主的收入，另一方面防止领主的过分侵夺。习惯地租被称为保护农民经济的"防波堤"（dyke），有助于土地增值部分流进农民口袋，促进小农经济繁荣。以英国为例，有证据显示，农业资本主义的成功是以小农经济的普遍繁荣为基础的。在二三百年的时间里，地租基本不变，佃户个体可以积累资金、扩大土地和经营规模，形成富裕农民群体（well-to-do peasantry），从中产生租地农场主或新型地产主，从而改变乡村社会结构。

人们普遍接受这样的理念——领主不能为所欲为，许多表面看来似乎只是偶然的起义，其实基于一条传统深厚的原则：在国王或领主逆法律而行时，人们可以抗拒之，甚至暴力抵抗之，这并不违背封建道德。附庸的权利得到法律认定，逻辑上势必导致合法自卫

---

① Fritz Kern, *Kingship and Law in the Middle Ages*, pp. 88-89.
② 漕运，指中国皇权时代从内陆河流和海运将征缴的官粮送到朝廷和运送军粮到军区的系统。漕运被认为是王朝运转的命脉，因此中国历代皇权都开凿运河，以通漕运。

权。附庸可以离弃恶劣的领主，是欧洲著名"抵抗权"的最初表达，被认为是个人基本权利的起点。自卫权没有终结社会等级之间的对抗，然而却突破了单一的暴力抗争模式，出现了政治谈判和法庭博弈，从而有利于避免"零和游戏"的社会灾难，有利于社会良性积累和制度更新。

英国贵族抵抗王权的大宪章斗争，最终导致第一次议会召开，开创政治协商制度的先河。近代美国1776年《独立宣言》、法国《人权宣言》等欧洲重要国家宪法文件，都不断重申抵抗的权利。人们不断地溯源，因为在这里可以发现欧洲文明的原始特征，布洛赫说："西方封建主义虽然压迫穷人，但它确实留给我们西方文明某些至今仍然渴望拥有的东西。"[①]

5.生命权利（rights to life）。 生命权之不可剥夺是近代启蒙学者的重要议题，然而该命题同样产生于中世纪。教宗英诺森四世和尼古拉斯三世等，都同情方济各会士放弃法定财产权利的修为，同时支持会士们继续获得维持生命的必需品。他们同声相应，都在为生命权利观背书。进入14世纪，教会法学家更加明确指出，人们可以放弃实在法权利，但不可放弃源自上帝的自然权利，这是人人皆应享有的权利，方济各会士有权利消费生活必需品，不管是否属于他所有。[②]

出于上帝面前人人平等的理念，基督教对待穷人有一种特殊的礼遇。无论多么边缘化的人，在上帝的眼中，没有什么根本区别。甚至，可以原谅因贫穷而犯下的过错。他劝诫富者捐赠穷人，提倡财物分享，那样才是"完全人"。[③]12世纪《格拉提安教令集》就有多篇文章为穷人权利声张，法学家休格西奥宣称，根据自然法，我们除保留必需之物外，余裕的部分应由需要的人分享，以帮助他人

---

① Marc Bloch, *Feudal Society: Social Classes and Political Organization*, Vol. II, London and New York: Routledge, 1989, p. 452.

② 参见 Brian Tierney, *The Idea of Natural Rights: Studies on Natural Rights, Natural Law, and Church Law, 1150–1625*, pp. 121–122。

③《新约·马太福音》19：21。

度过饥荒，维持生命。当近代洛克写下"慈善救济使每个人都有权利获得别人的物品以解燃眉之急"的时候，生命权观念在欧洲已经走过了若干世纪，并且为社会捐献和贫困救济提供了最广泛的思想基础。

1601年，欧洲出台了现代历史上第一部《济贫法》，它不是教会也不是其他民间组织的慈善行为，而是政府颁布的法律文件，不仅济贫而且扶助失业劳动者。生命权元规则已外化为政府职能和政策，普遍、系统的社会福利制度得到极大发展，没有广泛和深入的社会共识是不可想象的。而它肇始于中世纪，其基本规则也确立于中世纪，被认为是中世纪向现代国家馈赠的最重要的遗产。

在极端需要的情况下穷人可以拿走富人余裕的物品，此之谓"穷人的权利"，由此生命权也是穷人革命的温床。13世纪教会法学家提出穷人在必要时有偷窃或抢劫粮食的"权利"，同时提出穷人索取不能超过必需的限度，否则即为"暴力掠夺"。在极端饥寒交迫的情况下，蒙难者采取非常手段获得维持生命的物品，如果腹的面包，或者几块取暖的木头是可以原谅的。可是，在实践中如何分辨"必要索取"与"暴力掠夺"？另一个悖论是，穷人的权利主张在现实生活中未必行得通，因为它们往往与法庭法律发生冲突。穷人为生存可以抢劫，这是自然权利使然；但按照实在法他们就是犯罪，要受到法庭制裁。中世纪法学家似乎给予自然权利更神圣的地位，他们认为，在法官眼里抢劫者是一个盗贼，可能被绞死，但在上帝眼里他仍然可以被原谅，如果他因生活所迫。

也就是说，即使法律禁止，主体权利本身仍然不可剥夺。[①]生命权利内含的平等观竟如此坚韧！欧洲是资本主义的策源地，殊不知它也是社会主义的故乡，发源于欧洲的空想社会主义思想的核心就是平等。不难看出，"元规则"对西方文明的影响既深远又复杂。

以上，并未详尽无遗地列出西方文明的所有元规则，这些元规

---

①　参见 Bede Jarrett, *Social Theories of the Middle Ages 1200–1500*, Westminster: The Newman bookshop, 1942, p. 123。

则也并非无一出现于其他文明之中，不过每个元规则皆植根于自然权利，而且自成体系，约束公权，笃定个体，激发社会活力，的确赋予西方文明以独有的秉性。自然权利、主体权利是欧洲文明之魂。越来越多的学者认识到，西方文明是独特的，不是普遍的，正是这些独特的内在规定性，使该文明有别于世界其他文明。经过几百年的发展，欧洲率先进入现代社会：英国1688年发生政权更迭，史称"光荣革命"，确立了君主立宪制；接着，美国、法国、意大利、德意志等也先后发生政治转型。经济上，欧洲培育出人类历史上第一个以工业为主要生产方式、城市为主要生活舞台的文明，彻底地改变了整个人类生产和生活模式。

"元规则"还有一个显著特征，它保持了足够的开放性。我们发现，欧洲文明是一条大河，在西欧诸民族主导下，凝聚了基督教世界所有人的基督教信仰，古典文明和以色列文明元素，还有他们自己的颇具个性的日耳曼传统文化，不断为它注入丰沛的水量，到中世纪中期形成了一种新的文明源泉。中世纪绝非"空档期"，恰恰相反，它是不同文化的汇通期、凿空期，更是开拓期，孕育确立新文明，循序趋近新纪元。正是在这样的基础之上，西方文明才形成近代以来浩瀚汹涌、汪洋恣肆、奔腾向前的大河景象。西方文明的发展历程雄辩地证明，一个文明要有伟大、持久的生命力，就要不断地从不同文明吸收营养，不断地自我革命，不断地开拓创新。

列出欧洲文明初创期确立的五项元规则，不意味着这些元规则总是存在并总是通行于西方社会。实际上，一些元规则所涵盖的基本权利最初只在有限的人群范围内和有限的程度上实行，虽然享有这些基本权利的人群范围在不断扩大。中世纪有农奴制，大部分农民丧失了一定的人身自由，那是领主对佃农的奴役。还有国王对臣民的奴役，基督教信徒对非基督教信徒的奴役，男人对女人的奴役，无论其范围大小、程度轻重，作为曾经长期存在于西方历史上的现象，无疑是消极、阴暗的。进入近代，还有殖民者对殖民地人民的暴行和奴役等等，不一而足。显然，欧洲文明元规则没有使西方变成一片净土。

此外，这些元规则本身也存在深刻的内在矛盾。例如，多数人权利与个人权利的关系、平等与自由的关系等，长期得不到妥善解决，反而随着民粹主义和民族主义的泛滥而更加复杂化。又如，依照"生命权"元规则，政府建立健全社会福利制度，全民温饱无虞而广受褒奖；另一方面，低效率、高成本的"欧洲病"①等问题又随之产生。生命权与财产权的抵牾之处也是显而易见的。欧洲文明其他元规则也出现不少新情况、新问题，它们的积极作用同样不是无条件的。"生活之树长青"，即使"天赋人权"旗帜下的主体权利，也不是推之百世而不悖的信条，历史证明，过度放纵的社会和过度压抑的社会，同样是有害的。

五、关于本书：《欧洲文明进程》（16卷本）

一个时期以来，有关"文明"的研究受到国内外学界的广泛关注，进入21世纪该因素越发凸显出来。欧洲文明是世界文明的重要组成部分，是欧美等发达国家的核心文化，是我们不可回避的一种外来文明。分析、评估欧洲文明利弊得失并消化其积极因素，乃是鸦片战争以来我国几代人的夙愿，也是我国学界不可推卸的一份责任。

"周虽旧邦，其命维新。"中华文明自古以来就以海纳百川、兼容并蓄的胸怀闻名于世，正是由于不断地汲取其他文明的精华才使我们得以生生不息，文脉永续。走自己的路，却一刻不能忘怀先贤"开眼看世界"的遗训。我们相信，西方文明是一个必须直面的文明，也是一个值得花气力研究的文明，无论这个文明之花结出的累累硕果，还是其行进过程中吞下的历史苦果，都值得切磋琢磨，化作我们"为往圣继绝学，为万世开太平"的有益资源。

就地域和文化差异而言，欧洲文明是距离我们较远的异质文明，

---

① "欧洲病"，指西方国家由于过度发达的社会福利而患上的一种社会病，其结果是经济主体积极性不足，经济低增长、低效率、高成本，缺乏活力。

是经过第二次或第三次发酵的再生文明，一种相当复杂的文明，理解、研究起来有一定难度，绝非朝夕之功。需要笃定不移的专业精神，代代相承的学术积淀，因此还需要长期安定、宽容、鼓励创新精神的社会环境。可惜，相当长一个时期，这些条件的供应并不充分，甚至短缺。鸦片战争以后的漫长岁月里，中国多灾多难，饱受内忧外患和战乱之苦，后来又有各种政治冲击，以至于"偌大国土放不下一张平静的书桌"。

前辈先贤的筚路蓝缕之功不能忘怀。令人欣慰的是，欧洲史乃至世界史研究，自20世纪80年代已有明显起色。在改革开放春风吹拂下，国门渐开，社会宽松，思想活跃，人心向上，尽管生活清贫，还是让老一代学者回归学术，更是吸引了一代年轻学人，追寻真知，潜心向学。经过改革开放四十年，他们已经成为这个领域承上启下的中坚力量。由于他们特殊的经历，对社会环境有着特殊的体验，因此他们格外感恩自己生命的际遇。毫不溢美地说，经过几十年的积累，我国的欧洲文明史研究取得了突破性进步，开土拓荒，正本清源，极大更新了以往的知识体系。为了夯实继续前行的基础，薪火相传，是否应该及时梳理和小结一下？

新世纪初年，我产生这个念头，并与学界和出版界几位朋友讨论，大家的看法竟是出乎意料地一致。更令人欣喜的是，当按照理想人选组成课题组时，所邀之士无不欣然允诺。当时没有什么经费，也没有任何项目名头，所邀者大多是繁忙非常的一线教授，可是他们义无反顾，一拍即合。本课题组成员以改革开放后成长起来的学人为主体，大多为"50后"和"60后"。雁过留声，用中国人自己的话语和方式，留下这一代人对欧洲文明的认知记录，以学术反哺社会是我们共同的梦想。2008年这个课题已经启动，2012年全国社科规划办公室批准为国家重大招标项目，则是四年以后的事了。

我们的学术团队是令人骄傲的，主要成员都是欧洲史研究不同领域的优秀学者。以天津师范大学欧洲文明研究院为依托，集中了国内外12个高校和学术机构的力量，他们来自北京大学、中国社会科学院、中国人民大学、南京大学、山东大学、山东师范大学、华东师范大学、浙江师范大学、中山大学、河北大学和英国伯明翰大学。这个项目颇具挑战性，因为每卷即是一个专题，承担者要打通传统断代分野，呈现来龙去脉，所以被称作"自讨苦吃"的项目。每个子课题大纲（即每个分卷大纲），在数次召开的课题组全体会议上，都要反复质疑和讨论方得通过。从每卷的主旨目标、框架结构，到重要概念，时常争论得面红耳赤，此情此景，令人难忘。"一年好景君须记，最是橙黄橘绿时"，此时此刻，我谨向团队学人同道致以由衷的敬意和感谢！

《欧洲文明进程》（16卷本）是中国学者撰写的第一部多卷本欧洲文明研究著作，分为16个专题，涵盖了政治、法律、经济、宗教、产权、教育以及乡村和城市等欧洲文明的主要方面。我们试图突破一般文明史的叙述方式，采纳专题史与年代史相结合的编写体例。每一卷就是一个专题，每个专题都要连贯地从欧洲文明肇始期讲到近现代；同时，各个专题之间相互补充，相辅相成，让读者通过不同的侧面逐渐丰富和加深对欧洲文明的总体认知。我们的原则是局部与整体结合，特定时段与历史长时段结合，历史细节与文明元规则结合。这是我们的愿望，效果还有待于读者诸君检验。

16个专题，也是欧洲文明16个重大问题，它们是：

1. 欧洲文明进程·民族源流 卷
2. 欧洲文明进程·农民地权 卷
3. 欧洲文明进程·司法与法治 卷
4. 欧洲文明进程·政府 卷
5. 欧洲文明进程·赋税 卷
6. 欧洲文明进程·基督教 卷
7. 欧洲文明进程·自由观念 卷
8. 欧洲文明进程·大学 卷
9. 欧洲文明进程·大众信仰 卷
10. 欧洲文明进程·地方自治 卷

　　2008年着手课题论证、体系策划和组建队伍，这样算来我们走过了十几个年头。自立项伊始，朝斯夕斯，念兹在兹，投入了可能投入的全部精力和时间，半日不得闲。蓦然回首，年华逝去，多少青丝变白发。眼下，课题结项，全部书稿杀青，《欧洲文明进程》（16卷本）即将由商务印书馆出版。感谢张椿年先生，他是中国社会科学院荣誉学部委员、世界历史研究所原所长，他满腔热忱地鼓励本课题的论证和立项，时常关心课题的进展。可惜椿年先生不幸溘然离世，未看到该成果面世。我们永远怀念他。感谢著名前辈学者、中国社会科学院原常务副院长、德高望重的丁伟志先生，他老人家数次与我长谈，提出许多宝贵的指导性意见，那几年常有书信电话往来，受益良多，至为感激。感谢天津师范大学原校长高玉葆教授，他信任我们并最早资助了我们，使本项目得以提前启动。感谢三联书店原副总编潘振平先生，他参加了本课题早期创意和策划。感谢商务印书馆原总经理于殿利的支持，感谢郑殿华主任、陈洁主任和杜廷广等编辑人员；感谢天津师范大学陈太宝博士以及欧洲文明研究院的其他同仁，他们为本成果的出版付出了辛勤的劳动。还有许多为本成果问世默默奉献的人士，我们心存感激，恕不一一。

2021年，春季，于天津

目　录

前　言

　　艾森施塔特从两方面的相互关系来解读文明，一是社会中流行的象征性观念，二是制度性的活动领域。前者是关于社会本质的阐释，后者是关于生活、政治、经济、地位、认同的行为制度。[①]按照这样的理解，在人类早期文明的关键形成期可以分辨出古以色列、古希腊、早期基督教、古代中华、古印度等文明体系。[②]如果一个区域或一个社会能够被定义为具有某种独立的文明，必定在象征性观念和制度性行为上与其他社会有显著的区别。以往人们经常将古希腊罗马与现代欧洲视为一个延续的文明体，而实际上这是一种错觉。原因在于，两者在象征性观念和制度性行为上有明显的差异。欧洲的古典文明随着罗马帝国的崩溃而衰落。此后几个世纪中，西欧经历了人口的减少、农业的萎缩，建筑物的规模不再有往日的风采，人们的阅读和书写能力降低。[③]欧洲的古代文明随着帝国的终结而终结了。

　　蛮族入侵后的几百年里欧洲人口的主体发生了很大变化，强大的国家被混乱甚至无政府状态取代。现代意义上的欧洲和一个有别

---

　　① S.N. Eisenstadt, *Comparative Civilizations and Multiple Modernities*, Leiden and Boston: Brill, 2003, p. 34.

　　② S.N. Eisenstadt, "The Axial Age Breakthroughs: Their Characteristics and Origins", in S.N. Eisenstadt, ed., *The Origins and Diversity of Axial Age Civilizations*, Albany: State University of New York Press, 1986, p. 1.

　　③ Bryan Ward-Perkins, *The Fall of Rome and the End of Civilization*, Oxford: Oxford University Press, 2006, pp. 139-167.

于古典的新文明正是在这种起点上缓慢生成。希瑟认为，蛮族移民是罗马世界政治秩序的颠覆者，同时也是现代欧洲的建设者，为之创造了构件。[①] 蛮族并没有直接承袭罗马文明，但的确从中吸取了某些因素。罗马法有关土地占有方面的一些原则零星地渗透到日耳曼法中。[②] 基督教在罗马帝国时代影响是有限的，在中世纪的前几百年中才变成了欧洲的主要信仰。时至当代基督教已渗透到大部分欧洲人的观念和生活方式中。早在19世纪，基佐既已主张欧洲文明起源于罗马帝国崩溃之后。三种不同社会的因素逐步发育成其文明的一般特征，它们分别是保留了罗马帝国最后遗存的城市社会、基督教社会、蛮族社会。[③] 欧洲文明经常被作为西方文明的同义语，是因为其所体现的传播范畴和主体。当代学界已有强烈的共识，欧洲及其文明产生于中世纪。[④] 甚至有学者强调"蛮族化与基督教化共同改变了社会"。[⑤] 斯皮弗格尔在其通史性作品中，将罗马作为西方文明发展的基础，将基督教作为欧洲人与其他群体相异的文明观念的一部分，将同穆斯林世界的冲突作为其文明自我认同的外部刺激，以及将科学和政治自由视为这种文明演变出的关键特征。[⑥] 欧洲文明是古典文明之后新生的和混成的文明，这在当代国际学界已具有相当的共识。但二者之间又不是完全割裂的，而是有吸收和容纳。侯建新明确地指出，欧洲文明起源于中世纪，是经古典文化、基督教、日耳曼传统融汇创生而成，并将该文明的内核归纳为"财产权利""同意权利""程序权利""自卫权利"和"生命权利"等一系列主体权

---

① Peter Heather, *Empires and Barbarians: The Fall of Rome and the Birth of Europe*, Oxford: Oxford University Press, 2010, p. xii.

② Charles Freeman, *Egypt, Greece and Rome: Civilizations of the Ancient Mediterranean*, third edition, Oxford: Oxford University Press, 2014, p. 637.

③ M. Guizot, *General History of Civilization in Europe from the Fall of the Roman Empire to the French Revolution*, Vol. I, New York: D. Appleton & Co., 1866, p. 58.

④ Ricardo Duchesne, *The Uniqueness of Western Civilization*, Leiden: Brill, 2011, p. 312.

⑤ Walter Goffart, *Barbarian Tides: The Migration Age and the Later Roman Empire*, Philadelphia: University of Pennsylvania Press, 2006, p. 9.

⑥ Jackson J. Spielvogel, *Western Civilization*, Volume I, Belmont: Thomson Wadsworth, 2009, p. xxxi.

利（参见本书《总序》）。这一观点为理解欧洲文明提供了一个指南。"主体权利"的概念最早可在中世纪找到其起源，主要受罗马法的影响，而在英格兰当时则体现为臣民的财产权。[①] 18世纪中期，克里斯蒂安·沃尔夫（Christian Wolff）和约阿希姆·格奥尔格·达尔杰斯（Joachim Georg Darjes）开始在现代意义上提出和使用它。[②] 斯图尔特在对比欧洲古代与中世纪的思想时发现，古希腊罗马社会中人们仅将自己视为家庭、亲族、社会群体中的成员，而对自我主体的观念缺乏认识。直到中世纪晚期，欧洲人才有关于主体性的思考，并产生了主体性权利的观念。[③] "主体权利"是欧洲中世纪的产物，与近现代的观念一脉相连。

欧洲文明与现代性之间总被认为存在着天然的联系。瓦格纳提出，现代性是与传统和过去的"深刻决裂"，是"科学革命、工业革命、民主革命""一系列大革命的特别后果"。[④] 这类观点得到了不少学者的认同。这些大革命均率先发生于欧洲的事实，也为此提供了逻辑证据。欧洲政治观念中个人自由占据核心地位，瓦格纳因此主张这是现代性所涉及的核心内容之一。[⑤] 欧洲文明和现代性自18世纪开始就被视为一体性概念，并与现代化相关联。[⑥] 这样的视角令欧洲文明的研究更具吸引力。

本书从欧洲文明的角度关注欧洲工业的成长，希望以此展现该文明演变的一个侧面。

[①] Cary J. Nedennan, "Property and Protest: Political Theory and Subjective Rights in Fourteenth-Century England", *The Review of Politics*, Vol. 58, Issue 2 (Spring, 1996), pp. 323-325.

[②] Mogens Chrom Jacobsen, "Pursuing 'the Subjective' in 'Subjective Rights': A Contribution to the Conceptual History of Subjective Rights", *Danish Yearbook of Philosophy*, Vol. 55, No. 1 (May, 2022), pp. 40-72.

[③] Jon Stewart, *The Emergence of Subjectivity in the Ancient and Medieval World: An Interpretation of Western Civilization*, Oxford: Oxford University Press, 2020, pp. 352-353.

[④] Peter Wagner, *Modernity as Experience and Interpretation: A New Sociology of Modernity*, Cambridge: Polity Press, 2008, p. 3.

[⑤] Peter Wagner, *A Sociology of Modernity: Liberty and Discipline*, London and New York: Routledge, 1994, p. 5.

[⑥] Gavin Murray-Miller, "Civilization, Modernity and Europe: The Making and Unmaking of a Conceptual Unity", *History*, Vol. 103, Issue 356 (July, 2018), pp. 419-432.

进入中世纪的欧洲经济并没有更快地发展，而是陷入了几百年的倒退之中。罗马帝国时代的许多城市都荒废了，道路和桥梁因得不到维护而失去功能，矿场和工业作坊也遭废弃。[①]家庭工业和庄园工业是相当长时期内的工业存在形式，基本上以自给自足为目的。自11世纪开始，城市和商业的复兴使欧洲展现出了独特的经济特征。城市不仅是工业生产和商业功能载体，而且具有政治自治的特点。这些在其他文明的历史上是难以见到的，欧洲文明的独特性在工业这一次级领域从中世纪就已表现出来。

欧洲文明最卓著的成就和其展现出的现代性特征之一便是工业化，或工业革命。欧洲是世界上最先开始工业化的地区，人类由此开始了从农业社会转向现代社会的历程。这一转变过程至今仍在全球范围内进行，且某些区域的开拓优势与另一些区域的转型困境并存。欧洲之内不仅有工业化的前导地区，也曾经有抵制现代工业发生的旧势力。亚洲是工业化的后发地，既有后起之秀的经历，也有反复拒绝现代性的决策和执念。工业化首发的起因在学术界由此成为了令人着迷的主题，吸引了许多学科学者的持续关注。

世界工业化首先从欧洲开始，这使得欧洲工业的发展历史具有难以忽视的重要性。工业化率先在欧洲发生，其原因是复杂的。早先的研究多关注一些纯经济因素，如资本积累的程度、海外贸易的刺激、国外市场的需求等方面。20世纪前期，英国史学家T.S.艾什顿就指出，储蓄和投资对解释工业革命是必不可少的因素。他说："储蓄的增长使得不列颠去收获其天分的硕果成为可能。"[②]在艾什顿的这一观点背后，我们能够清晰地看到20世纪30年代出现的一种现代经济学的思路——投资与经济增长逻辑。W.W.罗斯托在这类思路中提出了更为经典的表述，认为当一个国家的投资率达到10%或更

---

① Karl Gunnar Persson, "Markets and Coercion in Medieval Europe", in Larry Neal and Jeffrey G. Williamson, eds., *The Cambridge History of Capitalism*, Vol. I: The Rise of Capitalism: From Ancient Origins to 1848, Cambridge: Cambridge University Press, 2014, p. 225.

② T.S. Ashton, *The Industrial Revolution: 1760-1830*, Oxford: Oxford University Press, 1980, p. 76.

多时，工业化将自然发生。[①]殖民贸易，甚至奴隶贸易为欧洲开拓了市场、积累了资本，为工业化提供了启动动力。埃里克·威廉姆斯和E.J.霍布斯鲍姆的这类主张都曾有相当的影响。[②]但上述观点已经遇到了越来越多的质疑和挑战。20世纪六七十年代开始，许多经济史的实证研究都得出了与之相抵触的结论。经过计量研究，迪恩等认为工业革命前资本远未达到以往想象的程度，更构不成起因。[③]R.M.哈特维尔也反对"工业革命是资本积累明显加速的结果"。[④]笔者发现，英国工业革命初期工业领域的资本其实并不充裕，因而很难将其视为启动工业化的动力。[⑤]出口、海外市场虽然是欧洲近现代史中的经济特征，但学术界也越来越认识到这些难以解释工业化的起源。勒斯·格莱斯利和大卫·奥克斯利近年的研究则指出不列颠工业革命的起源在于国内市场。[⑥]

欧洲自中世纪演化出了特有的历史传统、法律、习俗、信仰。这些社会因素无疑对人们的经济活动产生着潜移默化的影响，构成工业化发生的影响因素。而英国在欧洲环境中又具有其独特性，这些可能蕴含着有关工业化原因的更合理解释。

2000年以来文化视角的解释颇有影响。格拉斯顿将"十六和十七世纪发展起来的新科学"视为现代经济起源的"根本基础"。它

---

① 参见〔美〕W. W. 罗斯托《经济增长的阶段：非共产党宣言》，郭熙保、王松茂译，中国社会科学出版社2001年版，第8—10、18页。

② Eric Williams, *Capitalism and Slavery*, Richmond: University of North Carolina Press, 1944, p. 52. E.J. Hobsbawm, *The Age of Revolution, 1789-1848*, Cleveland, Ohio: The World Publishing Company, 1962, p. 52.

③ Phyllis Deane, "Capital Formation in Britain before the Railway Age", in François Crouzet, ed., *Capital Formation in the Industrial Revolution*, London: Methuen & Co Ltd, 1972, pp. 94-95. Phyllis Deane and W.A. Cole, *British Economic Growth, 1688-1959: Trends and Structure*, Cambridge: Cambridge University Press, 1969, pp. 261-263.

④ R.M. Hartwell, "The Causes of the Industrial Revolution: An Essay in Methodology", *The Economic History Review*, Vol. 18, No. 1 (1965), p. 173.

⑤ 徐滨：《英国工业革命中的资本投资和社会机制》，天津社会科学院出版社2020年版，第一章。

⑥ David Greasley and Les Oxley, "Causality and the Frist Industrial Revolution", *Industrial and Corporate Change*, Vol. 7, Issue 1, (March, 1998), pp. 42, 44.

包括了从培根到牛顿的各种科学知识的进步。尽管新科学当时并没有与经济发生关系,但长期的传播在企业家和工匠中产生了深远的影响。由此造成了社会的"文化转型",使英格兰走上了不同的发展道路。[1]莫基尔将文化解释融入新制度理论中,认为文化影响了新技术产生和制度变迁,造就了工业革命。[2]

20世纪末至今,经济学领域中三种相关理论先后出现了新的进展,并对工业革命的历史研究形成了日益广泛的影响。三种理论分别是内生增长理论(Endogenous Growth Theory)、新制度理论、统合增长理论(Unified Growth Theory)。2005年以来,以上述理论为导向的研究著作不乏其数,且已经确立了广泛的学术影响。其中,应用内生增长理论的学者关注经济因素变化引发的技术创新,应用新制度理论的强调财产权和政治制度的意义,应用统合增长理论的主张人口收入关系、人力资本投资和技术创新。时至今日,利用这三种理论的历史研究仍在不断拓展,并伴随许多激烈的争论。寻求工业革命或工业化起源的解释似乎是一场无止境的探索。

本书共分两编七章,展现欧洲从中世纪到工业化时期的工业发展和变化的特征,涉及产业的分布、组织、贸易、工业化的起源和差异、理论解释和分歧等方面。

多年来工作繁复,表里感触异于寻常所识,非三两言可陈。惟幸终成稿于斯。以下诸君在过去两年中为相关章节的资料搜集和内容补充付出了辛劳,特别予以诚挚的感谢!他们是:博士研究生刘涛,为第二章补充部分资料;吴金睿硕士,为第三章搜集部分资料;潘忆萱硕士,撰写第五章第二部分"纺织业的革命与企业家";博士研究生李进东,撰写第七章第三部分"欧洲工业化的道路差异"。

---

[1] Jack A. Goldstone, "Efflorescenes and Economic Growth in World History: Rethinking the 'Rise of the West' and the Industrial Revolution", *Journal of World History*, Vol. 13, No. 2 (Fall, 2002), pp. 333-366.

[2] Joel Mokyr, *A Culture of Growth: The Origins of the Modern Economy*, Princeton: Princeton University Press, 2017, p. 7.

第一编　工业化前的发展与特征变迁
（500—1750年）

第一章 中世纪的工业

一、商业和城市复兴中的工业

5世纪的蛮族入侵不仅摧毁了西罗马帝国，还摧毁了帝国的城市。西欧的商业从此衰落，甚至连货币也不像以前那么有用，只能窖藏起来。罗马帝国的崩溃一向被视为西方文明的衰落。尽管在此问题上观点不尽相同，但至少有一点是无疑的，城市的确衰落了。诺尔曼·庞兹认为此时欧洲的城市文明几乎走到了终点。罗马帝国时代欧洲大约有一千个地方可称得上城镇，但在蛮族入侵的打击下已严重衰败，城市功能消亡。一些罗马时代的城镇甚至不再是居住地了。[①] 罗马也人口锐减，意大利半岛的城市道路毁坏、排水系统坍塌、建筑质量低劣。彼得·克拉克说当时"城市质量每况愈下，古典城镇的概念更是提都不能提"。[②] 当然，也有一些城市幸存，并一直到城市复兴时期又重返繁荣。伦敦原是罗马帝国的要塞，中世纪依然延续着城市的功能，甚至到16世纪城墙还都在。604年，肯特国王在伦敦修建了圣保罗大教堂，700年时伦敦再度成为商业中心，800年时人口大约有5 000到10 000人。[③] 然而，大卫·尼古拉斯认

---

① 〔英〕诺尔曼·庞兹：《中世纪城市》，刘景华、孙继静译，商务印书馆2015年版，第2页。

② 〔英〕彼得·克拉克：《欧洲城镇史：400—2000年》，宋一然等译，商务印书馆2015年版，第24页。

③ D. M. Palliser, ed., *The Cambridge Urban History of Britain*, Vol. I, Cambridge: Cambridge University Press, 2000, p. 188.

为，直到10世纪城市的性质主要是宗教的和政治的，商品和劳务的消费者很少。①

经历了几个世纪的衰败，欧洲才迎来了新的城市发展期。中世纪城市的兴起与经济活动密不可分。一些城市是在罗马帝国城镇衰败的旧址上兴起的，遗留的道路、桥梁设施重新发挥了功用。但更多的城镇是在新的地方出现的，人口与手工业生产聚集，商业交易形成贸易中心。新城镇的形成经常围绕着贵族的城堡。庞兹将其总结为："总体来看，中世纪城市是'自我生长'（*sui generis*）的。……扼要地说，城市一定是从事制造业和服务业的聚核型居民点。……这个共同体中，手工业、商品交换以及服务业扮演着日益重要的角色。"②

从11世纪起衰落已久的欧洲商业开始复兴，随着商业的复兴，城市和手工业渐渐繁荣了起来。11世纪到12世纪，城市的本质特征改变了，变成了消费和工业生产的经济聚集地，羊毛、染料等原料的长途贸易网络出现。这些网络沟通了欧洲北部和地中海间的广袤区域，到12世纪，更多的商品经由香槟（Champagne）等集市参与到贸易中。③中世纪的城市不同于古罗马的城市，这些城市既没有统一的规划，也没有纪念碑和公共浴室。中世纪城市的最重要特征是工商业聚集地，手工业者和商人是主要居民。城市都建立在领主的土地上，受领主的管辖，城市居民也因此饱受领主的盘剥。工商业与农业不同，需要更多的行动自由和经营空间。于是城市开始通过赎买等手段从领主那里取得特许权，以实现城市自治。获得特许权的城市就成为了自治城市，自治城市由工商业者自己管理，甚至还组织军队来保卫自身安全。城市居民也就摆脱了领主的控制，成为自由人。到13世纪，西欧的城市大多成为有特许权的自治城市。城市与自由成为两件密切相关的事情。按照城市的惯例，一个人只要

---

① David Nicholas, *The Later Medieval City 1300-1500*, Abingdon: Routledge, 2014, pp. 1-2.

② 〔英〕诺尔曼·庞兹：《中世纪城市》，刘景华、孙继静译，第1页。

③ David Nicholas, *The Later Medieval City 1300-1500*, pp. 1-2.

在城市中住满一年零一天，他就成为自由人。即使这个人过去的
身份是农奴，他的领主也不能将他捉回去。因此，中世纪有句谚
语："城市的空气使人自由！"在中世纪，多数劳动者都是依附于
领主的人，没有或是缺乏人身自由。在多数人都失去自由的时代，
自由却成为城市人的特征，城市就成了人身依附关系海洋中的孤
岛，保有自由的孤岛！当然，城市获得自治权并不是轻而易举的。
有时和平的方式达不到目的，城市甚至会以武力相对抗，迫使领主
让步。1077年康布雷城发生了反对主教格拉德二世的暴动，建立
了自治城市。1066年狄奥都主教被迫同意将自由特许状颁发给惠
伊城居民，1135年马因斯获得了自治特许状，1198年蒙德里马也
得到了特许状。

　　中世纪晚期横跨欧洲大陆和沿海的长途贸易已有了很大的发展。
许多学者都同意这一时期的商业出现了前所未有的繁荣，尽管还无
法与现代的经济相比。[①]意大利商人、德意志各城市同盟的商人辗转
于伦敦、布鲁日、威尼斯、佛罗伦萨等地，将粮食、葡萄酒、木材、
咸鱼等商品输往所需之处。长途贸易的兴盛同时也促进了商业技术
的革新。为了筹集足够的资本和降低风险，合伙的经营方式日益流
行，为以后合伙公司和股份公司等现代企业制度打下了基础。现代
银行业的起源可以追溯到中世纪晚期，意大利商人以经营货币兑换
和结算见长，银行业务便从此开始。意大利银行家遍布欧洲很多地
方，其中最著名的是巴尔迪和佩卢奇家族。这两个家族不仅在意大
利经营银行业，还在英格兰设有银行。银行家不仅向商人提供金融
服务，还借钱给国王和贵族，满足他们打仗的需要和奢侈的欲望。
14世纪由意大利商人发明的汇票是一种非常重要的金融工具。它是
一种能代表一定数量金属货币的文件，商人们可以在交易时使用汇
票而不必支付现金，这不仅避免了麻烦而且还更安全。英国工业革

---

　　① Martha C. Howell, *Commerce before Capitalism in Europe, 1300-1600*, Cambridge: Cambridge University Press, 2010, pp. 6-8.

命中纺织等行业都很缺乏资金，商人们使用汇票来完成大量原料和成品的买卖，从而创造了愈来愈多的生产和交易机会。

关于城市复兴的时间，庞兹认为新城市模式在7—9世纪开始成形，大规模出现应在11—12世纪，13世纪达到高峰。[①]克拉克将时间范围设于8到11世纪之间。[②]城市复兴与一系列宏观历史变化有关。8、9世纪之前欧洲整体上已基督教化，信仰上的狂热为十字军东征提供了持久的动力。11世纪欧洲的基督徒重新占领了撒丁、科西嘉、西西里，恢复了对地中海交通的掌控。欧洲人的地中海贸易开始复苏，商业增长给城镇兴起带来了明显的推动作用。政治上，国王缺乏强权，贵族分享了更多的利益。贵族从城镇的发展中获得好处，因此也乐于提供支持。英格兰城镇的建立热潮在12—13世纪最为强烈，今天法国的西南部和德意志地区也在13世纪涌现了大量小城市。法国西南部1270—1350年有大约90座有城墙的小城市。多瑙河以北的中欧和东欧在10世纪以后因移民而不断形成城市。[③]城市开始独立于地方领主，这一特征在意大利北部、佛兰德尔、法国西北部都变得日益明显。随着皇帝权威的衰落，德意志的城市也获得了增长空间。英格兰的地方城市也由于与佛兰德尔的贸易而发展起来。但直到13世纪，城市的土地拥有者仍是占主导的精英，仅在1270年后，拥有纯粹商业背景的人，才越来越多地出现在城市议会里。[④]

庞兹将手工业和商业作为城市的核心特征，他如此说道："城市和城镇最重要的功能是手工业和商业贸易。……手工业和商业贸易是城市始终都有的功能，没有它们就不会有城市。"[⑤]中世纪的城市规模小，有些情况下与村庄并没有明确的界限。布罗代尔对11世纪城市发展有这样的总结："无数城市在商业往来的十字路口拔地而起

---

① 〔英〕诺尔曼·庞兹：《中世纪城市》，刘景华、孙继静译，第2—3页。
② 〔英〕彼得·克拉克：《欧洲城镇史：400—2000年》，宋一然等译，第29页。
③ 〔英〕诺尔曼·庞兹：《中世纪城市》，刘景华、孙继静译，第3页。
④ David Nicholas, *The Later Medieval City 1300-1500*, p. 5.
⑤ 〔英〕诺尔曼·庞兹：《中世纪城市》，刘景华、孙继静译，第108页。

或焕发活力，这肯定是个至关重要的事实。城市在欧洲雨后春笋般地兴起。仅日耳曼地区就有三千以上。有些城市虽然围有城墙，居民却不过二三百人，仍然象是村庄。但许多城市成长起来，这是一些前所未见的新型城市。……城市在其特权的庇护下，是个独立的天地……是个不甘寂寞、执意制造不平等交换的场所。根据不同的地点和时间，城市的活跃程度有所不同，然而正是城市如发面中的酵母一样促进着欧洲的全面发展。"①布罗代尔同样强调了中世纪城市的工商业职能。

城市的制造业并不是每一处都相同的，但有一些行业几乎是必备的，不仅要满足城市所需，还要供给周边的乡村。最常见的工匠有面包师、屠夫、裁缝、铁匠、细木工、陶器匠、锡蜡器制造匠等，这些似乎是不可缺少的。城市的工业生产与周边乡村的农业关系密切。面包师、屠夫从事的是最简单的农产品加工业，需要附近的乡村提供生产原料、面粉以及牲畜。农业生产所需的最重要金属制品就是马蹄铁和各类农具，这些都是城市金属加工业所能面对的市场。金匠、银匠、裁缝等一些职业已属于高档消费所需，所以许多小城镇都不会有这样的行业。不过，他们在大城市里却相对多见，如伦敦这一级别的城市。15世纪时欧洲城市的工商业经济特征更为明显。商业和纺织业在许多城市都占有重要地位，像维罗纳、科莫、法兰克福之类（参见表1-1）。在英格兰，15世纪的约克、诺里奇、坎特伯雷等城市的经济活动仍然是典型的中世纪式的。农产品贸易占到商业的很大比例，手工业生产与销售通常并不分离。纺织、金属制品等主要是为了满足周边地区的日常生活和生产所需（参见表1-2）。到中世纪末，无论是英格兰还是欧洲大陆，城市的经济功能仍有许多共性。食品和布料的交易、生产和消费几乎是每个城市的主要经济活动内容，基础性生产和消费特征明显。

---

① 〔法〕费尔南·布罗代尔：《15至18世纪的物质文明、经济和资本主义》第三卷，施康强、顾良译，生活·读书·新知三联书店1993年版，第87—88页。

表1-1 15世纪部分欧洲城市就业人口（%）

行业＼城市	1409年的维罗纳（Verona）	1439年的科莫（Como）	1440年的法兰克福（Frankfurt）
食物销售和农业	23	21	21
纺织和服装	37	30	30
建筑	2	4	8
金属加工	5	8	8
木器加工	5	4	5
皮革制造	10	7	4
运输	2	3	2
杂项	6	17	21
自由职业	10	6	2
总计	100	100	100

资料来源：Carlo M. Cipolla, *Before the Industrial Revolution: European Society and Economy, 1000-1700*, third edition, London: Routledge, 1993, p. 49。

注：表中数字四舍五入后取整，总计约等于100%。

表1-2 15世纪后期英格兰四个城镇市民的职业分布（%）

行业＼城镇		1450—1509年约克（York）	1450—1499年诺里奇（Norwich）	1440—1499年坎特伯雷（Canterbury）	1450—1499年切斯特（Chester）
贸易	食品和饮料	17	16	28	20
	其他	12	10	9	16
工业	纺织和服装	24	31	28	24
	皮革和皮货	11	12	11	16
	五金	11	7	8	8
	其他	6	9	11	12
服务业	运输	4	5	0	1
	建筑	5	5	0	2
	其他	10	6	5	2

资料来源：D. M. Palliser, ed., *The Cambridge Urban History of Britain*, Vol. I, p. 326。

纺织业到11世纪才开始大规模发展，成为城镇的核心产业。尼古拉斯指出，到13世纪制造业首次变成了城市财富的重要创造者。[①]西欧的科隆、根特、圣奥梅尔（St. Omer）和阿拉斯（Arras）以及一些意大利城镇都有大量的毛纺织生产。佛罗伦萨从事羊毛纺织业的各类工人有几千人，从纺织到洗染都有。比萨的毛纺织业也很兴盛。低地的毛纺织生产很有优势，根特最为突出，1356—1358年间15%的人都是织工，18%从事织物漂染，另有12%人口从事相关行业。登德尔蒙德从事毛纺织业的可能有4 000人。[②]

在佛罗伦萨有关羊毛纺织业的记载最早出现在9世纪。一些修女院的修女为主教生产羊毛法衣。显然，这种生产是有组织的，修女可能直接从事生产，也可能更多的是充当监工而雇用其他妇女进行生产。佛罗伦萨的羊毛纺织业在11和12世纪已经变得非常重要。生产工序已经变得越来越复杂，分工也越来越细。各道工序包括毛绒纺纱、织布、浆洗、印染、抛光和呢绒切割，各工序都有不同的生产工艺。开始时，毛纺生产主要在乡村进行。佛罗伦萨城已知最早的浆洗厂出现于1062年，到12世纪初浆洗厂已遍布每一条河的堤岸。[③]13—14世纪，佛罗伦萨有两个商人主导的行会专门从事羊毛纺织品的生产与销售。产品包括奢侈品级的精纺毛呢，但大部分是较粗糙廉价的毛呢制品。在远途地中海贸易中意大利的廉价毛纺织品只占小比例，大比例的产品来自法兰西西北部、低地南部和英格兰。13世纪至14世纪初，伦巴第地区的棉麻布（fustians）成为重要的纺织产品，产量和价值甚至超过毛纺织品，出口到伊斯兰世界和拜占庭市场。这种产品以亚麻做经纱，棉做纬纱。棉麻布的生产无疑是外部引进的，甚至连棉麻布这个名称也是来自开罗附近的一个地名——al-Fustat。13世纪时，这种纺织品的生产由地中海盆地

---

① David Nicholas, *The Later Medieval City 1300-1500*, pp. 9-10.
② 〔英〕彼得·克拉克：《欧洲城镇史：400—2000年》，宋一然等译，第49页。
③ 〔美〕詹姆斯·W.汤普逊：《中世纪晚期欧洲经济社会史》，徐家玲等译，商务印书馆1996年版，第349—350页。

扩散开来，甚至输入到佛兰德尔。但伦巴第在欧洲的棉麻布生产中无疑占据领导地位。[①]

意大利商人为了弥补厚呢需求的减少，种植桑树养蚕，以无与伦比的技艺生产昂贵的丝绸、锦缎和天鹅绒，这是其他地方不能匹敌的。丝织业在西班牙是繁荣的产业，阿尔梅里亚（Almería）有约800家丝绸纺织作坊。12世纪以后丝织业传入意大利后发展很快。威尼斯、热那亚、博洛尼亚、佛罗伦萨均有生产，其中佛罗伦萨就有50家丝织厂。[②]卢卡人13世纪时已经在生产方面降低劳动成本，在蚕丝送去纺织之前把绕丝工序自动化。他们的大型水力喷射水车能带动200个锭子；佛罗伦萨的丝厂使用人力操作的机器，其功力为水车的一半。[③]从原料采购到成品出售，这样一个生产和销售周期至少数月才能完成，有时要历时几年。佛罗伦萨的弗朗切斯科·达蒂尼是一位羊毛纺织品制造商，与他人合伙经营。他们在14世纪90年代用西班牙羊毛织呢，这一时期一般的商业利润高达12%以上，而制造业的利润只有8.9%。外包生产的实际工作需要7个月，但是从在西班牙支付羊毛款到在威尼斯出售呢布，中间间隔将近9个月；远程购买绵羊毛经常要提前几年达成交易。中世纪意大利的纺织业颇具优势，利润也比较理想。一个佛罗伦萨的丝绸企业家从30张织机产品上可获得8%的利润。斯特罗齐家族的一个成员，在这一段时间内从事毛纺织业取得17.6%的利润，以后利润下降到略高于10%。美第奇家族在15世纪30年代和40年代在丝织业上平均获得15%的利润，但从两个羊毛纺织作坊中只得到6%的利润。上述这些都是小型企业，拉蒙德·德罗韦尔确信，如果当时扩大生产规模能够获得

① John Munro, "The Dual Crises of the Late-Medieval Florentine Cloth Industry, c. 1320-c. 1420", in Angela Ling Huang & Carsten Jahnke, eds., *Textiles and the Medieval Economy*, Oxford & Philadelphia: Oxbow Books, 2015, pp. 114-115.

② 〔英〕彼得·克拉克：《欧洲城镇史：400—2000年》，宋一然等译，第50页。

③ 〔意〕卡洛·M.奇波拉主编：《欧洲经济史》第一卷，徐璇译，商务印书馆1988年版，第209页。

什么好处的话，美第奇家族早就那样做了。①

14至15世纪，威尼斯也以玻璃器皿生产而闻名，产品包括玻璃珠、各类玻璃器皿、镜子、透镜等。彩色玻璃的工艺复杂，到16世纪这类产品已比较成熟。可分为三类：一种是有色玻璃与白玻璃镶嵌的工艺，第二种是上釉的彩色玻璃，第三种是在无色玻璃上着有色金属。有些当时杰出的作品依然保留至今。许多产品显然是外销的，14世纪佛罗伦萨出产的玻璃珠每年都运往黑海、不列颠岛等地。②

法兰西工业中最兴旺的是羊毛纺织业，鲁昂是这一工业的中心。15世纪时法国王室已开始施行一些保护性政策，鼓励纺织业发展。法王路易十一和查理八世都曾奖励外来纺织专业人士定居本地，并设立关税以保护职业发展。路易十一还从热那亚、佛罗伦萨和威尼斯招来丝织工人，并给予他们重要特权，希望由此带动法国丝织工业的发展。尽管有王室的扶持，但由特权支持的生产并不总是成功。

巴黎的羊毛工业起源于11世纪，当时水平织机开始引入当地。根据1300年巴黎的税收记录，当时有360位羊毛纺织匠。但实际的纺织师傅总数可能达到400位。400个纺织作坊一年的产量大约是7 150匹，每匹布料的长度36码（yards）。这个产量与普罗万（Provins）比仅少五分之一，而比沙隆（Châlons）多四分之一。普罗万最多的时候有2 100个纺织作坊，沙隆有1 600个。每位工匠师傅需要一名工人辅助，另外，整个纺织过程需要缩绒匠进行漂洗缩绒，染匠进行染色，等等。这样，估计当时巴黎至少有1 700人从事这一行业，而如果梳毛、纺纱工序也在当地进行，从业人数会更多。毛纺织成品销售到阿拉贡（Aragon）、卡斯蒂利亚（Castile）、葡萄牙、热那亚、威尼斯、佛罗伦萨、锡耶纳（Siena）、马赛、普

---

① 〔意〕卡洛·M.奇波拉主编：《欧洲经济史》第一卷，徐璇译，第209页。
② 〔美〕詹姆斯·W.汤普逊：《中世纪晚期欧洲经济社会史》，徐家玲等译，第338—339页。

罗万等地。[①]巴黎附近的圣马塞尔（Saint-Marcel）生产蒂列绒（tiretaine），一种麻毛混纺的呢绒。最初这种呢绒的价格和品质都比较低，以亚麻做经线，羊毛做纬线。但这种织物后来也可能加入丝做混纺材料，面料更轻薄。由于质地差异较大，价格也就有贵有贱了。高价的蒂列绒常为国王和贵族所享用。1269年，佛兰德尔伯爵的女儿就送给一位妇女一套蒂列绒的衣服，在当时可算很上乘的东西了。巴黎亚麻纺织业规模则很小，税务登记显示，从1296年至1300年平均的织工数量是24人，其中一半为女性。[②]

在13世纪的西欧，佛兰德尔是纺织业最集中的地区。在斯海尔德河（Schelde）以西，几乎所有从康什（Canche）到茨温（Zwin）之间的城镇都从事毛纺织业生产，制造中心少说也有12个。产品销往法兰西、西班牙、意大利乃至更远的地方。该区域南部有5个城镇以生产毛纺织品而著称，它们是阿拉斯、圣奥梅尔、杜埃（Douai）、里尔（Lille）、图尔奈（Tournai）。另外还有次一级的生产城镇，包括艾丹（Hesdin）、利斯河畔艾尔（Aire-sur-Lys）、贝蒂讷（Béthune）、奥尔西（Orchies）、巴约勒（Bailleul）。伊普尔（Ypres）、根特、布鲁日（Bruges）则是北部的重要生产中心。也有更次一级的小城镇，如波珀灵厄（Poperinghe）、迪克斯穆德（Dixmude）、韦尔维克（Wervicq）、库特赖（Courtrai）、奥德纳尔德（Oudenaarde）。12世纪时，伊普尔的毛纺织品在北欧市场是名声远扬的，根特的产品则销往地中海市场。直到12世纪末根特和布鲁日的产品才能与伊普尔的相抗衡。再往南，布拉班特（Brabant）、海诺特（Hainault）、康布雷（Cambrai）、亚眠（Amiens）、圣康坦（St. Quentin）也都是重要的毛纺织城镇，其中布拉班特在13世纪变得更加重要。[③]根特在13

---

① Sharon Farmer, *"Biffes, Tiretaines, and Aumonières*: The Role of Paris in the International Textile Markets of the Thirteenth and Fourteenth Centuries", in Robin Netherton & Galer Owen-Crocker, eds., *Medieval Clothing and Textiles*, Vol. 2, Woodbridge: The Boydell Press, 2006, pp. 74-75.

② Ibid., pp. 76-78.

③ M.M. Postan & Edward Miller, eds., *The Cambridge Economic History of Europe*, Vol. Ⅱ, second edition, pp. 630-631.

世纪毛纺织业已非常发达，形成了系统的专业分工体系。一匹高档呢绒的制造要经过三十二道不同的工艺，历时一年方可完成。1350年根特的人口大约是64 000人，从事毛纺织生产的约有60%。[①]英格兰和佛兰德尔都出产羊毛，但佛兰德尔的羊毛并不能完全供给生产所用。这个时期英格兰羊毛质量更为上乘，大量出口到佛兰德尔。12世纪末以来，布鲁日、伊普尔、利尔等地的商人将佛兰德尔的呢绒带到英格兰、德意志去销售，他们还参加到汉萨同盟中从事英格兰、法兰西方面的呢绒贸易。[②]

14世纪英格兰萨福克郡（Suffolk）的毛纺织业主要集中在伯里圣埃德蒙兹（Bury St. Edmunds）、萨德伯里（Sudbury）、克莱尔（Clare）三个城镇中。此外，也有一些毛纺织生产分布于萨福克乡村。生产的最好的产品是厚宽幅呢绒，主要用于出口，但品质比不上佛兰德尔的高档呢绒和英格兰本地的优质品。黑死病以后产量增长很快。[③]

酿酒是城乡常见的制造业。13世纪晚期，英格兰东部的集市中就有酿造的啤酒出售，很受居民欢迎。大约同时代，日耳曼人已在啤酒中加入啤酒花，使得制造成本更低，保存时间更长，啤酒还销往西欧和北欧。14世纪中期，汉堡每年可产出啤酒2 500万升，一半以上外销。1400年后，丹麦人开始酿造啤酒，丹麦啤酒大量销往佛兰德尔和布拉班特。尼德兰南部也生产啤酒，尤其是鲁汶地区。1500年伦敦已有数量众多的啤酒厂。[④]

在中世纪英格兰的城镇中，酿造啤酒、葡萄酒等需要拥有执照。每年2月，许多城镇的执法官（magistrates）会举行会议，监

---

① Shennan Hutton, *Women and Economic Activities in Late Medieval Ghent*, Basingstoke: Palgrave Macmillan, 2011, p. 19.

② Oscar Gelderblom, *Cities of Commerce: The Institutional Foundations of International Trade in the Low Countries, 1250-1650*, Princeton: Princeton University Press, 2013, pp. 19-20.

③ Mark Bailey, *Medieval Suffolk: An Economic and Social History, 1200-1500*, Woodbridge: The Boydell Press, 2007, pp. 269-271.

④ 〔英〕彼得·克拉克：《欧洲城镇史：400—2000年》，宋一然等译，第48页。

管酿酒业的经营，包括更新和发放酿造及销售酒类的执照，听取视察员的报告等。14世纪的城镇酿酒商大多是女性。brewster一词就是指女性酿造商，酿酒商（brewer）一词出现较晚，到1500年brewster 与 brewer的词性区别才开始消失，且阳性名词brewer仍可以指男女两性的酿酒商。[①] 啤酒酿造和消费的周期短，当时很难进行长途贸易。所以一般的小镇酿酒商主要供应当地市场，且生产规模有限。丹尼丝·马勒利（Denise Marlere）是一位14世纪的妇女，居住在英格兰北部的布里奇沃特（Bridgwater）。她生前已经从事麦芽啤酒的酿造20年，生意仅限于她所在的小镇上。当时一些酿酒商已经有独立的酿酒厂，但她仍是在自己家里酿酒。马勒利的丈夫尼古拉斯（Nicholas）是一位屠夫，也会帮她酿酒。丈夫死后，她就独自经营这项生意，且经营状况良好。1401年马勒利去世，她将生意遗赠给了她的仆工罗丝（Rose）。马勒利留给萝丝的东西包括一半她生前的住所、全部的酿酒器皿和炉具、三袋麦芽、一个杯子、一个铜锅、一个平底锅、一个镶银的高脚杯、一只火锅、两只银勺等。她还遗赠了一些其他东西。她的教区教堂、教区教士和两个当地修道院各得一只铅酒桶。给她的女儿伊莎贝尔（Isabel）两只铅酒桶、一只三加仑的铜锅、一只平底锅、一副研臼和杵等。她的遗物还包括另外一些东西，80磅白羊毛、几个箱子、床罩等，还有不少现金。[②] 像马勒利这种情况其实在整个欧洲都比较常见。实际上，啤酒等酒类正如其他食品一样是基本消费品，酿造业在城镇的制造业中占有一定地位也就不难想象。

---

① Judith M. Bennett, *Ale, Beer, and Brewsters in England: Women's Work in a Changing World, 1300-1600*, Oxford & New York: Oxford University Press, 1996, p. 3.

② Ibid., pp. 14-15.

二、工业生产组织

10世纪时商业行会就已存在，到12世纪大中型城镇中通常都有这类商业组织，且已在城市政治中发挥着重要影响。[1]商业行会的一个重要功能是提供自保，或要求当地统治者提供保护。[2] 11—12世纪时手工业工匠的行会还很有限，影响不大。同为行业组织，手工业行会与商业行会有一些重要的不同。奥吉尔维认为，商业行会主要由富有的批发商组成，以贸易和金融为业。手工业行会则主要由工匠和小的零售商组成，直接为顾客生产和提供服务。手工业行会的成员不太富裕，主要致力于本地经营。[3] 12世纪佛兰德尔开始出现早期的手工业行会，形式上主要是宗教和慈善类型的组织。1150年左右，阿拉斯已有裁缝匠兄弟会、铸币匠兄弟会、剪毛工兄弟会。[4]工匠行会的普遍发展应该直到13世纪后期才开始出现，并在此后的两个世纪中保持了这种势头。在人口仅一两千的小城镇中，可能并没有多少手工业行会之类的组织，而欧洲的城镇大部分都属于这个档次。手工业行会主要的发展空间是在中等以上的城镇中，人口规模在一万到三万。[5]形成这一特点的主要原因可能是较大的城市有大量人口。这样才可以支持比较多样的行业存在，行业的规模也可以比较大，从业人数多。这些是行业组织存在的必要条件。相反，城镇规模太小，手工业者数量有限，也就很难组织起来。所以，

---

① 〔英〕彼得·克拉克：《欧洲城镇史：400—2000年》，宋一然等译，第54页。

② Regina Grafe and Oscar Gelderblom, "The Rise and Fall of the Merchant Guilds: Rethinking the Comparative Study of Commercial Institutions in Premodern Europe", *Journal of Interdisciplinary History*, Vol. XL, No. 4（Spring, 2010）, pp. 483-484.

③ Sheilagh Ogilvie, "Thinking Carefully about Inclusiveness: Evidence from European Guilds", *Journal of Institutional Economics*, Vol. 17, No. 2 (Apr., 2021), pp. 186-187.

④ Bas van Bavel, *Manors and Markets: Economy and Society in the Low Countries, 500-1600*, p. 120.

⑤ M.M. Postan, E.E. Rich & Edward Miller, eds., *The Cambridge Economic History of Europe*, Vol. III , Cambridge: Cambridge University Press, 1965, pp. 230-231.

小城镇即使有手工业行会，也不会分工很细，经常是跨行业的。13世纪后期，意大利帕多瓦的行会有十几个，佩鲁贾共有47个，佛罗伦萨有73个，米兰有150个。1255年普罗旺斯的马赛有100个行会，阿尔勒有35个。13世纪低地的鲁汶有25个手工业行会，布鲁日则有52个。1400年尼德兰南部的手工业行会超过400个。14世纪中叶，英格兰的纽卡斯尔有12个手工业行会，1415年的约克有57个。①1377年，伦敦的工匠选举了公委会（Common Council），参加选举的工匠包括编袋匠、兵器匠、腰带匠、刀具匠、刺绣工、弓弩匠、号角匠、锡器匠、织工、铸造匠、纺工、铁匠等。此外，当时伦敦其他各行工匠还有装书匠、羊皮纸匠、风琴匠、制镜工、刻章师、金匠等。②

　　商业和手工业行会都是以行业保护为基本原则的经济组织，为了保障自身的利益，他们都会努力实施行业垄断，包括技术限制、经营准入等。曾经很多学者认为行会组织限制了经济发展的机会，其中很有代表性的是亚当·斯密的主张。他说："自治城市的统治权，当时完全掌握在商人和技工手中。对他们中各个阶级来说，防止他们常说的各自产品在市场上存货过多，实际上就是使他们各自产品在市场上经常保持存货不足状态，这样做分明都是符合于他们各自利益的。"③亨利·皮朗认为，同业行会的特权与垄断造成对创造性的毁灭，因为任何人不得比别人生产得更多，也不能用更廉价的方法来挣得更多。行会将技术进步视为不道德，生产工艺墨守成规。④诺尔曼·庞兹也主张，由于行会的垄断特征，不鼓励竞争，特意维持产品高价格。⑤然而，目前这类观点已变得很有争议。20世

① 〔英〕彼得·克拉克：《欧洲城镇史：400—2000年》，宋一然等译，第55页。
② D. M. Palliser, ed., *The Cambridge Urban History of Britain*, Vol. I, p. 426.
③ 〔英〕亚当·斯密：《国民财富的性质和原因的研究》上卷，郭大力、王亚南译，商务印书馆1997年版，第117—118页。
④ 〔比〕亨利·皮朗：《中世纪欧洲经济社会史》，乐文译，上海人民出版社2001年版，第176页。
⑤ 〔英〕诺尔曼·庞兹：《中世纪城市》，刘景华、孙继静译，第101页。

纪80年代以来已有一些研究发现，工业革命之前一些地方的行会能够适应新的经济变化，而非仅仅维持中世纪的旧习。①

按照亨利·皮朗的研究，11世纪末开始，城市的工匠就已经按职业组成团体，且可能出于对商人行会和教会组织的效仿。②手工业行会虽经常自发形成，但也常受制于城市当局。手工业行会一方面受城市政府保护，一方面也受其控制。在尼德兰、法国北部、莱茵河沿岸、意大利，工匠行会自主性更强，享有更大自治权。13世纪上半叶起，一些手工业行会甚至要求分享原本由商业行会掌握的城市控制权，也因此会与市政当局发生争执。当然，不同行业的行会也有利益冲突。奥吉尔维指出手工业行会的这类行为是为了确立有利于自身的规则，并寻求进入政治程序来使之得到保障。这些要求引发了一系列的行会行动，被称之为"行会斗争"或"行会革命"。③1189年鲁昂的工匠兄弟会被市政当局查禁，1280年佛兰德尔的许多城市也发生过类似事件。在一些地方，斗争似乎是有效的。14世纪，一些城市手工业行会获得了参与城市管理的权力。④1342年，意大利佩鲁贾市每个行会都要为当地提供行政人员，其中鞋匠行会就出了50人。行会会员要参加军事组织，保障城市安全。13世纪的锡耶纳，一些市政要员是来自于手工业行会的。⑤奥格斯堡（Augsburg）在1368年发生行会革命，结果每个行会有两名代表进入市政会。这些行会包括裁缝、布料批发商、织工、商人、杂货商等。⑥手工业行会的政治影响显然与它们的经济地位和财富有关，地位低下的人仍不会有多少机会要求自己的利益。这成为生产者与城

① S. R. Epstein & Maarten Prak, *Guilds, Innovation and the European Economy, 1400-1800*, Cambridge: Cambridge University Press, 2008, p. 3.

② 〔比〕亨利·皮朗：《中世纪欧洲经济社会史》，乐文译，第172页。

③ Sheilagh Ogilvie, *The European Guilds: An Economic Analysis*, Princeton: Princeton University Press, 2019, pp.38-39.

④ 〔比〕亨利·皮朗：《中世纪欧洲经济社会史》，乐文译，第175页。

⑤ M. M. Postan, E. E. Rich & Edward Miller, eds., *The Cambridge Economic History of Europe*, Vol. Ⅲ , pp. 237-238.

⑥ David Nicholas, *The Later Medieval City 1300-1500*, pp. 120-121.

市政府发生对立的重要原因，一些城市因此发生内乱。

手工业行会经常有以下几个特征。第一，行会是有共同利益的组织。最重要的莫过于经济利益，为了保障自身利益的最大化，成员会尽力实施行业垄断，排除竞争者，遏制竞争。除此之外，还有其他共同利益。行会成员还在生活、信仰等方面相互提供帮助。行会成员彼此视为兄弟。行会会救助本会的贫困者，参加会员的葬礼。有实力的行会还可能购买地产、资助医院。在必要时还会为成员伸张正义，方式可能是法律上的，也可能是暴力的。

第二，行会有较为完备的组织机构和规章。行会领袖通常由会员推举，负责行会事务。对于行会做出的决定，会员有服从的义务。行会会限制本地行业师傅的数量，对学徒的时间和技术标准有规定。为了保证产品质量，行会有权对成员的生产进行监督，行会成员也有义务服从。行会官员甚至有权在任何时候进入师傅的作坊检查产品和生产程序。行会为了维护产品信誉，会为产品订立标准，比如每匹呢绒的长度和宽度，甚至在产品上打上行会的标签。

第三，行会成员并不是平等的。师傅、学徒、帮工之间有着明确的地位差距。行会内的师傅不仅是技术老手，更主要的是享有垄断经营权。他拥有自己的作坊和店铺，这些就是他的资本。师傅可以招收学徒。学徒不仅学习手艺，还要为师傅工作以及做家务。学徒期满后有机会成为行业的师傅，但要做到这一步并不是轻而易举的。行会为了维持本地的经营规模，有时对于出师和开业的条件相当苛刻。申请成为开业师傅的人必须向行会提交一份代表其技艺的作品。中世纪晚期行会对作品的难度要求经常变得越来越大，目的就是将希望成为师傅的人拒之门外，从而限制开业数量。许多出师的工匠因此长期无法获得开业资格，由此也增加了下层与行会上层的冲突。要想成为师傅，还要缴纳会费，市民的自由身份经常是必需的。由于行会的控制，师傅资格越来越多的是世袭继承。故而，汤普逊认为"行会逐渐成为一个封闭的社团"。[①]帮工是学徒期满的人，他们一时难以成为独立开业的师傅，只能为他人工作以换取收入。

第四，行会是具有一定自治特点的组织。为了维护规则和自身的利益，拥有针对自身成员和外部人员的强制权力。手工业行会如果能够参与市政管理，就能在城市政治中发挥较大作用。强制手段通过市政机构得以实施。1327年，爱德华三世的一份授予伦敦腰带匠（girdlers）的特许状写道："此前曾有规定，且本城也有这样的习惯，该行业中没有人可以用除黄铜、铜、铁和钢之外的任何劣质金属装饰丝质、羊毛、皮革、亚麻线制造的腰带。如果发现有任何是以劣质金属装饰的，就应烧毁。……上述腰带商要求吾等，应批准该法令和习惯，并从今以后授权本市和吾国的所有其他地方严格执行同样的法规。为了避免欺诈和损失，并为吾民之共同利益，因此吾等愿意同意这一要求，并批准该法令和习惯，……在本城以及本王国的其他城市、自治市和良善城镇中，居于当地的该行业的人们应该选择这样的工人，在所有时候依据他们所需去做的，去维持这一法令并做巡查。这些人应是该行业一两个良善和合法之人。如果有腰带商的任何产品是由铅、锡镴、锡或其他假货装饰的，这些东西将在这些假货被发现的地方，被所选出的那些人呈现于本城市长面前，以及本王国的其他城市、自治市和城镇的市长或主管面前。根据上述市长或主管的裁定，这些假货将被烧毁，并且，按照他们的裁决，这些制造假货的工人将受惩罚。"[②]

第五，行会可以以团体的身份从事交易、持有财产和进行司法诉讼。这一特点可以视为现代公司法人的起源。1480年，英王爱德华四世颁布特许状授权约翰·布雷特（John Britte）、亨利·李（Henry Lee）、托马斯·韦蒙德（Thomas Wymonde）等建立漂洗工行会，此三人为会长。"从今以后，上述三位会长和平民，以这三位

① 〔美〕詹姆斯·W.汤普逊：《中世纪晚期欧洲经济社会史》，徐家玲等译，第542页。
② Henry Thomas Riley, ed., *Memorials of London and London Life in the XIIIth, XIVth and XVth Centuries*, London: Longmans, Green and Co., 1868, pp. 154-155.

会长和这些平民的契约和名义，可以成为一个团体和平民社团。他们在法律上有能力购买和接受由附带义务的和永久的土地、地产租金和其他占有物之类。……伦敦城的漂洗工是有工艺或手艺的自由人，他们拥有该会长和平民的名义。根据这一名义，在任何法庭和任何法官之处……这些会长和这些平民可以起诉和被起诉，答讼和要求答讼。"①

　　欧洲各地的手工业行会在中世纪后期的几百年中经历着经济变化，也经历着自身的兴衰。有些行业在追逐市场需求中兴起，而另一些则可能被抛弃。这个过程中，手工业行会也难免有兴衰转变。1212年，佛罗伦萨的细呢绒行会由一群脱离羊毛业行会的商人组成。从此，他们开始直接使用原毛生产呢绒，而不是加工粗呢绒。1239年，细呢绒行会在佛罗伦萨附近建有一座工厂。到13世纪中期佛罗伦萨出产的细呢绒是欧洲质量最上乘的。原材料自英格兰和香槟的集市批发，经远途运输而来，成本高昂。羊毛要在工厂经过处理才能使用，工序包括漂洗、弹松、梳绒、理绒等。工厂需雇用大量人力完成这些工作，同时需要一定的设备。这些可算是生产流程中投资最大的部分。但呢绒纺织的工序都是在织工自己的作坊中完成的。佛罗伦萨的羊毛业行会在14世纪最为兴盛，1338年时拥有200家商行，生产7万至8万匹呢绒，其中一些为奢侈品档次的呢绒。在使用高级原毛以后，每匹呢绒的价格增加了约300%。羊毛业行会的成功为之积累了财富和实力，在市政管理权上取代了细呢绒行会。原来由细呢绒行会控制的商栈也落入到羊毛业行会手中。②

　　虽然12世纪伦敦就开始出现商业和手工业的行会组织，但到13世纪时其发展还很有限。伦敦的行会组织向王室购买特许状，合法佩戴标志和穿着统一号服，并制定规章。14世纪末以后，伦敦的行

---

　　① "Charter of Incorporation of the Fraternity or Guild of the Mystery or Craft of Fullers of the City of London, 28th April, 20 Edward IV., A. D. 1480", *The Charters and Letters Patent Granted by the Kings & Queens of England to the Clothworkers' Company*, London: Wyman & Son, 1881, pp. 1-2.

　　②〔美〕詹姆斯·W. 汤普逊：《中世纪晚期欧洲经济社会史》，徐家玲等译，第365—366页。

会组织发展迅速，进入了兴盛期。各行会开始兴建行会会馆，1400年时有6所，而到了1540年已达到44所。甚至规模不大的行会也致力于修建或改造会所。著名的会所有金匠会所、布商会所、酿酒商会所、木匠会所、刀具匠会所、盔甲匠会所、面包师会所、染匠会所、铁匠会所、漂洗匠会所、屠夫会所、织工会所、蜡烛匠会所等。为过世成员建立丧葬基金，为贫困者建立济贫院，以及兴办学校也在14世纪成为行会常见举措。[①]15世纪时传统的工匠公会仍将成员数量限制在有限的范围内，一般一个公会的成员从几十到百余人不等（参见表1-3）。

表1-3　15世纪伦敦的工匠和零售公会成员数

公会类型	成员数	年份
铁匠	67	1434
剪毛匠	60	1452
锡器匠	84	1456
织工	70	1456
刀具匠	43	1462
皮具商	127	1495
铸造匠	94	1497

资料来源：Richard Goddard, *Credit and Trade in Later Medieval England, 1353-1532*, London: Palgrave Macmillan, 2016, p. 225。

三、工业品贸易

中世纪晚期横跨欧洲大陆和沿海的长途贸易已有了很大的发展。意大利商人、德意志各城市同盟的商人辗转于伦敦、布鲁日、威尼斯、佛罗伦萨等地，将粮食、葡萄酒、木材、咸鱼等商品输往所需

[①]　D. M. Palliser, ed., *The Cambridge Urban History of Britain*, Vol. I, pp. 429-430.

之处。远途贸易的兴盛同时也促进了商业技术的革新。为了筹集足够的资本和降低风险，合伙的经营方式日益流行，为以后合伙公司和股份公司等现代企业制度打下了基础。

热那亚城的兴起与11世纪十字军东征和地中海贸易的扩张有很大的关系。从1150年到1300年热那亚的海外贸易不断增长，为之带来了巨大的财富，可算得上意大利半岛最富有的城镇。12世纪热那亚出口的商品包括葡萄酒、奶酪、铅、纺织品等，尤其是棉麻混纺布。从地中海东部进口的商品有珍珠、丝绸、染料等。到13世纪纺织品输出在其长途贸易中的地位更为重要。这与当地纺织工业的发展关系密切，纺织品输入后经过刺绣、染色等工艺再加工用于出口。其他产品还包括刀和头盔。[①]

14—15世纪，威尼斯是欧洲贸易的一个重要中心，它通过地中海连接东方和西北。通过威尼斯的商人输入到欧洲的产品有香料、生产原料和一些奢侈品。胡椒之类的香料、珍珠、象牙等来自亚历山大、大马士革、君士坦丁堡等地，14世纪初这些商品已销往英格兰，很受欢迎。同时，威尼斯也将本地出产的丝织品、玻璃和陶器外销。威尼斯的商船自英格兰运回木材、锡器、加工过的牛皮。这些产品则是意大利许多地方所需要的。英格兰的呢绒输出到威尼斯，经过染色等再加工后又输出到德意志、意大利和地中海港口大的定期集市。威尼斯商船将来自东方的丝绸、靛蓝、蜂蜡、明矾矿石和鸵鸟羽毛等运至布鲁日，然后购进呢绒、黄铜和马口铁器皿、刀叉餐具、弓弦等工业品返航。船队也造访安特卫普，给那里带去西西里贩来的硫磺、象牙制品、珍珠、宝石等，而在当地购买呢绒手套、金属器具、刀叉餐具。[②]

12世纪低地地区的商人已经在开拓欧洲的市场。这些商人来自布鲁日、伊普尔、里尔等城镇，将佛兰德尔的羊毛纺织品销售到英

---

① Quentin Van Doosselaere, *Commercial Agreements and Social Dynamics in Medieval Genoa*, Cambridge: Cambridge University Press, 2009, pp. 62, 71-72.

② 〔美〕詹姆斯·W.汤普逊：《中世纪晚期欧洲经济社会史》，徐家玲等译，第334页。

格兰和法兰西。尽管13世纪时低地的商人也遇到了英格兰、德意志和法兰西商人的竞争，但他们仍占有远途贸易的重要份额。1200年，布鲁日获得了每年组织集市的特许状，使这个城市成为了西欧重要的商品交易中心之一。科隆的葡萄酒贩运至此以交易布鲁日的毛纺织品。自吕贝克、汉堡和一些波罗的海港口运出的谷物、木材、矿石等原材料也运抵此地。13世纪，英格兰商人开始将羊毛出口到这里，而加利西亚（Galicia）、卡斯蒂利亚、比斯开（Biscay）的商人则从这里输入羊毛、铁和葡萄酒。13世纪晚期，威尼斯和热那亚的商人甚至由香槟集市转至此地，供应丝绸、染料、白矾等。14世纪葡萄牙和苏格兰的商人也定期而至。[①] 14世纪远途海运技术发展，许多商品经由海路在地中海与西北欧之间交流。香槟各集市大宗商品批发的重要性不断下降。

牛奶制品的生产在欧洲各地普遍存在，多数产品都是在当地销售，但也有一些进入远途贸易。荷兰、斯堪的纳维亚半岛、波兰的南部以及英格兰的少部分地区都盛产黄油，产品远销到其他地区。[②]到中世纪末，荷兰和德意志地区都输出啤酒花和啤酒。法兰西地区自罗马时代即生产葡萄酒，中世纪时普瓦图、加斯科涅、勃艮第、莫泽尔（Moselle）已变得远近闻名。13到14世纪，拉罗谢尔的葡萄酒已远销到英格兰、佛兰德尔、诺曼底、苏格兰、爱尔兰、挪威、丹麦各地。加斯科涅和普瓦图的葡萄酒也在法兰西其他地区和低地广泛销售。但葡萄酒不仅只有上述地区外销，西班牙和东地中海地区也向北欧出口。14世纪初，波尔多（Bordeaux）输出的葡萄酒达到每年10万桶。[③]

羊毛纺织工业几乎遍布于整个欧洲，但有几个地区生产尤为专

---

① Oscar Gelderblom, *Cities of Commerce: The Institutional Foundations of International Trade in the Low Countries, 1250-1650,* Princeton & Oxford: Princeton University Press, 2013, pp. 20-21.

② M.M. Postan & Edward Miller, eds., *The Cambridge Economic History of Europe*, Vol. Ⅱ, second edition, pp. 170-171.

③ Ibid., pp. 172-173, 180.

业和集中。在欧洲的南部是威尼斯、香槟地区和法兰西南部、低地
地区等。工业原材料中最重要的要算是羊毛。北欧毛纺织业的原料
很大程度靠外部输入，从13到14世纪，其羊毛最重要的来源地是
不列颠岛，也有一些来自法国中部。到13世纪后期，英格兰平均年
出口量达到了30 000袋左右，14世纪初曾一度达到37 000至40 000
袋（参见表1–4）。阿德里安·贝尔等学者认为，13世纪结束时，如
果没有英格兰的羊毛出口，欧洲的主要工业区域都不可能存在。英
格兰一旦停止出口羊毛，所有生产区域都将原料严重短缺、经济萧
条。①英格兰的出口羊毛主要销往佛兰德尔。但从14世纪中期开
始，英格兰的羊毛出口量不断下降，到15 世纪中期平均每年不到
10 000袋。苏格兰的羊毛出口在14世纪大部分时间里似乎一度还是
上升的，1328—1333年平均每年出口5 750袋，1342—1343年平均
3 700袋，14世纪六七十年代达到8 200袋，但到15世纪60年代减
少到2 000袋左右，进入16世纪后则更少。②中世纪末期开始，英
格兰本地的羊毛制造业产品品质不断提升，对原料的需求上升。这
构成了出口量下降的主要原因。

表1–4　1297—1336年英格兰平均每年的羊毛出口量（单位：袋）

年份	1297—1304	1304—1311	1311—1313	1313—1323	1323—1329	1329—1336
出口量	27 771	39 584	37 754	27 027	23 749	30 945

资料来源：T.H. Lloyd, *The English Wool Trade in the Middle Ages,* Cambridge: Cambridge University Press, 1977, p. 123。

1297年英格兰的贵族在议会中声称，羊毛贸易代表了英格兰
"全部土地的一半价值"。大羊毛商则称之为"本王国的珍宝"。英
王理查一世在欧洲大陆被俘，其赎金是5万袋羊毛。13世纪爱德华

① Adrian R. Bell, Chris Brooks & Paul R. Dryburgh, *The English Wool Market, c. 1230-1327*, Cambridge: Cambridge University Press, 2007, p. 8.
② Martin Rorke, "English and Scottish Overseas Trade, 1300-1600", *The Economic History Review*, new series, Vol. 59, No. 2 (May, 2006), pp. 269-270.

一世用羊毛收入来支付其海外军事冒险，百年战争初期爱德华三世的军费全部以羊毛税和以羊毛为抵押的贷款来支付。[①]按照波斯坦的观点，大量的商业债务清楚地显示出，信用在中世纪的商业实践中普遍存在。销售信用的形式是延迟偿付货款或预付货款。[②]修道院是中世纪养羊业的重要组织，贵族地产也出产羊毛。英格兰的羊毛贸易可以接受预付款订货，在12世纪中期就有相关记录。威廉·凯德（William Cade）是一位佛兰德的金融商，曾以预付的方式购买林肯郡的劳斯园（Louth Park）修道院和约克郡洛奇（Roche）修道院的羊毛。[③]13世纪，北安普敦郡（Northamptonshire）的派普维尔（Pipewell）西多会修道院每年以收取预付款的方式向大陆商人销售羊毛。1288年的一份记录显示，派普维尔修道院的院长希伦的约翰（John de Hillun）与卡奥尔辛（Cahorsin）商人订约，在以后15年里出售给对方360袋羊毛，每年交货的羊毛中包括9袋上好羊毛、3袋中等羊毛、7袋落毛、5袋杂毛。每年于7月22日送至波士顿集市（Boston fair），交付签约商。上好羊毛前五年的价格是18马克，以后是21马克；混合毛的价格前五年是12.5马克，以后是14马克；落毛开始是10马克，以后是13马克；杂毛最后十年12马克。相应地，购买商按要求付预付款，以及每年送给修道院一桶葡萄酒。两次最初的预付款分别是120英镑和160英镑。其他的预付款是，每年的圣马丁节后第一个星期日交63英镑6先令8便士，复活节后的第一个星期日73英镑6先令8便士。商人会派代表监督剪羊毛和交货的准备工作，修道院则要提供食宿。[④]佩格罗蒂（Pegolotti）是佛罗伦萨巴尔迪（Bardi）商会的要员，1317至1321年在伦敦做代理商。他记载了200个不列颠羊毛生产商，其中77个是西多会修道院和修

---

① M. M. Postan, *Medieval Trade and Finance*, New York and London: Cambridge University Press, 1973, p. 342.

② Ibid., pp. 4-5.

③ Adrian R. Bell, Chris Brooks & Paul R. Dryburgh, *The English Wool Market, c. 1230-1327*, p. 12.

④ Ibid., p. 72.

女院。上等羊毛的价格是22马克。[①]

英格兰王室可从进出口贸易中获得收入。1353年《贸易站法》（The Statute of the Staples）规定，商人们需在贸易站进行集中交易。在这些地方特定的商人享有排他性贸易特权，政府得到利益。用于出口的皮革、铅、羊毛都必须先集中到特定的城镇再出口销售。外域出口商不能直接从英格兰的养羊人手里买羊毛，只能从英格兰的贸易站批发商手里购买。第一批贸易站城镇是泰恩河畔纽卡斯尔（Newcastle upon Tyne）、约克、林肯、诺里奇、威斯敏斯特（Westminster）、坎特伯雷、奇切斯特（Chichester）、温切斯特（Winchester）、埃克塞特（Exeter）、布里斯托尔（Bristol），1354年又增加了金斯顿（Kingston）。此前，英国国内羊毛贸易已经建立了这种制度，1326年贸易站设在伦敦、布里斯托尔、约克等地。1362年，加莱（Calais）成为海外贸易站。羊毛经过国内的贸易站城镇批发后再出口到加莱，进而可以贩运到其他地方。[②]

染料是纺织业生产必不可少的原材料，最常用到的是靛蓝和茜草。这两种染料在北欧都出产，而意大利则输出靛蓝。14世纪晚期到15世纪，靛蓝是威尼斯商船的重要货物。英格兰的大量靛蓝从图卢兹经波尔多运来。但是14世纪前，位于今天法国北部的皮卡第（Picardy）是靛蓝的主产地。亚眠和科比（Corbie）的商业都因之而繁荣。一些昂贵的东方染料则通过葡萄牙输入。[③] 9至13世纪，低地的陶器生产主要集中于斯欣费尔德（Schinveld）、昂代讷（Andenne）、拉伦（Raeren）、平斯多福（Pingsdorf）。原料使用本地的黏土，燃料使用褐煤。产品包括大量的煮锅、小罐、壶等，主要用于外销。13世纪的市场主要包括布拉班特、乌特勒支

[①] Adrian R. Bell, Chris Brooks & Paul R. Dryburgh, *The English Wool Market, c. 1230-1327*, p. 77.

[②] Richard Goddard, *Credit and Trade in Later Medieval England, 1353-1532*, pp. 4-5.

[③] M. M. Postan & Edward Miller, eds., *The Cambridge Economic History of Europe*, Vol. II, second edition, p. 176.

（Utrecht）、荷兰（Holland）。[①] 12至13世纪时，英格兰重要的陶器出产地分布在赫里福德（Hereford）、格洛斯特（Gloucester）、伍斯特（Worcester）北部等地。很可能是由于成本问题，陶器生产大多分布于乡村，且规模很小。[②]

中世纪晚期工业原材料和制成品贸易日益繁荣，景象远超以往。长途贸易线路的改变影响了生产的地理分布。一些地区生产和贸易更加多样化，也更加富庶，如意大利北部城市。一些地方开始衰落，如香槟各集市。一些地区提升了其产品品质，制造业也得以发展，如英格兰和低地地区。

---

① Bas van Bavel, *Manors and Markets: Economy and Society in the Low Countries, 500-1600*, Oxford: Oxford University Press, 2010, p. 344.

② David A. Hinton, *Archaeology, Economy and Society: England from the Fifth to the Fifteenth Century*, London: Routledge, 2002, pp. 140-141.

第二章 近代早期的工业发展

一、工业分布与地区特色

16世纪以来中世纪欧洲制造业的生产特点并没有发生明显改变,生产方式和组织形式基本还是延续着以往的传统样貌。庞兹认为,"16世纪到18世纪下半叶,从中世纪继承下来的制造体系在技术上几乎没有改变,在结构和组织上几乎也没有改变。"①但某些变化的确在发生,只不过其过程缓慢,往往是悄无声息的。中世纪的制造业生产更多地始于城市,此时开始越来越多地转向乡村。这是生产分布的一个重要改变。城市工业转向乡村的情况很常见,在阿拉贡、卡斯蒂利亚、莱昂、巴伦西亚各地乡村都可见手工作坊,在热那亚的乡村也有铁匠铺、磨坊、造纸厂,在维罗纳等地也有各自的工业生产。②生产单位仍是以小规模为主,家庭生产是最常见的方式,与中世纪的差异有限。一个小作坊可能只有丈夫、妻子和孩子,几乎全部家庭成员都在一个屋檐下就业。稍大一些的作坊会雇用几个工人,同时师傅和家人也一起劳作,这是近代早期欧洲常见的生产单位和规模。资本对于许多工业生产并不太重要,或者说所需工业资本有限,生产所需最重要的就是劳动力。

---

① N.J.G. Pounds, *An Historical Geography of Europe, 1500-1840*, Cambridge: Cambridge University Press, 2009, p. 216.

② 〔法〕费尔南·布罗代尔:《菲利普二世时代的地中海和地中海世界》,唐家龙、曾培耿等译,商务印书馆1998年版,第616页。

尽管如此，16世纪中期工业的主要分布区域已开始发生变化。某些产品的生产区域发生了转移，某些产业衰落的同时可能伴随着新产业的兴起。佛兰德尔、德意志南部、意大利北部已不再是向集市提供产品的主要产地。英格兰、尼德兰、默兹河和莱茵河（Meuse and Rhine）之间瓦隆区（Walloon region）的产品成为欧洲市场的主流。[①] 意大利北部的羊毛纺织业在16世纪保持了相当长时间的繁荣，但进入17世纪后却逐步衰落。丝织业的发展在这一时期相当令人瞩目。造成产业分布变化的原因有多种，可能是政治上的、宗教上的，也可能经济上的。欧洲在16世纪经历了宗教改革的时代变化，同时也出现了最早一批现代国家，这些变化一定程度上影响了经济变迁。

低地的毛纺织业在这个世纪中经历了一系列的兴衰和变迁，既有经济因素的影响，也有政治因素的影响，尤其是参与了反对西班牙的战争。16世纪晚期，佛兰德尔的呢绒工业衰落，但布拉班特和尼德兰联省共和国的织造业有所增长。尼德兰联省共和国的呢绒工业发展较快，其中莱顿（Leiden）尤为突出。尼德兰联省共和国的呢绒工业在中世纪本来规模不大，产品仅限于当地使用。革命爆发后，该产业由于外来呢绒工匠的迁入而繁荣起来。莱顿的人口在1581年是12万，1644年人口增长到44.5万，1670年达到70万。整个17世纪莱顿成为欧洲重要的呢绒生产地，大部分羊毛原材料来自西班牙。1660年该城可能有4万多人从事此项生产，产量达到每年13万至20万匹。纺纱工序通常在乡村进行，织呢工序则多在城市中进行。布料主要是轻哔叽呢，供应外地市场，尤其是欧洲南部。尼德兰联省共和国的一些地方在17世纪呢绒工业发展起来，而原本这里主要是小型的亚麻纺织业，如布拉班特北部和特温特区（Twente）。佛兰德尔工匠也迁徙到列日附近。韦德尔河（Vesdre）河谷的毛纺织工业成长起来，当地从西班牙进口羊毛，生产哔叽呢

---

① Myron P. Gutmann, *Toward the Modern Economy: Early Industry in Europe 1500-1800*, Philadelphia: Temple University Press, 1988, p. 48.

和精纺呢。到18世纪后期韦德尔河河谷已经成为欧洲非常重要的毛纺织区域。[①]

16世纪60年代后，佛兰德尔的织工为逃避宗教迫害而远走他乡，将新工艺带到诺里奇、科尔切斯特、莱顿等地。1577年莱顿城的市政当局为吸引外逃的织工而提供有利条件，新的毛纺织工艺由此传入当地。新工艺以毛与棉或丝的混纺为特点，品种包括贝绒（bays）、赛绒（says）、羽纱（camlets）、挂毯（arras）、棉麻布，纯粹的毛纺织生产日渐萎缩。[②]尼德兰联省共和国的造船业与它的贸易地位是相称的，技术上也相当突出，一些动力装置得到广泛应用，如风力锯木机、锯床等，还使用滑车、绞铲、起重机等。造船业消耗大量木材，其中很多需要从外部输入，波罗的海地区的林地成为了重要的来源。据说，建造一艘大船需要2 000棵成年的大橡树。制糖业、酿酒业、制陶业、造纸业等在16和17世纪也相当繁荣。[③]

17世纪意大利的经济虽仍具有优势地位，但其实衰落已经开始。意大利的毛纺织业生产正是在这个世纪中失去了势头，米兰、佛罗伦萨、科莫这些呢绒的主要产地不断受到外来的压力。从16世纪后期开始，来自英格兰和尼德兰联省共和国的毛纺织品廉价、轻薄，而且以托运的方式发货成本低，这对威尼斯的毛纺织品的销售构成很大竞争。整个17世纪中，毛纺织品的产量由原来的每年七八万匹减少到只有几千匹，甚至毛丝织物的生产也最终衰落。不过，威尼斯可以算是例外，从16世纪晚期到17世纪前期，其生产还保持了上升的状态。[④]受16世纪80年代和90年代危机的影响，佛罗伦萨的羊毛制品产量从1560—1580年间的约3万匹，下降至1590—

---

① N. J. G. Pounds, *An Historical Geography of Europe, 1500-1840,*pp. 227-229.

② Charles Wilson, "Cloth Production and International Competition in the Seventeenth Century", *The Economic History Review*, New series, Vol. 13, No. 2 (1960), pp. 213-214.

③ 〔美〕伊曼纽尔·沃勒斯坦：《现代世界体系》第二卷，吕丹、刘海龙等译，高等教育出版社1998年版，第50页。

④ Charles Wilson, "Cloth Production and International Competition in the Seventeenth Century", p. 212.

1600年间的13 000—14 000匹，再下降至17世纪中期的5 000匹；威尼斯的羊毛纺织行会成员在1595—1603年间减少了10.9%。[①]危机过后羊毛产业仍然未能好转，而是将衰落延续了下去。米兰从事手工生产的户主由1576年的41%下降到1610年的36.8%。一些其他的产业恢复过来，而另一些落入了与羊毛产业相似的命运。皮革和食品工业扩大了生产，但木材和金属工业失去了地位。[②]

衰落在意大利北部的羊毛纺织业中是相当具有趋势性的特征。17世纪开始时，威尼斯的羊毛纺织业产量为平均每年20 000件，而到18世纪开始时平均年产量只有大约2 000件。同一时间跨度内，米兰的毛纺织品产量从年均15 000件跌到约100件；科莫原有的平均产量是每年8 000到10 000件，而这个时期末竟然绝产了；佛罗伦萨的毛纺织品平均产量是14 000件，但最终也所剩无几了。热那亚的丝织业在16世纪达到鼎盛，当时有18 000架织机。17世纪初时衰退已经显现，1608年织机锐减到3 000架，到1675年只有2 564架，且许多都未开工生产。帕维亚（Pavia）在1635年约有25位丝织师傅，到1700年只有10位。[③]这些城市在16世纪时还是羊毛纺织业的中心，而在整个17世纪却陷入不断萎缩的境地。

卡洛·奇波拉认为，意大利北部和中部在17世纪开始时仍是西欧最发达的工业区，但到这个世纪末已经沦为了经济落后和萧条的地区。意大利经济的衰落主要是由于英格兰等地方的纺织业发展起来。那些地方的产品不仅品质不断提升而且价格较低，这使得意大利纺织品遭到很大的市场竞争，其优势逐渐失去。尽管意大利城市行会在维持传统工艺、保障产品质量上不输对手，但英格兰、尼德兰联省共和国、法国发展了新的品种。那些地方的产品虽然没有意大利的质量高，却另有优势。它们的产品更轻薄，价格也更低，迎

① Stefano D'Amico, "Crisis and Transformation Economic Organization and Social Structures in Milan, 1570-1610", *Social History*, Vol. 25. No. 1 (Jan., 2000), pp. 8-9.

② Ibid., pp. 13-14.

③ Carlo M. Cipolla, "The Decline of Italy: The Case of Fully Matured Economy", *The Economic History Review*, New series, Vol. 5, No. 2 (1952), pp. 178-179.

合了当时的国际市场。再有，意大利城市的税收和劳动力成本都比较高，可能也是原因。[1]奇波拉的观点一度较有影响，学界不乏认同之声。不过，近些年来不同的观点也不断出现。约翰·芒罗（John H. Munro）就威尼斯毛纺织业衰落的原因提出了不同见解。首先，威尼斯和英国的人力成本是难以比较的，城镇的高名义工资很可能反映了高生活水平和高税收，实际工资或许并不高；其次，行会的控制也不能说明问题，英国的毛纺业同样受到管制；最后，英国的羊毛也难以保证高质量。总的来说，成本上升和制度僵化无法解释威尼斯呢绒产量为何出现暴跌。[2]有关原因的争论可能会长期存在，但意大利北部在这个世纪中失去优势、不断萎缩基本上是不争的事实。

意大利仍有几种工业在欧洲占据了优势地位，其中丝织业的发展相当引人注目。16世纪时丝织业在意大利尚属纺织业的新秀，但其发展势头却比较迅猛。这个行业的兴起成为了意大利文艺复兴时期最重要的经济活动之一。当时意大利的丝织品在欧洲和黎凡特（Levant）市场都占据了优势。据估计16世纪中叶左右意大利的丝织品在法国进口总额中占到30%，1567年，这种产品在低地国家进口总额占到20%。1577年低地国家从意大利进口的丝织品已上升到其进口总额的36%。到16世纪末，意大利半岛的生丝生产已经超过了一些老的丝织业中心，如西班牙和近东地区。[3]从16到17世纪意大利的丝织业分布于城市，是典型的城市工业。除了抽茧这道工序外，所有的丝织业工序都是在城市的围墙里完成的。16世纪中期到18世纪早期佛罗伦萨的丝织品制造稳步增长，整个17世纪基本保持

---

① Carlo M. Cipolla, "The Decline of Italy: The Case of Fully Matured Economy", pp. 178, 181-183.

② John H. Munro, "The Rise, Expansion, and Decline of the Italian Wool-Based Cloth Industries, 1100-1730: A Study in International Competition, Transaction Costs, and Comparative Advantage", *Studies in Medieval and Renaissance History*, 3rd Series, Vol. 9 (2012), pp. 151-153.

③ Luca Molà, *The Silk Industry of Renaissance Venice*, Baltimore: The Johns Hopkins University Press, 2000, pp. xv, 14.

在每年约 10 000 匹左右。然而，同期该城的羊毛纺织品的产出却不断减少，许多织工转而从事丝织品制造（参见表 2–1）。佛罗伦萨纺织业的一衰一兴在这个时代的意大利工业变化中很具代表性。威尼斯的工业生产仍然维持了相当的规模，兵工厂的工人有 3 000 人，毛纺织工人 5 000 人，丝织工人 5 000 人。兵器工业是 17 世纪意大利的重要产业，在欧洲依然享有盛誉。其他工种也很多，如造船工、织毛毯工、铜匠、铁匠、首饰匠、玻璃匠等。再有，威尼斯的印刷业也很重要，这里出版的书籍占欧洲的一大部分。[①]

表 2–1　1550—1739 年佛罗伦萨毛、丝织物平均年产量（单位：匹）

年份	羊毛织物	丝织物
1550—1559	17 500	—
1560—1569	31 300	—
1570—1579	30 900	—
1580—1589	13 400	—
1600—1609	13 100	10 300
1610—1619	10 700	9 300
1620—1629	9 000	9 800
1630—1639	6 000	10 000
1640—1649	6 000	9 600
1650—1659	—	9 700
1660—1669	3 500	10 300
1730—1739		15 500

资料来源：Miki Iida, "Florentine Textiles for the Ottoman Empire in the Seventeenth Century", *Mediterranean World*, Vol. 21 (May, 2012), pp. 189。

---

① 〔法〕费尔南·布罗代尔：《菲利普二世时代的地中海和地中海世界》，唐家龙、曾培耿等译，第 615 页。

  16世纪英格兰的手工业生产变得更为专业化，分工更细，生产的地区特色开始显现。由于国际贸易的发展，地方生产与国际市场联系更为紧密。一些地方的手工业生产更趋于专业化，且与更广泛的生产网络联系在一起。切斯特过去曾以生产帽子著称，这个世纪中改为为其他地方生产手套。[①]

  中世纪英格兰出产的羊毛主要用于外销欧洲大陆，本地也生产毛纺织品，但品质比较粗糙。从中世纪晚期开始，英格兰的羊毛纺织业技术逐步提升，羊毛越来越多地留在岛内生产而不是出口。到16世纪毛纺织业已发展为英格兰的重要产业。后来人描述道：

    呢绒行业已在英格兰确立，但贝绒、赛绒和普伯度绒（perpetuanies）等的制造（这些目前已占本国毛纺织业的几乎一半）直到伊丽莎白女王统治时期还未有，而是全部仍在佛兰德尔用英格兰羊毛制造。[②]

可见，英格兰在16世纪已经具备了比较完备的羊毛纺织品生产体系。16世纪20年代，伦敦的布商（draper）托马斯·豪厄尔（Thomas Howell）从埃塞克斯（Essex）的科尔切斯特（Colchester）和德纳姆（Denham），以及萨福克郡买入成品的和半成品的宽幅呢绒。16世纪30年代伦敦的绸缎商（Mercer）托马斯·基特森（Thomas Kitson，1485—1540）从威尔特郡（Wiltshire）西部和萨默塞特郡（Somerset）东部的小城镇和乡村买入半成品的宽幅呢绒，给他供货的呢绒商有109位，其中最大的供货商平均每年供货371匹呢绒。[③]17世纪早期，格洛斯特郡（Gloucestershire）主要生产宽幅呢绒，

---

 ① George Unwin, *Industrial Organization in the Sixteenth and Seventeenth Centuries*, London: Frank Cass, 1972, pp. 70-72.

 ② William Carter, *The Usurpations of France upon the Trade of the Woollen Manufacture of England*, London: Richard Baldwin, 1695, p. 4.

 ③ John Oldland, "The Clothier's Century, 1450-1550", *Rural History：Economy Society Culture*, Vol. 29. No.1 (Apr., 2018), p. 9.

当地有织工1700人，产品主要供给伦敦市场。[①]织工通常独立经营自己的生产作坊，并不依附他人。

17世纪初期，英格兰的毛纺织工业在产品种类和分布上都开始发生变化。宽幅呢绒在16世纪还是英格兰毛纺织业中的佼佼者，但这一产品的地位已经衰落，为新的产品所替代。新产品多是羊毛混纺织物，与前者相比轻薄、粗糙，价格也更便宜。新技术在16世纪60年代由来自尼德兰地区的外来移民输入。17世纪中期一些地方的宽幅呢绒生产衰落，包括英格兰西北部、萨福克郡。新产品的生产在东盎格利亚找到了合适的土壤，诺里奇专业生产精纺绒，也生产有丝或棉的混纺精纺绒。萨福克专门生产赛绒，科尔切斯特生产赛绒和巴绒，埃塞克斯与萨福克交界处也生产这两种呢绒。英格兰西北部也逐步地转向新产品的生产。1700年时，新产品已经成为英格兰毛纺织品出口的主力，其中埃克塞特的哔叽呢和诺里奇的新品种已经占到总量的六成。[②]毛纺织业的分布主要集中在英格兰西南部和东盎格利亚等地，诺里奇是重要的毛纺织业中心。毛纺织业对于英国的经济可谓举足轻重。18世纪初，迪福曾强调说：

> 本国的毛纺织业和丝织业是我们产业的主体，是我们财富中最大最重要的部分，是我们出口所需的资金来源，我们航海的资金支持，以及我们解决就业和穷人问题的唯一方法。[③]

昔日的德文郡和东盎格利亚羊毛工业到18世纪初已变得日益衰落，羊毛产品的生产更多地集中在英格兰西南部和约克郡西区。到18世纪末，约克郡西区的生产越发兴盛，成为羊毛纺织品的主要产地，

[①]　G.D. Ramsay, *The English Woollen Industry,* 1500-1750, London: Palgrave, 1982, p. 24.

[②]　Charles Wilson, "Cloth Production and International Competition in the Seventeenth Century", pp. 210-211.

[③]　*A Brief State of the Question Between the Printed and Painted Callicoes and the Woollen and Silk Manufacture*, London: W. Boreham, 1719.

其他地区则完全衰落。①英格兰西南部毛纺织业衰落的原因在于呢绒商的生产与市场脱节，在存货上积压了太多的资本，而且也不能利用其他的资本。②

18世纪初期英格兰已经由历史上的羊毛出口地转变为毛纺织品出口地，出产的羊毛更多地用于国内生产。当时的商人就自夸道：

> 大不列颠和爱尔兰的羊毛优于其他国家的羊毛，更适用于制造业。③

毛纺织品是这一时期英国向欧洲其他国家出口的主要产品，欧洲也是其最大的市场。这个特征到18世纪中期才明显改变。工业革命开始后，英格兰的棉纺织业迅速兴起，超过毛纺织业，成为最大的纺织行业。那时，尽管羊毛制品的发货量仍不断增加，但在出口制成品中所占的比例却持续下降。毛纺织品在1699年至1701年的出口额中占77%，1752年至1754年的出口额中占52%，而在1794年至1806年的出口额中已占不到五分之一。④

中世纪晚期法国的纺织业遍布各地。兰斯、普罗旺斯和特鲁瓦的布料在西欧大部分地区都有销售，而在佩里戈尔等农村地区编织的较次的布料则占据了当地市场。⑤16世纪早期赛绒工艺引入亚眠，并又传入博韦（Beauvais）、兰斯等北部城镇。呢绒工业在这个世纪里有所增长，但在17世纪则陷入萧条。由于政府的作用，奢侈品等

① Derek Gregory, *Regional Transformation and Industrial Revolution: A Geography of the Yorkshire Woollen Industry*, London: The Macmillan Press LTD, 1982, pp. 38-47.

② John Smail, *Merchants, Markets and Manufacture: The English Wool Textile Industry in the Eighteenth Century*, London: Macmillan Press LTD, 1999, pp. 29-30.

③ A Merchant, *An Essay on the Improvement of the Woollen Manufacture,* London: T. Cooper, 1741, pp. 2-3.

④ Robert S. DuPlessis, *Transitions to Capitalism in Early Modern Europe Economies in the Era of Early Globalization, c. 1450-c. 1820,* Cambridge: Cambridge University Press, 2019, p. 219.

⑤ N. J. G. Pounds, *An Historical Geography of Europe, 1500-1840*, p. 230.

级的呢绒受到重视。1700年左右，法国呢绒工业超过八成的生产已集中于三个区域，分别是法国北部、香槟地区和朗格多克。呢绒产量的三分之一来自北部：亚眠、博韦、鲁昂和塞纳河（Seine）下游谷地。香槟地区的生产主要集中于兰斯、普罗万、莫城（Meaux）、桑斯（Sens）、茹瓦尼（Joigny）。朗格多克则主要在蒙彼利埃（Montpellier）、图卢兹（Toulouse）、蒙托邦(Montauban)。法国毛纺织业的原料主要来自于西班牙。除了毛纺织业外，法国的亚麻和大麻纺织业也得到了发展，主要在北部。[①] 整个18世纪，法国的纺织业得到了相当大的发展。在埃纳省（Aisne）的圣康坦镇（St.-Quentin）附近，18世纪末已有350个村庄从事亚麻纺织业，从业人数有15万。里尔附近的鲁贝（Roubaix）也因亚麻纺织业扩展很快，18世纪的人口从4 500增长到12 000。鲁昂方圆40英里内有约20万的纺织工人。朗格多克的纺织业从业人员也很多，1754年克莱蒙-德洛代沃（Clermont-de-Lodève）的呢绒商为周边56个村庄和小镇的人提供就业。尼姆（Nîmes）附近织袜机从1713年的367架增长到1754年的2 100架。[②] 17世纪七八十年代，里昂的丝织业已开始成为生产高档纺织品的行业。产品不仅质量上乘，而且品种多样，包括可粗分为混丝纺织品和全丝制品。细分品种更为多样，有单色天鹅绒、织花天鹅绒、金线织锦、银线织锦等，织物的薄厚样式也随季节而变，适于四季的产品都有。产品花样设计比较市场化。[③] 1621年，里昂有1 187家丝织作坊，其中商人让·雅克·马尼斯（Jean Jacques Manis）拥有81家作坊201张织机，内雷（Neyret）拥有38家作坊87张织机，巴莱（Ballet）拥有34家作坊59张织机，

---

① N.J.G. Pounds, *An Historical Geography of Europe, 1500-1840,* pp. 232-235.

② Gwynne Lewis, "Proto-Industrialization in France", *The Economic History Review*, New series, Vol. 47, No. 1 (Feb., 1994), p. 151.

③ Lesley Ellis Miller, "Material Marketing: How Lyonnais Silk Manufacturers Sold Silks, 1660-1789", in Jon Stobart & Bruno Blondé, eds., *Selling Textiles in the Long Eighteenth Century: Comparative Perspectives from Western Europe*, New York: Palgrave Macmillan, 2014, pp. 86-87.

这三个商人拥有的织机数量占总数的近三分之一。[①]

西班牙的一些地方在16世纪前期曾经历了工业繁荣。昆卡（Cuenca）、塞戈维亚（Segovia）的呢绒工业都比较发达。这个时期商人资本已开始发挥影响，他们从纺织工人手中购买产品，也为他们抵付货款。包买商制度也出现在上述地区。但是，进入17世纪这些地区的工业就开始衰落。在新航路开辟后，欧洲贸易中心由地中海沿岸转移到了大西洋沿岸，近代早期欧洲处于战争和宗教改革的时代，西班牙在海上败于英国，陆上败于低地地区使得战争带来的有利条件失去了，西班牙遭遇了市场竞争，生产难以适应市场要求。

16世纪60年代，符腾堡公国（Württemberg）黑森地区（Black Forest region）的乡村开始生产轻质精纺绒，用于外销。此后直到19世纪精纺绒生产变成了当地乡村的主要经济活动，唯一与之有竞争性的是亚麻纺织业。这一生产区域有约1 000平方公里范围，占符腾堡公国的九分之一。[②]中欧的毛纺织业在18世纪后期得到了较快的发展，波西米亚（Bohemia）和摩拉维亚（Moravia）是主要的集中生产区域。中欧最重要的纺织业是亚麻纺织，生产主要集中在德意志地区的施瓦本（Swabia）、威斯特伐里亚（Westphalia）和波西米亚。瑞士北部也以亚麻纺织为业。16世纪，来自低地地区的移民织工推动了这一进程，他们还把自己的手艺带到萨克森和波美拉尼亚。然而，到18世纪末，中欧的亚麻纺织业遇到了棉纺织业的竞争。[③]丝织业从中世纪末开始已经在意大利的许多地方发展起来，16世纪传入法国，里昂、巴黎等地都有生产。

中世纪欧洲即有玻璃制造业。16世纪意大利的玻璃制造代表了欧洲的最高水平，其中威尼斯的玻璃制造最为突出。意大利的玻璃

[①] Bernard Gauthiez, Richard Rodger and Susanne Rau, "What Mapping Reveals: Silk and the Reorganization of Urban Space in Lyons, c. 1600-1900", *Urban History*, Vol. 47. No. 3(Aug., 2020), pp. 451-452.

[②] Sheilagh Ogilvie, "Guilds, Efficiency and Social Capital: Evidence from German Proto-Industry", *The Economic History Review*, Vol. 57. No. 2(May, 2004), p. 289.

[③] N. J. G. Pounds, *An Historical Geography of Europe, 1500-1840*, pp. 236-238.

制造商，尤其是来自威尼斯的玻璃制造商，为欧洲其他国家树立了玻璃制造行业的标准。从16世纪开始，欧洲对威尼斯的高档玻璃器皿需求愈来愈大。玻璃匠在财富的诱惑下不顾当局禁令，移民到欧洲各地。技术移民导致玻璃制造工艺传播开来，但到17世纪末威尼斯的高档玻璃生产却衰落了。[①]一些意大利工匠在16世纪迁徙到法国，在巴黎附近建立工厂。这些工厂为王室生产玻璃，但生产和经营并不成功。诺曼底、奥尔良、摩尔万和阿尔贡的森林地区也建立了玻璃工厂，且发展形势比较好。经过早期的成长，玻璃工业在法王路易十四统治时期曾一度停滞不前。不过到18世纪状况又开始好转，据说当时法国有不少于300间"玻璃工厂"。[②]

低地地区在这个世纪中开始成为异军突起的新力量，一些意大利的工匠逃到安特卫普等地，使那里的工艺水平得到提高。中世纪英格兰玻璃制造业的工艺水平并不高，同样是从16世纪开始由于外来工匠的进入而发展起来。威尼斯的玻璃、迈森（Meissen）的瓷器已享誉远近。17世纪陶器制造才获得了发展，尽管一开始产品还很粗糙。乌尔比诺（Urbino）、法恩莎小镇（Faenza）、锡耶纳及意大利中北部的一些地方均有生产。17世纪末从意大利传入法国，内维尔（Nevers）、鲁昂、穆斯捷（Moustiers）等地都有生产。意大利人也将这一手艺传到低地地区，最早是安特卫普，然后是哈勒姆（Haarlem）、鹿特丹（Rotterdam）。之后传入西班牙、瑞士、德意志、瑞典、奥地利、匈牙利、英格兰等地，这些地方都掌握了陶器制造技术。[③]玻璃制造在苏格兰出现于17世纪初，主要依赖英格兰和欧洲大陆的技术人员。生产主要位于苏格兰的东海岸，包括利斯（Leith）、莫里森港口（Morrison's Haven）、东洛希安（East Lothian）、威姆斯（Wemyss）和法夫的柯科迪（Kirkcaldy in

① Pascal Richet, ed., *Encyclopedia of Glass Science, Technology, History and Culture*, Vol. 2, Hoboken: John Wiley & Sons, 2021, p. 1337.
② N. J. G. Pounds, *An Historical Geography of Europe, 1500-1840*, p. 246.
③ Ibid., pp. 244-245.

Fife)。格拉斯哥在1701年也开始制造玻璃。^①

在17世纪,中欧的玻璃制造业开始发展,德意志地区中部的黑森和图林根发展玻璃制造业主要为三十年战争服务,主要是在波西米亚地区。因为中世纪时波西米亚曾有玻璃工业,基础较好。玻璃制造业工人在这些将德意志地区和捷克分隔开的空旷地区的定居中发挥了重要作用。贵族在他们的土地上建立了玻璃厂,鼓励玻璃工业的发展,这些工厂集中建在波西米亚北部山区。波西米亚玻璃贸易在18世纪不断发展,向欧洲大部分地区供应高质量的玻璃器皿。^②

当然,采矿和冶金业历来规模都相对较大,需要更多的资本和劳动。大多数制造业生产者仍是为本地市场而生产,消费者限定在比较有限的范围内。在16世纪煤的产量有限,且以采掘浅层煤矿为主。由于矿层经常是裸露于地表的,所以不存在排水问题,开采难度很小。煤在近代早期主要是用于烧砖和石灰,而不是取暖。到18世纪,煤的使用才更为广泛。煤在法国北部和尼德兰南部的许多地方都有开采,但泰恩河的煤销售辐射更广的地区。泰恩河流域的煤通过泰恩河和泰晤士河外运销售到英格兰的许多地方,特别是伦敦,同时也向低地国家出口。

英格兰北部的纽卡斯尔是重要的产煤区。17世纪末,英格兰的东部和东南部城市已经使用越来越多的煤,每年估计130万吨。煤经由海陆和河流运输,伦敦、赫尔(Hull)、金斯林(King's Lynn)、雅茅斯(Yarmouth)、伊普斯维奇(Ipswich)、科尔切斯特等城市是重要的目的地。从这些地方再分销到附近的城镇甚至村庄。据称1696年诺福克郡已主要使用煤做燃料。金斯林恩港输入的煤1575年是3 427吨,1651年则超过22 800吨。雅茅斯港的输入量在1682年超过22 477吨。伦敦的消费量是最大的,并且增长

---

① Jill Turnbull, *The Scottish Glass Industry 1610-1750*, Society of Antiquaries of Scotland, 2001, pp. 1, 27.

② N. J. G. Pounds, *An Historical Geography of Europe, 1500-1840*, pp. 246-247.

也很快。[1]在欧洲范围内，英格兰煤的利用和煤矿开采处于比较突出的位置。

列日（Liège）的工业生产在16世纪和17世纪早期得到了显著发展，主要体现在原材料工业、金属加工业和羊毛纺织业。原材料方面主要的产品是煤、明矾和硫黄，用于制造染料和火药等。这些产品在中世纪就有生产。列日的煤储藏早已为人所知，埋藏浅，容易开采。12世纪末这里就开采煤用于铸造，当时产量有限，在铸造业中的使用也不普遍。[2]16世纪对煤的需求增加，还引发了采煤技术的革新，包括坑道的合理挖掘和矿井排水泵。煤的需求主要来自金属加工业，但更主要的来自家庭取暖。当时煤被用于列日和一些尼德兰联省共和国城市的取暖，到1700年已主要供应阿姆斯特丹、多德雷赫特（Dordrecht）。这些工业吸引了商业资本投入其中。矿井的投资者通常不是工匠，而是更富有的人。他们通过贸易、地产致富，再将资本投入采矿业。[3]

煤是工业革命时代最重要的能源。人们似乎认为煤和工业革命有着天然的联系。近年来，学者们对煤的开采在近代欧洲经济发展中的作用表现出了特别的关注。罗伯特·艾伦提出了下述颇有影响的观点。与欧洲大陆相比，英国自那个时代起出现了两个很重要的因素，其一是高工资。英国在16、17世纪的商业扩张中获得了成功，毛纺织品等出口不断增加，国内制造业和农业蒸蒸日上。但由于人口少，劳动力需求过大，结果造成长期的高工资现象。17世纪后期开始，英国的工资水平是欧洲乃至全世界最高的，且就男工、女工、

---

[1] J. U. Nef, *The Rise of the British Coal Industry*, Vol. I, London: Frank Cass, 1966, pp. 79-81.

[2] Charles Singer, E.J. Holmyard, A.R. Hall & Trevor I. Williams, eds., *A History of Technology*, Vol. II, Oxford: Oxford University Press, 1967, pp. 62-68.

[3] Myron P. Gutmann, *Toward the Modern Economy: Early Industry in Europe 1500-1800*, Philadelphia: Temple University Press, 1988, pp. 56-59.

童工而言都是如此。[①]另一个因素是，丰富而廉价的能源——煤。煤是一种自然资源，许多地方都有，欧洲大陆也不缺少。但煤在当时对于英国有独特的意义。由于在国际贸易上的成功，伦敦人口在16世纪后期激增，造成燃料需求上升。这样，英国的煤工业因伦敦的增长而起飞了。[②]煤工业的发展为经济提供了低价能源。艾伦将高工资和低能源价格的经济因素作为驱动技术创新的动力，由此导出工业革命的起因。他明确说："如果我们对比当时主导经济体中工资率和能源价格，就容易理解为什么工业革命发生在18世纪的英国。通过比较，不列颠明显是一个高工资、廉价能源经济。"[③]这两个因素在经济运行中发生的相互作用创造了技术创新的动力。由于高工资和低煤价的特点，英国的生产者愿意更多使用煤炭燃料、少使用劳动力进行生产，或者说得范围更广些，更愿意多用资本而少用劳动力。由此，"带来对能源利用技术的需求"，[④]并最终"导致了18世纪的技术突破"，[⑤]最突出的代表就是蒸汽机的不断改进。此外，艾伦也对比了欧洲大陆的情况以证明其分析的合理性。他指出，尼德兰虽然也经历了城市的扩张，但大陆的煤储量却没有起同样的作用。因为，尼德兰联省共和国就近开采了泥炭作为替代性燃料，而不是获得鲁尔的煤。这样，没必要改善煤的运输技术。没有技术创新，当然就没有工业革命。如若不然，发生工业革命的就是尼德兰联省共和国和德意志，而不是英国。[⑥]总之，在罗伯特·艾伦看来，英国16、17世纪对煤的开采和利用诱发了技术革命，从而最终引发了18世纪

---

① R. C. Allen, "Why the Industrial Revolution Was British: Commerce, Induced Invention and the Scientific Revolution", *Economic History Review*, Vol. 64, Issue 2(May, 2011), pp. 359-360; 〔英〕罗伯特·艾伦：《近代英国工业革命揭秘：放眼全球的深度透视》，毛立坤译，浙江大学出版社2012年版，第32—33页；Robert C. Allen, "The High Wage Economy and the Industrial Revolution: A Restatement", *Economic History Review*, Vol. 68, Issue 1 (Feb., 2015), pp. 1-22.

② R. C. Allen, "Why the Industrial Revolution Was British: Commerce, Induced Invention and the Scientific Revolution", p. 366.

③ Ibid., p. 359.

④ Ibid., p. 365.

⑤ Ibid., p. 359.

⑥ Ibid., p. 366.

的工业革命。

　　E. A.里格利的研究同样也关注了煤资源的影响。里格利首先指出，16世纪英国经济还落后于欧洲大陆，但此后两个世纪中却变得越来越成功。最初影响变化趋势的"主要因素是农业生产中出现的巨大优势"。到17—18世纪，英国的农业和工业都获得了很大发展。农业产量的增加为越来越多的非农业人口提供了食物，因此城市可以扩展，而城市增长又反过来刺激了农业生产更多的粮食和有机燃料。由此，"城市增长和农业变化间"形成了"良性反馈"，这个经济特征对于未来经济的方向是"决定性的"。[①]但是，城市化和工业发展最终势必受到有机能源的上限扼制。除非出现突破，否则将仍然无法逃脱有机经济的限制。逃脱的关键因素就在于煤的利用。英国的煤丰富而廉价，不仅能够替代有机燃料，而且不占用农业生产土地，供应还能源源不断。到17世纪英国很多产业已转向用煤提供热能，而18世纪约一半的能源消费来自煤。英国的能源消费模式与欧洲大陆开始出现明显差异。里格利将此称为"能源革命"。[②]能源依赖方式的改变，使大规模生产的限制消除了。生产增长，对煤的需求也就不断增加。以煤做能源产生了两个非常重要的连带结果，第一个是对交通设施的投资，因为必须将煤运往市场。第二个是必须改善煤矿排水技术，因为采掘越来越深，原有技术难以适用。[③]这两项需要都导致了对蒸汽机技术的改进，这使得人们可以进一步开发和利用更大规模的能源，从而支持不断增长的生产。煤与蒸汽机技术的互动导致了"对有机经济的最终突破"。[④]工业革命就是这一最终突破的具体展现，突破的原因就是工业革命的原因。里格利的这一看法与艾伦无疑有着深层次的一致性。

　　煤的利用是否是引发技术创新乃至导致工业革命的原因，值得

---

　　① E.A. Wrigley, *Energy and the English Industrial Revolution*, Cambridge: Cambridge University Press, 2010, pp. 26-32, 35.

　　② Ibid., pp. 41, 38, 36.

　　③ Ibid., pp. 42-45.

　　④ Ibid., p. 38.

进一步研究。但到近代早期，英格兰已开始增加煤的利用的确是没有争议的。16世纪英格兰林木储备消耗巨大，1581年议会立法禁止在泰晤士河两岸等地新建铁厂或为炼铁砍伐木材。玻璃工业也面临燃料短缺问题，一些业主转向使用煤做燃料。[1]

默兹河河谷的上游，从列日开始就有储量丰富的煤矿，鲁尔也是如此。此两处的煤不仅供本地使用，还外销给欧洲其他国家。欧坦（Autun）、勒克勒佐（Le Creusot）、香槟地区也都有煤矿开采的情况。18世纪中期法国和尼德兰的煤开采量都明显增加，法国的产量达到每年45万吨。但大陆储量最大的产煤区在鲁尔和上西里西亚（Upper Silesia）。马克（Mark）郡18世纪60年代的年均产量只有6.1万吨，到90年代已增长到18.9万吨，19世纪初则是21万吨。[2]

欧洲的黄金矿藏虽不丰富，但在西里西亚（Silesia）、斯洛伐克（Slovakia）、特兰西瓦尼亚（Transylvania）、克恩滕（Carinthia）和蒂罗尔（Tyrol）都有金矿开采。相对来说，白银开采比较重要，并常与铜矿共存，分布于哈尔茨（Harz）、萨克森（Saxony）、波西米亚、蒂罗尔、斯洛伐克、波斯尼亚（Bosnia）。重要的铜矿分布于瑞典的法伦（Falun）和挪威的勒罗斯（Röräs），西班牙的里约廷图（Rio Tinto）、英格兰的康沃尔郡也有。铁矿在欧洲各地相对丰富，冶铁业分布较广。[3]欧洲的金银产量有限，故所需金银很大程度上依赖外部输入。早在中世纪欧洲就从非洲撒哈拉沙漠以南输入黄金，16世纪开始美洲的金银又成为了欧洲贵金属的重要来源。

近代早期以来，铜的生产遍布欧洲各地。但东阿尔卑斯区、上匈牙利区以及图林根的曼斯费尔德则是三个主要产区，大量产品输往欧洲其他地区。16世纪前期，这三个地区的总产量每年达到

[1] Eleanor S. Godfrey, *The Development of English Glassmaking, 1560-1640,* Oxford: Oxford University Press, 1975, pp. 47-63.

[2] N. J. G. Pounds, *An Historical Geography of Europe, 1500-1840*, pp. 267-268.

[3] E. E. Rich and C.H. Wilson, eds., *The Cambridge Economic History of Europe*, Vol. V, Cambridge: Cambridge University Press, 1977, p. 463.

4 500吨至5 000吨，但此后的产量有所下降。1620年左右，中欧的铜矿每年能够出产大约2 000吨铜。到17世纪，瑞典开始成为一个新兴产铜国，产量成倍增长。瑞典还成为了三十年战争中欧洲最大的铜供给国。瑞典在17世纪50年代铜产量每年可达3 000吨。[1]列日的冶铁工业中世纪就存在，到16世纪主要是采矿和熔炼。17世纪早期列日的铁钉、兵器等制品由于优质低价已享誉尼德兰市场。这要归功于当地冶铁业的技术优势和充足的煤炭燃料。16至17世纪当地煤虽无法用于熔铁，但用于铁器加工则没有问题。熔铁过程仍要靠燃烧木材。不过，煤的使用已经为生产降低了成本。16世纪后期这一领域的技术优势也让列日优于对手。水利碾轧磨坊和重锤用于炼钢，使金属加工业能生产高质量的兵器。让·库尔提乌斯（Jean Curtius，1551—1628）是16世纪晚期当地的富商，通过制造火药而发财。为了生产火药，他从德意志和法兰西聘请工人和购买设备。后来他购买地产，成为煤矿和明矾矿的合伙人。[2]

英格兰的有色金属采掘工业从17世纪开始兴起，其原因与中欧该行业的衰落有关。欧洲大陆的有色金属开采自15世纪就繁荣起来，包括铜、铅、锡。这主要是因为这些是贵金属金银的伴生矿，金银的采掘带动了有色金属开采的繁荣。从16世纪中期开始，美洲的贵金属大量输入欧洲，欧洲的金银开采遇到很大威胁，原因在于欧洲的开采成本高。由此导致欧洲大陆的有色金属开采日渐衰落。直到18世纪，甚至19世纪大陆的这一行业才缓慢恢复。英格兰的有色金属矿藏则不同，其矿藏不是贵金属的伴生矿。[3]欧洲的铜生产从16世纪前期开始就一直衰落，1800年的产量甚至仅比1650年多少

---

① 〔意〕卡洛·M. 奇波拉主编：《欧洲经济史》第二卷，贝昱、张菁译，商务印书馆1988年版，第422页。

② Myron P. Gutmann, *Toward the Modern Economy: Early Industry in Europe 1500-1800*, pp. 60-62.

③ Roger Burt, "The Transformation of the Non-Ferrous Metals Industries in the Seventeenth and Eighteenth Centuries", *The Economic History Review*, New series, Vol. 48, No. 1 (Feb., 1995), p. 24.

许而已。白银生产从16世纪后期到17世纪末陷入长期停滞。欧洲的铅生产也一直处于低迷状态，唯有英格兰表现不凡。16世纪60年代不列颠铅产量大约500—600吨，16世纪70年代就增长到每年约1 000吨，1610年4 000吨，17世纪30年代12 500吨，到18世纪中期达到两三万吨。欧洲锡生产从17世纪开始扩张，到18世纪后期产量已翻倍。铜的生产17世纪末开始增长，发展也基本如此。[①]

欧洲各国工业的发展不仅由来自本国的工匠们推动，同时也得到了来自欧洲各国移民之间的帮助。这些移民因为战争、谋求财富等原因离开本土来到其他地区，同时他们把先进的工艺与技术也带到了新地方。移民对欧洲各地区间的技术交流起到了推动作用。这些交流有利于技术进步和创新，对于产业分布的变化也有意义。

欧洲的印刷出版行业15世纪中叶开始兴起。古腾堡（Johannes Gensfleisch zur Laden zum Gutenberg，1398—1468）于15世纪40年代在法国斯特拉斯堡成功发明了活字印刷术，并于15世纪50年代在美因茨制作了一本书籍——《圣经》。此后，活字印刷术给欧洲带来了文化传播方式的革命，短短几十年内使整个欧洲的印刷活动迅速发展。在1465年意大利拉齐奥苏比亚克的苏比亚克修道院开始印刷书籍，操手的是两名来自美因茨地区的神职人员。后来这两人又去了罗马和威尼斯，同时将活字印刷术带到了那里。同一时期，古腾堡家族的成员在靠近美因茨的埃尔特维尔也进行了推广印刷术的活动。15世纪70年代，印刷术引入巴黎索邦大学。[②]

从16世纪到18世纪，随着书籍印刷的扩展和文化的传播，纸张的制造稳步增长。除了书写法律文件外，羊皮纸已被人们逐渐弃而不用，取而代之的是制成纸。起初，造纸厂倾向于集中在纺织生产

[①] Roger Burt, "The Transformation of the Non-Ferrous Metals Industries in the Seventeenth and Eighteenth Centuries", pp. 27-29.

[②] Lotte Hellinga and J.B. Trapp, eds., *The Cambridge History of the Book in Britain*, Vol, 3. Cambridge: Cambridge University Press, 2008, p. 65.

区。16世纪早期，斯瓦比亚的拉文斯堡有50家造纸厂。后来，它们在大多数大城市发展起来，那里既有对纸的需求，也有供应。造纸业的发展与印刷业的发展密不可分，因为大部分的纸都是用于印刷机印刷的。16世纪初至少有236个欧洲城镇拥有印刷机，到18世纪许多较大的城市都有了出版和印刷机构。巴黎、里昂、阿姆斯特丹、科隆、巴塞尔、维也纳、威尼斯，都是当时的图书出版中心。[①]印刷术的发展在宗教改革时代可谓正逢其时，当时许多印刷品是宗教类小册子。这些印刷品不仅有大量印刷的需求，还远比过去的手抄本廉价，大大便利了新教思想的传播。

与中世纪相比，16世纪以来欧洲各地之间的人口流动更为频繁，随着人口迁徙，生产技术传播开来。新来的移民往往会给迁入地带来新的和有差别的生产工艺，甚至全新的产品。人口流动构成了欧洲工业分布的特征和变化的一个重要因素。近代早期的欧洲处于宗教改革的战争时代，宗教迫害和战争使数以千计的工人和技术专家流离失所。日内瓦的新教徒一直从事羊毛和丝绸等纺织品的生产，为了逃离天主教国家和罗马教廷的镇压，不得不背井离乡。来自尼德兰联省共和国南部的新教徒将先进纺织技术等带到了英格兰、尼德兰和德意志西部地区。人口外流可能给当地带来不利影响。外迁不仅会导致劳动力减少，还带走了技术和资本。如果一个地方在政治上和信仰上都比较宽松的话，对移民就有较大的吸引力。对于新教徒而言，英格兰正是这样的地方。英格兰在呢绒生产上的发展与移民不无关系，这构成了其工业分布变化的一个因素。

二、工业生产、资本与信用

在15和16世纪的大部分时间里，欧洲最重要的工业经济仍然

---

① N. J. G. Pounds, *An Historical Geography of Europe, 1500-1840*, p. 244.

是纺织品的生产和贸易。这一时期欧洲的支出主要用于消费、满足私人需求，除采矿业外欧洲各生产部门对投资的要求比较有限。贵族仍是主要的财富持有者，将他们从土地和其他投资中获得的利润，用于购买诸如高档家具、挂毯、绘画和珠宝等物品。

雇用工人最多的部门依然是纺织业。英格兰和西班牙是提供原毛最重要的地区，而纺织中心主要是在欧洲的城市中心，如佛兰德尔与意大利中部和北部的城市。它们的优质产品在国际市场上需求量很大。人口流动的一个方向是从信仰天主教的国家向信仰新教的国家流动。由于天主教国家在宗教改革运动期间大力迫害新教徒，促使新教徒逃离，寻求宗教庇护。随着这些移民，先进技术和大量资本被带到迁入地。新教徒的这类迁徙原本仅为保留信仰、谋求生存，但客观上成为一种有利于迁入地经济的因素。人口流动的另一个方向是从农村流向城镇，一个特别具有代表性的例子是英国。近代早期政治经济的多重变化致使乡村人口大量向城市流动，伦敦人口在16世纪中增长了数倍。这也使越来越多人开始参与纺织品的生产和贸易活动。近代早期商人在呢绒生产中发挥的作用越来越重要，他们是流动资本的主要提供者，布商的生意渗透进从生产到销售的多个领域，这些商人开始占据传统上由中世纪意大利布商主导的呢绒市场。托马斯·基特森主要向安特卫普出口半成品呢绒。他从威尔特郡和萨默塞特郡的呢绒商手中购进呢绒。1535到1536年他出口的呢绒占英格兰总量的2.7%。他主要以付现金的形式购买，而对于安特卫普的卖家则提供信用。[1]

资本和劳动在近代工业中是不可缺少的生产因素。16世纪后期，呢绒制造商的固定资产主要是他的作坊和一些必要的设备。作坊当时的建造成本在10英镑以下，设备包括分拣台、染缸、铜锅、拉幅

---

① John Oldland, "The Allocation of Merchant Capital in Early Tudor London", *The Economic History Review*, New series, Vol. 63, No. 4 (Nov., 2010), p. 1058.

机等，大约25英镑，其中一些设备可以是租用的。[①] 16世纪后期英格兰坎特伯雷主教区的呢绒商中约有三分之二人的资产不超过400英镑，但到17世纪前期财产规模已明显扩大，超过一半的呢绒商的资产在400英镑以上。个人资产规模一定程度上与生产投资相关（参见表2-2）。1535年，伦敦12个行业公会的富有商人和工匠投入到货物上的资产比例平均是19.8%，其中皮革匠平均值是37.7%，铁器商是28.5%，呢绒匠是16.7%。[②] 但这样的比例应该远超普通的工匠。个人资产规模的大部分是用于生活的，这说明他们对工业生产的投入相对有限。

表2-2 1565—1640年坎特伯雷副主教区呢绒商财产状况（单位：人）

财产值（英镑）	＜100	100—199	200—399	400—599	600—999	≥1000
1565—1599年	7	12	4	4	2	1
1600—1640年	3	20	17	16	16	15
总计	10	32	21	20	18	16

资料来源：Michael Zell, "Credit in the Pre-Industrial English Woollen Industry", *The Economic History Review*, New Series, Vol. 49, No. 4 (Nov., 1996), p. 670。

在16世纪佛罗伦萨纺织业中，按照织布品种的不同，一架织机的成本最多为200里拉（lire）。一个丝织工只需要较少的投资就能开始生产，资本也可以在生产中逐步积累。对于织工来说，开始生产的障碍并不大。贫穷的织工可以向布商借贷，以受雇佣者的身份从事生产。厂房投资基本不需要，织工可以在家里生产，也可以租店铺。原材料包括经线、丝线、金属线等。织工通常不需

① Michael Zell, "Credit in the Pre-Industrial English Woollen Industry", p. 669.
② John Oldland, "The Allocation of Merchant Capital in Early Tudor London", p. 1074.

要支付原材料的费用，而是由布商垫付。当然织工需要支付其他成本，如租金、工人工资等。[①]生产费用发生在生产的各个环节。1556—1558年，美第奇家族以西班牙羊毛为原料生产呢绒71匹，总成本是3 076.746弗罗林（florins）。运营成本为299.208弗罗林，占总成本的9.72%，包括工具、租金、管理费用、雇员工资和佣金。包括原材料在内的制造成本为2 777.538弗罗林，占总成本的90.28%。其中购买羊毛的花费占直接生产花费的33.17%（总开销的29.5%），纺织前的整备工作占9.86%（总开销的8.9%），纺经纬纱占23.42%（总开销的21.14%），织造占13.95%（总开销的12.59%），水力机械漂洗占2.52%（总开销的2.28%），剪切和修整占1.09%（总开销的0.98%），染色占15.99%（总开销的14.43%）。[②]可见，当时呢绒制品中的成本主要发生在原料和各个生产工序中。

16世纪早期佛罗伦萨丝织业的生产规模总体上很小。在121家生产作坊中，43家仅有一架织机，占到总数的约三分之一。这样的作坊应该并不雇用工人，生产者仅限于家庭成员。其余78家有两架以上的织机，但其中超过一半的作坊雇工不超过6人（参见表2-3）。16世纪中期以后，佛罗伦萨的丝织业得到了快速发展，对丝织业的投资也不断增加。在15世纪下半叶和16世纪上半叶，丝织业的投资总额为3 000弗罗林，到16世纪60年代已经达到了37 000弗罗林，至17世纪20年代投资总额达到了155 000弗罗林。到17世纪时，佛罗伦萨的丝织品年产量稳定在1万匹左右。[③]

① Richard A. Goldthwaite, "An Entrepreneurial Silk Weaver in Renaissance Florence", *I Tatti Studies in the Italian Renaissance*, Vol. 10 (2005), p. 76.

② John H. Munro, "The Rise, Expansion, and Decline of the Italian Wool-Based Cloth Industries, 1100-1730: A Study in International Competition, Transaction Costs, and Comparative Advantage", pp. 117, 196-197.

③ Miki Iida, "Florentine Textiles for the Ottoman Empire in the Seventeenth Century", pp. 188-191.

表2-3　1525年佛罗伦萨丝织工作坊生产规模

织机集中状况		雇员超过6人的作坊	
作坊数目	每家作坊织机数目	雇员数目	织机数目
1	25	32	25
1	15	16	10
1	14	16	8
2	12	12	8
1	10	11	15
3	8	10	14
4	6	9	4
4	5	8	12
22	4	7	12
27	3		
12	2		
78	2架以上织机的作坊总数		
43	只有1架或不明数目的作坊总数		

资料来源：Richard A. Goldthwaite, "An Entrepreneurial Silk Weaver in Renaissance Florence", p. 73。

　　英格兰的呢绒生产商并不只利用自己的资本，他们经常以赊购的形式获得原材料。这相当于从原料商处得到一笔贷款。这种方式可以弥补自身流动资金的不足。罗伯特·考特霍普（Robert Courthop）是一位牧羊主，住在罗姆尼沼地（Romney Marsh）的迪姆彻奇（Dymchurch）。1566年，一位来自维尔登（Wealden）的呢绒商理查德·阿拉德（Richard Allard）欠了他16英镑。这相当于大约450磅羊毛的价值，足够生产五六匹宽面呢绒。1574年，另一位来自坎布鲁克的富有的呢绒商约翰·考特霍普欠罗姆尼沼地的牧羊主理查德·纳奇布尔（Richard Knatchbull）11袋羊毛的货款，多达81英镑。这大约可以购买2 200磅羊毛，相当于织26匹呢绒的原料。1574年，考特霍普的全部羊毛存货价值116英镑，大多数当时都未付清。大约同一时期，贝嫩登（Benenden）的大呢绒商西蒙·亨登（Simon Henden）也以赊欠的方式购买羊毛，提供信用的是他的哥哥威廉（William）。1582年西蒙欠他300磅羊毛的货款27英镑。到17世纪初，从罗姆尼沼地的默舍姆（Mersham）来的一位绅士牧羊主以订立合同的方式提前销售他的夏季羊毛给一个呢绒商，价值35英镑，然而到1605年2月这位牧羊主去世时羊毛还未收剪。鲍顿·马勒伯（Boughton Malherbe）的一位呢绒商托马斯·芬纳尔（Thomas Fennar）从东萨顿（East Sutton）附近的费尔莫斯（Filmers）买羊毛，斯玛登（Smarden）的富有呢绒商理查德·夏普（Richard Sharpe）为买羊毛欠汉普郡（Hampshire）的一位批发商40英镑，1641年黑德科恩（Headcorn）的呢绒商威廉·霍格本（William Hogben）因赊购羊毛欠三个肯特（Kent）养羊人27英镑。[①]纺织业中的制造商并不需要具备很多资本才能开始生产，最重要的是他应是一位业内人士。这种情况一直到18世纪都未明显改变。制造商通常是那些做过学徒、技工，最终能够独立经营并熟悉生产和销售过程的人。

　　家族的积累对于达到一定规模的生产商是比较重要的因素，这在幼年的技能训练和资本支持上都很有价值。泰代斯科（Iacopo di Tedesco）是一位制造商，他的父亲是葡萄酒商，也兼营其他生意，母亲是金匠的女儿，因而家庭富裕。他从1490年从事这一行业，到1539年退休。他的生产规模一度是16世纪前期威尼斯丝织业中最大的，拥有25架织机，雇用32人。[②]泰代斯科的生产规模在当时已经是比较少见的，在任何地方都可算首屈一指了。

---

① Michael Zell, "Credit in the Pre-Industrial English Woollen Industry", pp. 677-678.

② Richard A. Goldthwaite, "An Entrepreneurial Silk Weaver in Renaissance Florence", pp. 71-73.

在毛纺织业中一般的制造商或毛呢商通常是亦工亦农的，从事纺织生产的同时也经营一小块土地。[①]制造商的工作流程要覆盖从原毛、纺纱直到半成品或成品毛料的大部分程序。当时投入到生产设备上的资本形式上大多包括手动织机、纺车、珍妮纺机、手动梳毛机、拉幅机等。由于当时的机械多以木质为主而且结构简单，因此对这部分固定资本的投入是相对小的。M. J. 迪肯森曾对1689—1769年约克郡西区700余毛呢商的遗嘱进行研究，发现毛料生产主要以小规模为主，平均每个毛呢商的动产为72英镑7先令。[②]这一数字绝不仅仅是生产设备的价值，其中还包括了负债，以及毛呢商的家具等各种家用设施。如果是乡村毛呢商的话，动产中一定还有一部分属于农业生产设备。况且考虑到通常只有较富有的毛呢商才立有遗嘱，这一平均数肯定要比实际上高。

针对呢绒贸易的垄断，17世纪早期英格兰的呢绒商不断表达了他们的不满。1621年枢密院的委员会为此专门调查此事。呢绒商主要的要求包括呢绒布料的出口自由和限制本国的羊毛出口。[③]实际上，自17世纪以来，要求产业自由的呼声是越来越高的。不仅反对行业垄断，而且反对政府扼制产业发展。1737年的一份小册子就这样说："重税之下产业无法生存。……在土地价格过于昂贵的国家中产业无法生存，尤其当该国的产业主要源自其自己的物产时。"[④]

[①] 毛呢商（woollen clothier），就是对毛纺织制造商的一种称谓。有些毛呢商经营规模较大，拥有多台织机，使用学徒和雇用技工。有些毛呢商的生产则只限于家庭成员，是纯粹的家庭生产者，实质上是一名独立的织工。

[②] Pat Hudson, *The Genesis of Industrial Capital: A Study of the West Riding Wool Textile Industry c.1750-1850*, Cambridge: Cambridge University Press, 1986, p. 30. 作者引用了M. J. Dickenson 的博士论文研究成果，参见M.J. Dickenson, *The West Riding Woollen and Worsted Industries 1689-1770*, University of Nottingham, 1974。

[③] J.P. Cooper, "Economic Regulation and the Cloth Industry in Seventeenth-Century England", *Transactions of the Royal Historical Society*, Vol. 20 (1970), pp. 77-78.

[④] *An Argument upon the Woollen Manufacture of Great Britain*, Dublin: George Faulkner, 1737, p. 4.

在近代早期的英国，经济组织对工业的投资也值得关注。这一时期最重要的经济组织就是特许公司。特许公司制度不同于中世纪的合伙制企业，也不同于现代意义上的股份公司。特许公司是公共公司，多为合股公司性质，具有垄断性和公共性的特点。特许公司是现代股份公司的前身。特许公司与合伙公司不同，其具有法人地位，作为一个法人组织从事商业经营活动。在工业领域最重要的特许公司是矿业公司。由于采矿业的特点，矿业公司的投资通常是比较大的，这一点显著区别于纺织等制造业。然而在1719年，英国议会通过《泡沫法》(The Bubble Act)，公司法人的设立受到了严格的限制。在此之后，特许公司制度几乎被冻结。特许公司慢慢退出了历史舞台。

在德意志和中东欧，商人和商业资本渗透到采矿业，令生产和经营方式发生改变。随着矿石的不断开采，挖掘深度增加，排水、支撑坑道的难度更大，这就需要更多的物质和资金支持。布罗代尔认为，商业资本的介入有利于解决上述难题，但也使采矿业更多地依赖外来资本。独立的矿工转变为雇佣工人。日益增加的资本投入，使矿井由商业资本控制。由于采矿业的投入变得越来越大，商人们经常合股投资，共担风险，共享收益。贵族王公因对土地的实控权在采矿业上获得大量收入。[1]生产规模在16至17世纪中有所增长，采矿业表现出了大工业的特征。在波兰的克拉克夫附近，盐矿可深达300米，岩盐通过马匹驱动的绞车提升到地面。16世纪时这里的年产量可达4万吨，雇佣工人3 000人。在上西里西亚，奥尔库什附近的铅矿15世纪末就已开采，年产300至500，到16至17世纪可达1 000至3 000吨。这里地下水丰富、岩石坚硬。以当时的技术水平，一个工人一天仅能开采几厘米。[2]集中的工业生产意味着巨大的投资。

---

① 〔法〕费尔南·布罗代尔：《15至18世纪的物质文明、经济和资本主义》第二卷，顾良译，生活·读书·新知三联书店1996年版，第39—340页。

② 同上。

在16世纪后期和17世纪，企业和资本推动并滋养了蓬勃发展的英国煤炭生产。教会地产在中世纪英国煤炭工业的形成时期占据了重要地位，但是随着16世纪30年代亨利八世（Henry Ⅷ，1491—1547）在英格兰开展宗教改革运动，这些修道院地产被没收。亨利八世将这些土地卖给贵族、商人和其他有购买能力的人。16世纪以来土地仍是最重要的财富形式，且掌握在贵族和乡绅手中。煤作为一种地下矿物，必定存在于某一地产内。因此，煤矿的投资和开采通常与贵族和乡绅有关，他们也是少量有财力从事这种活动的人。

这一时期英国王室出于收入考虑，鼓励特许公司发展。在都铎王朝末期来自德意志地区的技术专家和工人，创立了皇家矿业公司（The Society of Mines Royal）与矿物和金属制品公司（The Company of Mineral and Battery Works）。这两家公司在1568年5月28日被伊丽莎白一世授予特许状。公司的股东多为贵族和中产阶级官员，大臣威廉·塞西尔（Willam Cecil）就投资了这两家公司。采矿活动在当时既是盈利的行业，也是有风险的行业。购买相关采矿设备，雇用劳工都需要很大的成本。仅在1568年皇家矿业公司就支出了18 612英镑，其中39.3%用于采矿活动、31.7%用于冶炼、29%用于日常花费。[①] 皇家矿业公司建立之初的成本是非常高的，并且在多年内不断增加数量庞大的投入。然而，公司相当长的时间内经营并不理想，一直亏损严重（参见表2-4）。在1604年詹姆斯二世授予该公司第二份特许状后，该公司不再从事采矿活动，而是以向其他采矿组织出售特许权或者收取特许权税为生。由于采矿业成本较高，到17世纪30年代只有少数贵族仍然从事采矿活动。

---

① M. B. Donald, *Elizabethan Copper: The History of the Company of Mines Royal 1568-1605*, London: Pergamon Press Limited, 1955, p. 243.

表2-4　1565—1579年皇家矿业公司收支记录（单位：英镑）

年份	年支出	总支出	年收入	总收入	收支平衡
1565	2 885				
1566	3 927	6 812			
1567	5 077	11 889			
1568	6 723	18 612	848	848	-17 764
1569	6 909	25 521	2 215	3 063	-22 458
1570	5 647	31 168	3 495	6 557	-24 611
1571	6 128	37 296	2 864	9 421	-27 875
1572	4 000	41 296	3 352	12 773	-28 523
1573	3 698	44 994	3 360	16 133	-28 861
1574	2 345	47 339	1 490	17 623	-29 716
1575	2 172	49 511	294	17 917	-31 594
1576	2 104	51 615	1 607	19 524	-32 091
1577			798	20 322	
1578			168	20 490	
1579			1 008	21 498	

资料来源：M. B. Donald, *Elizabethan Copper*：*The History of the Company of Mines Royal 1568-1605*, p. 244。

在18世纪以前，英国生产的煤有一半以上可能用于家庭取暖和做饭。在都铎王朝后期和斯图亚特王朝时期，煮盐、炼铁和烧石灰石行业蓬勃发展。随着木材越来越稀缺和昂贵，越来越多的酿酒商、染色工和面包师开始使用煤作为他们的常用燃料。[1]到17世纪末期，英国制造业已经越来越多地使用煤做燃料。

意大利玻璃工业的声望在16世纪早期达到了顶峰。然而，正在

---

① John Hatcher, *The History of the British Coal Industry*, Volume 1, Before 1700: Towards the Age of Coal, Oxford: Oxford University Press, 1993, p. 422.

威尼斯生产玻璃的鼎盛时期，低地地区出现了与之竞争的玻璃工业。作为近代早期欧洲国际贸易和金融的新中心，安特卫普自然会成为主要生产奢侈品的所在地。尽管有严格的限制，威尼斯的玻璃工人还是逃到了安特卫普、列日、那慕尔和梅济埃尔等城市。此后，安特卫普的玻璃生产工艺又扩散到英格兰。让·卡雷是一位定居在低地地区的法国玻璃匠，是一位新教徒。由于当时西班牙在低地地区迫害新教徒，他逃到了英格兰。在1567年初春，他来到伦敦，决心重起炉灶，建立玻璃工厂。1567年7月15日，他从伊丽莎白一世那里获得了在威尔德（Weald）建造窗户玻璃熔炉的特许状，又从伦敦市政厅获得了建造威尼斯式玻璃的特许状。[1]在外来移民的帮助下，英格兰逐渐拥有了自己的玻璃工业。罗伯特·曼塞尔爵士（Sir Robert Mansell，1573—1656）是一位英国海军军官，17世纪初他垄断了当时英格兰的玻璃制造业。1621年他仅进口苏打原料就有1 371英担（hundredweight），这些货物价值1 371英镑。一座燃煤熔炉一年修理费就要17英镑以上。[2]

　　啤酒酿造业在英格兰有悠久的历史，15世纪以来啤酒深受大众喜爱。从南部港口城市到伦敦，再到北方的纽卡斯尔、赫尔和约克等地，都有诸多大小不等的酿造。蛇麻（hops），又名啤酒花，是酿造啤酒不可或缺的原料，主要从低地地区进口。在亨利八世统治时期，托马斯·沃恩于1512年4月被任命为从事蛇麻贸易的官员。乐于投身此项贸易的人不计其数，南部各港口城市都有人专门操业。啤酒花贸易的投入颇高，这使该行业需要较大的投资。[3]对伦敦的酿酒商来说，16世纪最重要的发展是"酿酒商公会"（Worshipful Company of Brewers）的兴起。该公司的成员们通过合并啤酒酿造者行会，禁止陌生人在伦敦合法经营啤酒贸易。该公会在16世纪

---

　　[1]　Eleanor S. Godfrey, *The Development of English Glassmaking, 1560-1640*, Oxford: Oxford University Press, 1975, p. 17.

　　[2]　Ibid., pp. 196-198.

　　[3]　John R. Krenzke, *Change is Brewing: The Industrialization of the London Beer-Brewing Trade, 1400-1750*, Chicago: Loyola University Chicago, 2014, p. 34.

六七十年代获得了伊丽莎白一世授予的一系列特许状，使其在伦敦及周边两英里范围内拥有麦芽酒和啤酒的独家销售权。

15世纪早期佛罗伦萨各行业不仅利用自有资本，更普遍地利用信贷资本进行生产。商业银行业在利用借入资本上最为突出，平均的债务与资本比例大约是5：1，也就是银行的债务约为其自有资本的5倍。制造业虽然普遍没有银行业负债高，但通常也靠借贷经营，纺织业的债务与资本比通常在1：1左右。这是丝织业、羊毛纺织业、染色业等的显著特征。在整个生产与流通环节中，信贷资本起到了重要作用。羊毛织造商通过委托销售将信贷提供给零售商；丝织品制造商的委托销售使信用更多流向商业银行家；丝织品制造商则从本地银行家那里得到更多的信用流。丝织品企业之间相互提供信贷，而羊毛织造业则大多不相互提供信贷。①佛罗伦萨银行业创造的高流动性是佛罗伦萨商业成功的一个因素。16世纪，一个威尼斯商人尽管不宽裕，仍可从事到布鲁日的远程贸易，只要他拥有良好的信誉。他可以开一张汇票给他在布鲁日的合伙人，如果有人能送汇票到布鲁日收钱，他就可以把这张汇票卖给他。当这张汇票到达布鲁日时，他的合伙人为了有钱兑付，可以卖出一张开给威尼斯的汇票。这种交易依赖商人的信誉和生意网络。②

法国直到19世纪后期，文书誊写员经常成为贷款中介，沟通出借人和借款人之间的资本供需。一份针对18世纪巴黎的研究发现，84%出借人和90%借款人主要是巴黎人。从1730至1788年，私人借款人中64%是贵族和官员，只有10%是工匠。出借人主要是富人，其中39%是贵族，33%是商人、金融家等，几乎没有工匠。③

---

① John F. Padgett and Paul D. Mclean, "Economic Credit in Renaissance Florence", *The Journal of Modern History*, Vol. 83, No. 1 (Mar., 2011), pp. 6-7, 10.

② Stephen Ortega, *Negotiating Transcultural Relations in the Early Modern Mediterranean: Ottoman-Venetian Encounters*, Farnham: Ashgate Publishing Limited, 2014, pp. 64-65.

③ Philip T. Hoffman, Gilles Postel-Vinay and Jean-Laurent Rosenthal, "Private Credit Markets in Paris, 1690-1840", *The Journal of Economic History*, Vol. 52, No. 2（Jun., 1992）, pp. 297-300.

可见，18世纪法国的资本主要流向社会上层，且很可能主要目的是奢侈消费，流向工业生产的比例比较低。

三、工业品远途贸易

远途贸易线路将欧洲各地的市场联系在一起。由于陆路运输成本较高，所以商人们总是尽量利用河流和海洋。16世纪海运船只的航行速度和装载量都得到改进，码头装载和卸货也由于有起重工具而提高了生产率。这些变化提高了海洋运输的生产率，降低了成本。[①]地中海、北海和波罗的海成为了水路运输的繁忙海域。近代早期，纺织品及其原料仍构成了长途贸易的重要份额。佛兰德尔、意大利北部的威尼斯和佛罗伦萨、英格兰的伦敦等都是大宗交易的中心。北欧的木材、东欧的谷物经海路和陆路运往西欧，亚洲的香料等经地中海输送到欧洲各地。

里昂的丝织品销售采用委托，或称代理的方式。委托商分为两类，一类委托商每年都到各地旅行，为制造商寻求主顾。他们携带样品进行推销，从制造商处得到佣金收入。另一类则为外地商人充当在本地的代理，受托收购产品。博纳旺蒂尔·卡雷特（Bonaventure Carret）是一位18世纪的丝织品委托经销商，与他人合伙经营，他的许多产品都来自里昂。他推销的产品包括手套、丝带、礼服、袜子、马甲等，生意涉及41座大小城镇。这些城镇主要分布在法国北部、比利时、德意志、尼德兰、瑞士。同时，他也经营更远程的贸易，将丝织品销售到英格兰、葡萄牙、俄罗斯、瑞典。他的周转资金中有来自银行家的支持。他的资金状况经常很紧张，1779年去世时，他的动产仅有5 527里弗尔，而债务则有7 000里弗尔。他在各地旅行，所做的事与大多数经销商一样，向顾客展示丝织物样品、

---

① Pim de Zwart and Jan Luiten van Zanden, *The Origins of Globalization: World Trade in the Making of the Global Economy 1500-1800*, Cambridge: Cambridge University Press, 2018, pp. 32-34.

收债、联络供应商。他一次旅行的时间经常在4至6个月，最长的一次有21个月。他的旅行路线通常经巴黎到阿姆斯特丹，再从佛兰德尔到法国北部。另一位经销商弗朗索瓦·格罗尼亚尔（Francois Grognard，1748—1823)同时也是一位制造商，他在西班牙销售丝织品，还为法国王室供应进口货物。[①] 一般日用品、纺织品仍占各地贸易的大部分，这一点从各地零售商的行业类型即可见概貌。尼德兰到18世纪已相当商业化，大部分销售商出售的产品依然以普通日用品为主（参见表2-5）。

表2-5 18世纪中期尼德兰部分城市的商人分类

	登波士（1742）		兹沃勒（1742）		莱顿（1749）	
	人数	%	人数	%	人数	%
家庭日用消费品	196	54.6	67	49.3	506	59.4
服装衣饰	110	30.6	43	31.6	192	22.5
家具	25	7	6	4.4	27	3.2
五金具	21	5.8	15	11	71	8.3
特殊服务	7	1.9	5	3.7	56	6.6
总计	359	100	136	100	852	100
全部人口	37 238		12 500		12 000	
户主数	9 759		2 179		2 404	

资料来源：Danielle van den Heuvel, "New Products, New Sellers? Changes in the Dutch Textile Trades, c. 1650-1750", in Jon Stobart & Bruno Blondé, eds., *Selling Textiles in the Long Eighteenth Century: Comparative Perspectives from Western Europe*, p. 120。

　　航运是近代早期欧洲工业品远途贸易采用的主要方式。海运成本在近代早期两个多世纪中显著下降，这得益于造船技术和航海的

---

① Lesley Ellis Miller, "Material Marketing: How Lyonnais Silk Manufacturers Sold Silks, 1660-1789", in Jon Stobart & Bruno Blondé, eds., *Selling Textiles in the Long Eighteenth Century: Comparative Perspectives from Western Europe*, pp. 89, 90-92.

进步。17世纪初到18世纪末，荷兰东印度公司每艘船的平均运载量由大约400吨增加到800吨，有些船的运载量甚至超过1 000吨。同时，商船的吨位和海员的比例也显著增加。17世纪前期是每人4至6吨，18世纪末则达到了每人8到10吨。[1] 随着船只吨位的增加，单位航行成本就会逐步降低。吨位和海员的比例上升则意味着运输的劳动生产率增长。两者都导致了海运成本下降，促进了远途贸易中采用海运的方式。

意大利北部在16世纪地中海贸易中是经济最活跃的地方，佛罗伦萨、米兰、威尼斯、热那亚是贸易和制造业中心。海上贸易最活跃的区域包括亚得里亚海、第勒尼安海和利翁湾。此外，爱琴海和黎凡特也比较活跃。[2] 一般情况下，商船从西班牙的阿利坎特（Alicante）或卡塔赫纳（Cartagena）驶往埃及的亚历山大（Alexandria）要花费两个月时间；从西西里的墨西拿（Messina）到北非的的黎波里（Tripoli）大约需要两三周时间；从意大利半岛的里窝那（Leghorn）到北非突尼斯（Tunis）需10到12天。[3] 地中海贸易的商品包括来自东方的奢侈品和西方的工业品。一些城市不仅拥有庞大的商船队，还有海上武装。地中海贸易的主要货物是食物、工业原料和工业制成品。意大利北部的工商业城市在地中海贸易中占有重要地位，地中海东部奥斯曼帝国同样参与其中，并且是重要的一端。马赛在这一贸易区域中位置也很重要，地中海的货物经此到罗讷河，再到达法国内陆。货运航行的主要路线涉及亚得里亚海、第勒尼安海和利翁湾。伊丽莎白女王时期，商人冒险家公司（The Merchants Adventures' Company）是英格兰唯一从事海外贸易的组织，垄断与低地国家和北海的贸易。1565年英格兰出口货

---

[1] Pim de Zwart, and Jan Luiten van Zanden, eds., *The Origins of Globalization World Trade in the Making of the Global Economy, 1500-1800*, p. 34.

[2] 〔意〕卡洛·M.奇波拉主编：《欧洲经济史》第二卷，贝昱、张菁译，第372页。

[3] E. E. Rich and C.H. Wilson, eds., *The Cambridge Economic History of Europe*, Vol. IV, Cambridge: Cambridge University Press, 1967, p. 155.

物的81.6%是羊毛纺织品。[1] 羊毛和羊毛纺织品在英国经济中占据着突出的地位，在1550到1650年间，后者成为了重要的出口产品。在1500至1550年的50年时间里，伦敦的布匹出口量增长了150%。1550年出口量达到132 767件。[2] 这一时期英国海外布料贸易的三分之二集中在安特卫普，其余的三分之一集中在法国和伊比利亚半岛。此后，英国慢慢垄断了欧洲的布料贸易。

食品类货物中许多是农产品的加工制成品，如橄榄油、葡萄酒、奶酪等。许多地方的奶酪都可通过地中海外销，最主要的出口地是撒丁岛（Sardinia），另外还有奥弗涅（Auvergne）、帕尔马（Parma）、米兰（Milan）。这些奶酪大多销往了法国、意大利半岛和西班牙。意大利半岛南部和西班牙南部都生产橄榄油，长期外销埃及。那不勒斯的葡萄酒通过海运到达罗马和其他意大利城市。塞浦路斯（Cyprus）和克里特岛（Crete）出产的浓葡萄酒则通过君士坦丁堡运往热那亚，甚至穿过直布罗陀海峡远至英格兰。[3]

近代早期，威尼斯商人通过地中海与东边的奥斯曼帝国保持着商业往来，奥斯曼帝国商人也前往意大利做生意并居住在当地。据16世纪的一位威尼斯商人说，当时奥斯曼帝国的商人已经居住在威尼斯城各处，并与基督徒妇女有性关系。他自己的家庭就为来自巴尔干的穆斯林商人提供住宿。[4] 1595年威尼斯与奥斯曼帝国订立的一项协议规定，任何威尼斯人在奥斯曼境内做生意时，如果欠债逃脱，奥斯曼的法庭将有权审理该案件，并且有权决定应该偿付的数目。如果一个奥斯曼商人在威尼斯欠了当地人的钱，威尼斯有权

---

[1]　Wolf-Rüdiger Baumann, *The Merchants Adventurers and the Continental Cloth-trade (1560s-1620s)*, transl. by Timothy Slater, Berlin: Walter de Gruyter, 1990, pp. 1-3.

[2]　Liên Luu, *Immigrants and the Industries of London, 1500-1700*, Aldershot: Ashgate Publishing Company, 2005, p. 28.

[3]　E. E. Rich and C.H. Wilson, ed., *The Cambridge Economic History of Europe*, Vol. IV, pp. 159-160.

[4]　Stephen Ortega, *Negotiating Transcultural Relations in the Early Modern Mediterranean: Ottoman-Venetian Encounters*, pp. 16-17.

决定欠款数。①17世纪意大利的一些产业仍然具有竞争力，威尼托（Veneto）、托斯卡纳（Toscana）、伦巴底（Lombardia）等地的丝织业是最典型的例子。此外，还有威尼斯的玻璃制造。比萨（Pisa）的皮革制造仍能开拓新市场，销售到西班牙的殖民地。利古里亚（Liguria）、威尼托和伦巴底还在从事武器和铸造业生产，加尔达湖畔和热那亚沿海的造纸远销奥斯曼帝国。毛纺织业虽然已日趋衰落，但在威尼托、皮埃蒙特（Piemonte）、科莫沿海、托斯卡纳和阿布鲁奇（Abruzzi）的生产仍在继续。②上述产品大部分都是远销海外的。

从1564到1611年，差不多每年都有一到两批英格兰的商船队到达北海沿岸的德意志城镇，如埃姆登（Emden）、汉堡（Hamburg）、施塔德（Stade）。每批商船队的船只从几艘到几十艘不等。1564年4月4艘商船到达埃姆登。同年5月，45艘商船以及三四艘战船到达埃姆登，这批货物包括5万件白色和蓝色呢绒，2.5万件克尔赛绒呢织品（kerseys）。1569年大约50艘英格兰商船到达汉堡，运来六七万件呢绒。1588年，共有57艘英格兰呢绒商船到达施塔德。③16世纪出口的呢绒中不少是半成品，在大陆完成成品工序，如染色。16世纪末开始，伦敦商人基本包揽了窄幅呢绒的出口，德意志和低地国家是重要的销售地（参见表2-6）。17世纪前期，经伦敦出口的短呢绒在10万件上下，1614年最高时有12.7万件，到1640年明显下降，通常在八九万件。而呢绒之外的产品出口值上升幅度很大，1600年左右出口值大约是12万英镑，1640年则近70万英镑，且主要是工业品。70%—80%的短呢绒出口目的地是俄罗斯、波罗的海和北海各港口，西班牙、非洲和地中海各港口大多数情况下都

---

① Stephen Ortega, *Negotiating Transcultural Relations in the Early Modern Mediterranean: Ottoman-Venetian Encounters*, p. 65.

② Miki Iida, "Florentine Textiles for the Ottoman Empire in the Seventeenth Century", p. 188.

③ Wolf-Rüdiger Baumann, *The Merchants Adventurers and the Continental Cloth-trade (1560s-1620s)*, transl. by Timothy Slater, pp. 111-119.

不超过18%。呢绒之外的工业品的出口方向则主要是西班牙、非洲和地中海各港口，1609年有46%的产品出口到这些地方，此后则更多，1640年占到65%。相反，出口到北方的比例却在下降。但以价值衡量，羊毛纺织品的出口占比总是有绝对优势的，1640年的出口额是45.5万英镑，其他制造品只有2.7万英镑，矿产品3.5万英镑。[①] 17世纪英格兰的出口贸易主要以伦敦为中心，可以说上述状况代表了英格兰工业品出口的基本态势。英格兰的工业品出口主要是毛纺织品。英格兰已经由出口羊毛转向出口毛纺织品，当时有这样的记述：

> 1731年4月26日，我与约瑟夫·蒙茨船长一起从多佛尔到布洛涅（Boulogne）。我仔细观察发现，大量的精纺羊毛制品由一艘船运上岸，这些精纺毛制品被送到了该城玛丽安夫人的商社。[②]

但英格兰仍有羊毛出口，其中一些是由尼德兰商人贩运的。同一位作者也写道：

> 1734年11月3日，一艘来自阿姆斯特丹的船到达敦刻尔克，运来了超过100袋英格兰羊毛，在敦刻尔克的吉斯（Keys）靠岸。……1736年7月16日，在阿姆斯特丹，我见到一些英格兰羊毛由一艘尼德兰联省共和国的船运输抵岸，羊毛有超过100袋。[③]

但出口羊毛的确已不再是其羊毛工业的主流。

17世纪英格兰、尼德兰、法国的纺织品在西班牙市场上展开竞

① F. J. Fisher, "London's Export Trade in the Early Seventeenth Century", *The Economic History Review*, New series, Vol. 3, No. 2 (1950), pp. 152-154.

② A Manufacturer of Northamptonshire, *Observation on British Wool and the Manufacturing of it in this Kingdom*, London: H. Kent, 1738, p. A3.

③ Ibid., p. A4.

争。这些地方出产的新款织物对西班牙本地的产品展现出很大优势，包括尼德兰联省共和国和法国的亚麻、丝绸、羊毛织物，英格兰的各类呢绒。17世纪西班牙已经成为英格兰纺织业的一个重要市场，来自东盎格利亚和西部郡的毛纺织品都销往西班牙。西班牙本地只能生产中低档产品，高档产品基本上是进口货的天下。西班牙织工在高档纺织品方面已经失去了国内和国际市场。进口产品的市场主要在少数大城市，特别是在马德里。[①]

表2-6　1598—1614年伦敦窄幅呢绒出口和目的地（单位：件）

年份	伦敦呢绒出口			出口至德意志和低地国家（不包括加莱和敦刻尔克）				
	英格兰人	外国人	总出口	德意志		低地		总计
				件数	%	件数	%	
1598	—	—	100 551	—	—	—	—	71 327
1601	100 380	3 643	104 023	—	—	—	—	—
1602	113 512	5 072	118 584	—	—	—	—	—
1603	89 619	2 366	91 985	—	—	—	—	—
1604	112 785	5	112 790	—	—	—	—	—
1606	126 022	—	—	65 166	64.3	36 170	35.7	101 336
1614	127 215	—	—	56 046	56.7	42 862	43.3	98 908

资料来源：Wolf-Rüdiger Baumann, *The Merchants Adventurers and the Continental Cloth-trade(1560s-1620s)*, transl. by Timothy Slater, p. 136。

17世纪英法贸易的主要产品是英格兰的羊毛纺织品、铅，法国的葡萄酒、白兰地、亚麻制品、帆布、丝织品、纸张、小山羊皮。英格兰的呢绒出口到法国的敦刻尔克、迪耶普（Dieppe）、圣瓦莱里（St. Valéry）、鲁昂、加莱（Calais）、波尔多。法国的布列塔尼

---

① Nadia Fernandez de Pindedo et al., "Distribution of English Textiles in the Spanish Market at the Beginning of the 18th Century", *Journal of Iberian and Latin American Economic History*, Vol. 31, No. 2 (2013), pp. 253-284.

（Brittany）、诺曼底（Normandy）以向英格兰出口亚麻制品和帆布为主，马赛、拉罗谢尔（La Rochelle）、波尔多、南特（Nantes）主要向伦敦出口葡萄酒和白兰地。①

汉萨同盟的海洋贸易是远洋大宗商品交易，贸易区域覆盖波罗的海沿岸的东欧、俄罗斯和利沃尼亚（Livonia），北欧的斯堪的纳维亚，直到北海沿岸的尼德兰、不列颠岛、法国，甚至地中海沿岸的西班牙、葡萄牙、意大利。

自15世纪末起，汉萨同盟的商业影响开始出现衰落的趋势。这与尼德兰联省共和国、英格兰海上商业的发展有关，也与欧洲政治、同盟内部的利益冲突有关。从1475到1583年，进出但泽（Danzig）港的尼德兰联省共和国商船从160艘增加到1 015艘，而吕贝克的商船数则从168艘下降到66艘，其他一些重要的汉萨城镇的商船数也下降了，如罗斯托克（Rostock）和维斯马（Wismar）。②

西欧贸易产品主要是纺织品、食物和燃料，而东欧经波罗的海交易的产品主要是木材、鲱鱼、毛皮、蜂蜡等。毛皮主要来自俄罗斯，木材来自波兰和波利西亚（Polesia）。瑞典的法伦自中世纪就出产铜，到16、17世纪铜的生产更加繁荣。法伦的铜从斯德哥尔摩和吕贝克出口到布鲁日，生意大多由汉萨同盟商人、斯德哥尔摩商人和吕贝克商人经营。瑞典同时也出产铁，16世纪初每年的出口量大约在4 300吨，16世纪后期出口量则有大幅增加。③这一时期德意志地区的出口制造业集中在南部的城市。从17世纪20年代开始，来自德意志地区的资本越来越多地流入新的合股公司，其中尼德兰联省共和国和英国的股份公司对资本最有吸引力。仅符腾堡公爵就向尼德兰联省共和国西印度公司（WIC）投资了3万马克，

---

① Margaret Priestley, "Anglo-French Trade and the 'Unfavourable Balance' Controversy, 1600-1685", *The Economic History Review*, Vol. 4, No. 1 (August, 1951), p. 41.

② Michael North, "The Hanseatic League in the Early Modern Period", in Donald J. Harreld, ed., *A Companion to the Hanseatic League*, Leiden:Brill, 2015, pp. 101-102.

③ Carsten Jahnke, "The Baltic Trade", in Donald J. Harreld, ed., *A Companion to the Hanseatic League*, pp. 229-232.

来自奥格斯堡的银行家马克思·冯·莱林根(Marx von Rehlingen)向尼德兰联省共和国的西印度公司和东印度公司投资了总共6.6万马克。不断增长的远途贸易带动了制造业的发展。17世纪后期莱茵地区、威斯特伐利亚、萨克森、波西米亚和西里西亚也成为出口商品的产地,以生产亚麻制品、铁钢黄铜各类金属制品、玻璃制品等为主。①

从16世纪后期开始,尼德兰的商船不仅穿梭于北海和波罗的海,向南游弋到地中海,还进行跨大西洋贸易以及远航亚洲。跨大西洋贸易主要输入的是农产品而非工业品,包括糖、香料、珍珠、烟草等。尼德兰联省共和国商人在16世纪90年代就已到达非洲,尼德兰到西非的贸易很快发展起来。从西非输入的商品主要是黄金和象牙,输出到西非的是尼德兰的工业品。出口西非的工业品:一类是纺织品,包括亚麻纺织品、地毯、宽幅呢绒、哔叽呢;另一类是五金制品。1600年前后,每年前往西非的尼德兰商船大约有20艘。1607年,每艘船能向西非运送的商品量大约是20万埃尔(ells,1埃尔=115厘米)亚麻布、4万磅的铜器、10万磅的其他产品。1612年尼德兰人在西非莫里(Mori)建立了第一个定居点。② 17世纪中期以后,尼德兰在黎凡特贸易中一度占有优势。在17世纪60年代,尼德兰销往伊兹密尔的布匹为每年4 000至5 000匹,而在同时期法国史家的记述中,尼德兰联省共和国每年要出口6 000到7 000匹。到了17世纪70年代,尼德兰联省共和国、法国、英国和威尼斯商人之间的竞争加剧,英国和尼德兰之间甚至爆发了武力冲突。③尼德兰西印度公司建立于1621年,最初的目的是为了进行有组织的海外贸

---

① Klauis Weber, "Geography, Early Modern Colonialism and Central Europe's Atlantic Trade", *European Review*, Vol. 26, No. 3 (May, 2018), p. 412.

② Victor Enthoven, "Early Dutch Expansion in the Atlantic Region, 1585-1621", in Johannes Postma and Victor Enthoven, eds., *Riches from Atlantic Commerce: Dutch Transatlantic Trade and Shipping, 1585-1817*, Leiden: Koninklijke Brill, 2003, pp. 38-41.

③ Mehet Bulut, "The Ottomans and Western Europeans during the Mercantilist Times: Neutrality, Competition and Conflict", *Journal of Al-Tamaddun*, Vol. 15. No. 1 (2020), p. 20.

易，保障航行安全。贸易范围覆盖非洲南部、整个美洲、大西洋及太平洋诸岛。尼德兰西印度公司1635至1674年累计从西非进口了5.75万马克的黄金。[①]

1550年左右，输出到尼德兰的法国葡萄酒大约有2万到2.5万吨，且16世纪期间这些葡萄酒有九成是在尼德兰本地消费的。法国的南特以生产白兰地著称，1631年出口达1 382吨。为降低成本，尼德兰人在南特建立蒸馏厂生产白兰地。[②]波尔多出口到尼德兰的商品主要是葡萄酒，阿姆斯特丹、鹿特丹、泽兰等城镇每年消费一两千吨（参见表2-7）。

表2-7　1649年波尔多出航尼德兰的状况

	船只数	货物吨量	运葡萄酒和白兰地的船只数	葡萄酒和白兰地的运输吨量
阿姆斯特丹	17	3 166	10	2 231
荷兰	63	11 582	60	11 022
米德尔堡	6	1 149	4	689
鹿特丹	9	1 353	8	1 023
弗利辛根	17	2 654	14	2 064
泽兰	6	1 241	5	1 101
总计	118	21 145	101	18 130

资料来源：Henriette de Bruyn Kops, *A Spirited Exchange: The Wine and Brandy Trade between France and the Dutch Republic in its Atlantic Framework, 1600-1650*, Leiden: Brill, 2007, p. 182。

16世纪，欧洲北部对蒸馏的葡萄酒需求比较大，这可能与较冷的气候有关。尼德兰人将这种酒称为葡萄烧酒，也就是现在的白兰地。

[①] Henk Den Heijer, "The Dutch West India Company, 1621-1791", in Johannes Postma and Victor Enthoven, eds., *Riches from Atlantic Commerce: Dutch Transatlantic Trade and Shipping, 1585-1817*, p. 90. 另：1 马克＝0.2268公斤。

[②] Henriette de Bruyn Kops, *A Spirited Exchange: The Wine and Brandy Trade between France and the Dutch Republic in its Atlantic Framework, 1600-1650*, Leiden: Brill, 2007, pp. 119-122, 129-130.

波尔多、拉罗谢尔、卢瓦尔（Loire）都生产葡萄酒并出口到尼德兰。由于北方的需求，这些地方都建立了葡萄酒蒸馏厂。此外，佩里戈尔（Périgord）和贝阿恩（Béarn）也生产蒸馏葡萄酒用于外销。夏朗德省（Charente）的白兰地生产很有优势。16世纪中期，佛兰德尔商人还将白兰地出口到伦敦。白兰地在17世纪逐渐成为酒精饮料的新宠，其消费在英格兰也明显增长。从水手、士兵到贵族都乐于享有各种档次的白兰地。查理二世复辟之后，王室的奢侈之风又重新掀起。他留居法国时就喜好饮用白兰地和各类葡萄酒，由此带动了英国人的此类爱好。① 从法国进口的各种葡萄酒也有所增长。

这个时代各地商人开始不断感受到在海外贸易方面的竞争。1688—1697年，销往黎凡特的英国布匹为每年12 329匹，其中一些遭法国船只的拦截，没有到达目的地。在法国方面，就到达目的地的价值而言，1670—1680年的出口价值为250万—300万里弗尔，1684—1687年为560万里弗尔，1688—1694年为770万里弗尔，1698—1700年增加至1 100万里弗尔。科尔伯对尼德兰的重商主义政策无疑取得了成功。法国人的崛起影响到了尼德兰的贸易额。1701年，尼德兰在奥斯曼帝国的布匹销量已经降到了每年2 500匹，不足1672年以前的一半。在18世纪早期，受法国地位的恢复和尼德兰竞争的影响，英国在黎凡特贸易中布匹的销量也出现了下降，每年减少了5 000匹。②

16世纪末，尼德兰人和英国人开始建立大型对外贸易特许公司。这些公司的代表是英国东印度公司和尼德兰东印度公司。随着越来越多的欧洲人在美洲定居下来，创造了对欧洲纺织品、金属工具、武器和其他制成品的需求。近代早期的欧洲人，尤其是西班牙人和葡萄牙人，在这一时期开始贩运奴隶，后来英国和尼德兰的商

---

① Tim Unwin, *Wine and the Vine: An Historical Geography of Viticulture and the Wine Trade*, London and New York: Routledge, 1996, pp. 206-209.

② Mehet Bulut, "The Ottomans and Western Europeans during the Mercantilist Times: Neutrality, Competition and Conflict", pp. 21-22.

人也参与到奴隶贸易中来。在这些各式各样的货物中，亚麻织品排在第一位。在非洲海岸，来自中欧的亚麻布、粗纺绒等，来自亚洲和欧洲的棉纺织品、丝绸等，为奴隶贸易提供了大量的交易品。据估计，18世纪来自英国和法国从事奴隶贸易的商船上运载的货物有一半以上是德意志地区制造的，且以亚麻制品为主。英国皇家冒险家公司在17世纪80年代持续往非洲运输西里西亚的亚麻布，每年数量大约在1 500到5 000件之间。此后几十年里该公司输往非洲的这类产品持续增加，1721年达到17 000件，1722年22 000件，1723年达到30 000件。[①] 欧洲工业品输出持续增长的背后是奴隶数量的增长。在近代早期，印度纺织品大量出口到欧洲，孟买、马德拉斯和孟加拉成为主要输出地（参见表2-8）。英国东印度公司是棉纺织品的最大进口商，1664—1678年，该公司从印度进口的棉和丝纺织品占到其进口货物的一半多。1684年该公司输入到伦敦的布匹超过150万匹。[②]

表2-8 1679—1721年印度纺织品出口数量和价值

		1679—1681	1699—1701	1719—1721
孟买	数量（件）	1 141 625	936 006	342 569
	价值（英镑）	251 267	266 889	107 040
马德拉斯	数量（件）	809 735	488 712	719 007
	价值（英镑）	402 829	326 815	427 722
孟加拉	数量（件）	217 675	702 785	1 285 044
	价值（英镑）	123 821	452 067	773 568

资料来源：Jon Stobart and Bruno Blondé, eds., *Selling Textiles in the Long Eighteenth Century: Comparative Perspectives from Western Europe*, p. 15。

[①] Klauis Weber, "Geography, Early Modern Colonialism and Central Europe's Atlantic Trade", *European Review*, Vol. 26, No. 3 (May, 2018), p. 415.

[②] Jon Stobart and Bruno Blondé, eds., *Selling Textiles in the Long Eighteenth Century: Comparative Perspectives from Western Europe*, pp. 15-16.

新航路开辟后，欧洲的商业中心从地中海沿岸转移到了大西洋沿岸，低地国家和英国在国际贸易方面最为成功。17世纪大西洋沿岸低地国家和英国逐步走向经济繁荣，而地中海沿岸的意大利则开始衰落。在近代早期的两个多世纪中，中世纪的生产和贸易分布在很大程度上已改变。

第三章　近代早期的工业组织

一、城镇的工业组织和垄断

行会（guild），有时也译作基尔特。它的起源悠久，学界对此一直有很多的争议。某种形式的行会可能在中世纪较早的时候就已存在。不过，行会主要是城镇才有的特征，这一点是有较大共识的。直到最新版的《剑桥现代英国经济史》还持有如下的观点："许多欧洲工业的发展直接受到其组织性质的影响。在工匠行会的组织中，许多产品由小的工匠师傅或其家庭在帮工和学徒的辅助下生产出来。欧洲的大部分地方，生产由集中于城镇的行会来组织，大规模企业乃例外之事。行会极少将其成员身份扩展至城市边界之外。"[①] 即使在城市中，行会成员也只占很小的比例。1300—1800年，在9个欧洲国家的47个城镇中，行会师傅仅占户主的36%，居民的8%。在伦敦、诺德林根、亚琛、奥格斯堡和但泽等相对自由的城市中，行会师傅占户主的50%—80%，居民的11%—18%。但在巴黎、蒙彼利埃、南特、罗马、都灵、阿姆斯特丹等较为排外的城市中，行会师傅仅占户主的10%—30%，居民的2%—7%。[②] 有关行会的记述在欧洲不同地方也有差异。按照英国学者卡尔（Kahl）的主

① Roderick Floud, Hane Humphries and Paul Johnson, eds., *The Cambridge Economic History Modern Britain*, Vol. I, Cambridge: Cambridge University Press, 2014, p. 264.

② Sheilagh Ogilvie, "Thinking Carefully about Inclusiveness: Evidence from European Guilds", pp. 189-190.

张，尽管历史学家经常猜测英格兰在7世纪末到9世纪就有行会，但有关证据仅在11世纪前期才出现。最古老的行会是社会宗教型的兄弟互助社团，流行于剑桥、阿伯茨伯里（Abbotsbury）、埃克塞特、伍德伯里（Woodbury）。[1] 可见，行会开始形成时不一定是出于经济目的。无论一个城镇的行会影响有多大，行会成员通常只占居民的少数。女性通常不能成为行会成员。工匠师傅去世后，他们的遗孀可以承袭成员身份，但这种情况也并不常见。行会对准入一般有严格限制，即使是男性作为新成员入会也非易事，"市民身份"是必要的条件。大多数行会还排斥犹太人、私生子、移民、劳工、农奴、异教徒等。正如一个19世纪的西班牙人所说，那些没有资金的人"在行会门前的呼喊是徒劳无功的，因为它只有用银钥匙才能打开"。[2]

近代早期，行会在欧洲各地经历了不同的变化趋势。英格兰和低地国家的工匠行会仅限于城市，且还遭到削弱。但在欧洲其他地方，行会普遍存在于工艺制造和商业行业，甚至乡村也被行会制度覆盖。这种情况在中欧、南欧很普遍，德意志、瑞士、奥地利、波西米亚、意大利、西班牙、希腊、保加利亚、塞尔维亚都是如此。在18世纪甚至19世纪，这些地区行会仍存在，甚至势力还在扩张。[3] 各地行会的不同发展特征，对这几个世纪中工业的未来产生了相当大的影响。尽管这一影响的程度还有许多争论，性质也常难以达成共识，但将行会制度与现代经济的诞生合并考虑是历史学家常持有的态度。

近代早期英国的行会组织在伦敦最为集中，有些甚至具有全英格兰范围的影响。昂温认为伦敦的行会只有少数可追溯到中世

---

[1]　George Unwin, *Gilds and Companies of London*, London: Frank Cass & Co. Ltd, 1963, pp. xxiii-xxiv.

[2]　Sheilagh Ogilvie, "The Economy of Guilds", *The Journal of Economic Perspectives*, Vol. 28. No. 4 (Fall, 2014), p. 173.

[3]　Sheilagh Ogilvie, "Guilds, Efficiency and Social Capital: Evidence from German Proto-Industry", p. 287.

纪，多数是17世纪才出现的，如扇子商（the Fanmakers）、马车商（the Coachmakers）、玻璃商（the Glass-sellers）、枪炮商（the Gunmakers）、眼镜商（the Spectacle-makers）公会。一些行业是中世纪有的，但为适应经济和技术变化也都重组了，如毡帽商（the Feltmakers）、手套商（the Glovers）、别针商（the Pinners）、文具商（the Stationers）、织造商（the Weavers）公会。[1]不过，这些公会只有极少的几个是延续了中世纪的工艺，因为17世纪的经济状况已完全不同于15世纪，无法调整和适应变化的行业难以生存下来。许多城镇的行会在16世纪都出现了衰落，1500年存在的行会中只有四分之一存活到了1600年。[2]16世纪的英格兰有一种倾向，即商人行会或公会垄断产品贸易，排斥手艺人。当海外贸易不断扩张，开始出现专门从事海外贸易的商人，他们试图垄断零售商和手工业者的产品。商人与手工艺人的差异更为明显。[3]

16—17世纪伦敦的行业公会仍保持了很大的影响力，能够左右该城政治，以及提供市长人选。在英格兰只有得到王室授权的行会有较大和广泛的影响，其他的小城市行会影响有限。能对全国范围法律规则构成影响的只有伦敦的行会，伦敦自15世纪起建立了为数众多的手工业行会。伦敦以外只有极少的手工业行会获得了王室特许状，获得与之相近的特权。小城镇行会的影响力只能依赖市政当局。1835年市政改革后，小城镇行会的司法影响力完全消失了。[4]在17世纪晚期，伦敦大约有50万居民，而学徒是伦敦移民的主要人群。1700年，有3 800名年轻人通过学徒契约进入伦敦。布里斯托尔在1700年有2万居民，在1686至1696年间，每年有250名年轻人

---

① George Unwin, *Gilds and Companies of London*, p. 243.

② Sheilagh Ogilvie, "The Economy of Guilds", p. 171.

③ George Unwin, *Industrial Organization in the Sixteenth and Seventeenth Centuries*, London: Frank Cass,1972, pp. 75-77.

④ Ian Anders Gadd and Patrick Wallis, "Reaching Beyond the City Wall: London Guilds and National Regulation, 1500-1700", in S. R. Epstein & Maarten Prak, eds., *Guilds, Innovation and the European Economy, 1400-1800*, Cambridge: Cambridge University Press, 2008, pp. 292-293.

在布里斯托尔成为学徒。[①]

　　为适应经济变化，英格兰的手工业行会从16世纪起开始发展成公会（company）。伦敦的号服公会（London Livery Companies，或译专业公会、行业公会）由此形成。16世纪，小工匠师傅也形成自己的协会组织，保护自身利益，其组织特点介于中世纪行会和近代行业联合会之间。一开始是自发结合，后来发展到获取特许状。他们与行业公会有利益冲突。乔治·昂温认为伦敦行业公会并没有特定行业的排他性权力，因按照伦敦的惯例无法防止一个市民从事其他行业。呢绒织物行业就有三个公会，包括呢绒商公会（Clothworkers' Company）、绸布商公会（Drapers' Company）、裁缝商公会（Merchant Taylor' Company）。[②]伦敦的金匠公会和锡镴匠公会是伦敦最早建立的行会，也最为卓著。17世纪初伦敦城的最高管理层由26名市政议员组成，他们分别代表26个区（wards）。在这些市政议员中每年选举一人为伦敦市长。次一级的是公共会议（Common Council），来自各区的约230名代表辅助市政议员的工作。聚会的地点就是行会大厅（Guildhall）。17世纪伦敦城大约有70个公会，其中50个获得授权让一些成员穿戴号服。17世纪一位伦敦市长曾宣布他是所有公会的首领，这意味着行会与伦敦城的管理是融合在一起的。[③]

　　伦敦锡镴匠公会1474年获得特许状，有权在英格兰和威尔士范围内制定标准和检查产品。这一点与伦敦金匠公会的特权颇为相似。1474至1477年，锡镴匠行会检查了埃克塞特、林肯（Lincoln）、米德兰（Midlands）、肯特各郡超过50家店铺。公会监察员威胁地方

---

①　Chris Minns and Patrick Wallis, "Rules and Reality: Quantifying the Practice of Apprenticeship in Early Modern England", *Economic History Review*, Vol. 65, No. 2 (May, 2012), pp. 558-559.

②　George Unwin, *Industrial Organization in the Sixteenth and Seventeenth Centuries*, pp. 104-105.

③　I.G. Doolittle, *The City of London and its Livery Companies*, Dorchester: the Gavin Press, 1982, pp. 3-5.

锡镴匠，威逼利诱他们缴纳一大笔钱加入伦敦公会，费用一般是20先令。一组监察员通常有五六个人，包括会长、管事、几个公会成员。该公会的记录显示，从1636至1702年监察员共检查了超过200个城镇，约700位锡镴匠。每次检查一般从伦敦出发，通常持续几个星期。1641年4月3日开始的一次检查，共去了29个地方。公会花钱款待各地的城镇市长和官员，让这些人帮助排除当地阻力。①1503年的一项法律授权各地治安法官任命当地监察员检查产品。不过，检查并不太频繁，实际上难以防止地方锡镴匠违规生产产品。公会的检查也时常遭到地方锡镴匠的厌恶，他们有时会藏起产品，甚至干脆关门停业。锡镴匠公会从15世纪起就试图垄断价格，强行实施所谓的"公正价格"。1583年公会任命一个12人委员会管理价格，1615年已经制定了各类器皿的零售和批发价格，并可征收高达40先令的罚金。在伦敦的不同店铺，消费者能够寻得的价格都是一样的。公会甚至可以影响原材料锡的价格。②

伦敦的公会并不排斥女性，尽管一向只占极小的比例。中世纪晚期的公会中，女学徒占总人数的比例为1%—2%。到了17世纪，情况开始有变化，但至少这个世纪上半叶公会中的女学徒仍较少。呢绒商公会记录中，1640年以前有9 500名男学徒，女学徒只有11名。1645年后女学徒人数虽开始有所增加，也只是在1646年和1647年分别招收了2名和3名女学徒。其他一些公会也有类似趋势。根据9家伦敦公会的记录，17世纪50年代共有44名女学徒，17世纪70年代为75名，到17世纪90年代达到了100名。18世纪学徒人数开始下降，到18世纪70年代女学徒的人数仍然比较稳定。③

---

① Ronald F. Homer, "The Pewterers' Company's Country Searches and the Company's Regulation of Prices", in Ian Anders Gadd and Patrick Wallis, eds., *Guilds, Society & Economy in London 1450-1800*, London: Centre for Metropolitan History, Institute of Historical Research in association with Guildhall Library, 2002, pp. 102-104.

② Ibid., pp. 103-110.

③ Laura Gowing, "Girls on Forms: Apprenticing Young Women in Seventeenth-Century London", *Journal of British Studies*, Vol. 55, No. 3 (July, 2016), pp. 449-450.

在17世纪，埃克塞特城的行会成员数量尽管仍有增长，但其增长速度不如该市市民的人口增长速度。同时，就垄断程度来说，与17世纪20年代相比，90年代行会的垄断程度出现了下降。在17世纪晚期，尽管埃克塞特的漂洗商公会（the Tucker's Company）人数有所增加，但该市的市民人数增长更多，这意味着该行会的人数占比下降。同时，相较于17世纪20年代，90年代行会内漂洗工的人数占比由84.6%降到了41.4%，行会似乎失去了对埃克塞特呢绒产业的控制。在17世纪下半叶，受行会慈善属性的吸引，富裕的漂洗工和不富裕的呢绒匠持续加入行会，导致了会员数量上升。因而，即使是失去了垄断，17世纪晚期埃克塞特的行会并未衰落。①

在这时期的荷兰纺织业中，行会遍及各个分支，织工、裁缝匠、零售商都有行会。从生产到销售的各个环节都有相应的规章，严格控制生产程序和市场。以零售环节为例，店主和摊贩通常只有成为行会成员才能开业。游商也要向行会或当地政府缴纳一定费用才能获得经营许可。②纺织业受到行会的严格限制。17世纪到18世纪中期，荷兰当地的纺织品销售有几种常见的形式，店铺销售最为普遍，其他的还有集市销售和入户推销。在城镇中纺织品的销售并不自由，行会、政府甚或两者同时都有严格的规定，从原料到成品都是如此。许多城镇都有相应的政策保证特定群体才能按规定生产和出售某种产品。③近代早期尼德兰南部行会的力量已减弱，有些地方甚至更严重，1540年的根特便是如此。但在大多数城市，行会力量仍很强大，直到18世纪末仍对当地政治产生影响。有些行会的力量甚至超过本地范围，对省议会构成影响。尼德兰北部行会少，影响有限。

---

① Masaru Yoneyama, "The Decline of Guilds and Their Monopoly in English Provincial Towns, with Particular Reference to Exeter", *Urban History*, Vol. 46, No. 3 (Aug., 2019), pp. 449-451, 460-461.

② Danielle van den Heuvel, "New Products, New Sellers? Changes in the Dutch Textile Trades, c. 1650-1750", in Jon Stobart & Bruno Blondé, eds., *Selling Textiles in the Long Eighteenth Century*: *Comparative Perspectives from Western Europe*, p. 119.

③ Ibid.

16世纪前期几乎无法参与到地方政治中去。只有个别地方例外，如尼德兰的南部和东部。[①]

尼德兰的行会在近代早期有下述特征。第一，工匠结社是城镇现象。尽管乡村也可能有行会，但无法与城镇相比。第二，行会数量与城镇规模有关，少于500人的小城镇很少建立行会。新建行会数量与人口变化有关，人口增加，行会就增加。不过，非法律意义上的城镇很少会出现行会。如洛克伦（Lokeren）尽管有约1万人口，但名义上仍是一个村庄。第三，只有极少的城镇行会数量会超过60个。[②]尼德兰北部尽管行会众多，却并没有真正的政治权力。南部则从14世纪起积极参与当地政治，最终安特卫普、布鲁塞尔、鲁汶（Louvain）等获得很大的政治影响力，未经他们同意不得征收新税。16世纪前期，哈布斯堡治下的尼德兰，一些城市权力开始下降，皇帝查理五世1540年取消了根特的特权。但是，已经获得特权的大多数城市在近代早期仍保持了政治影响。城镇行会的政治权力也不一样。近代早期，安特卫普有24到26个行会出席市政大会，可以监督市政当局的金融、税收政策。政治影响力与行会人数的多少并无关系。有些行会人数众多，却并无投票权，有些人数少的则有。一般只有师傅有投票权，帮工没有，且富有的工匠更有政治势力。[③]在尼德兰北部，行会的数量在15世纪才开始激增，它们大多缺乏政治影响力，只有在少数城市，行会掌握了实际的权力，但多是在特殊情况下。[④]尼德兰南部的手工业行会自中世纪晚期开始就拥有行会

① Catharnia Lis and Hugo Soly, "Export Industries, Craft Guilds and Capitalist Trajectories, 13th to 18th Centuries", in Maarten Prak, Catharnia Lis, Jan Lucassen and Hugo Soly, eds., *Craft Guilds in the Early Modern Low Countries*, Aldershot: Ashgate PL, 2006, p. 112.

② Catharnia Lis and Hugo Soly, "Craft Guilds in Comparative Perspective: The Northern and Southern Netherlands, a Survey", in Maarten Prak, Catharnia Lis, Jan Lucassen and Hugo Soly, eds., *Craft Guilds in the Early Modern Low Countries*, pp. 8-9.

③ Ibid., pp. 10-12.

④ Hugo Soly, "The Political Economy of European Craft Guilds: Power Relations and Economic Strategies of Merchants and Master Artisans in the Medieval and Early Modern Textile Industries", *International Review of Social History*, Vol. 53. No. S16 (Dec., 2008), p. 63.

事务厅，有的是购买地产建造的，有的是租赁地产建造的。16世纪大部分行会都拥有自己的行会事务厅。在根特，58个合法行会中四分之三都有事务厅。尼德兰北部的行会则很少建设行会事务厅，到18世纪末，69个城镇的592个行会中只有99个建有事务厅。[①]

　　除了英格兰和低地地区外，在大多数其他欧洲社会中，行会的经济影响力一直保留到18世纪末19世纪初。当工业和商业转移到农村时，城市行会没有放松他们对成员的限制来维持自身的竞争力，而是通过成功地游说政府对他们进行保护来对抗农村竞争者。18世纪，新行会继续在德意志、意大利、法国和中欧形成，这些行会曾在16世纪放松了限制，但在1670年后让位于固化的制度和经济。西班牙和葡萄牙甚至将他们的行会输出到海外，建立了派出机构，这些行会在拉丁美洲一直延续到19世纪。许多欧洲行会只是在法国大革命之后才解体，因为法国在1791年取缔了自己的行会，并将这一举措通过战争强行输送到它入侵和占领的其他欧洲国家。[②]

　　就北意大利地区而言，丝织业商人行会的实力强大。14至15世纪时，商人就几乎完全控制了丝织工人。大部分工人只能为分包商工作，领取计件工资。在一些城镇，纺织师傅保留了独立生产丝织物并销往市场的能力。这类纺织师傅通常拥有一两台织机，生产由师傅与其家庭成员完成。他们一般没有学徒，也不雇用技工。从生产规模上看，独立的纺织师傅难以与分包商相比。在17、18世纪意大利丝织业遭受挑战时，这种商人分包生产的模式暴露出了很大问题。商人们为了保持利润，不愿引进需要固定资本投资的新生产工艺。[③]16世纪佛罗伦萨行会称为圣玛丽亚行会（the Arte di Por

---

①　Johan Dambruyne, "Corporative Capital and Social Representation in the Southern and Northern Netherland, 1500-1800", in Maarten Prak, Catharnia Lis, Jan Lucassen and Hugo Soly, eds., *Craft Guilds in the Early Modern Low Countries*, pp. 199, 204.

②　Sheilagh Ogilvie, "The Economy of Guilds", *The Journal of Economic Perspectives*, Vol. 28, No. 4 (Fall, 2014), p. 172.

③　Hugo Soly, "The Political Economy of European Craft Guilds: Power Relations and Economic Strategies of Merchants and Master Artisans in the Medieval and Early Modern Textile Industries", p. 50.

Santa Maria），丝织行会是其中一个分支。该行会内布商（setaioli）是享有全权成员，织工是在册成员。织工只能受委托生产，对于原料和成品都无资格决定。织工从布商处接受原料，并由布商脱售成品。布商拥有织工店铺中的产品，并以此授予信用。[①]

德意志的情况较为复杂。在北德的港口城市，商人占据优势地位。在莱茵兰和南德地区，大部分的纺织业城市不能保证手工业行会的利益。不过，科隆是个例外，手工业行会在科隆的影响力较大。16世纪以来，尽管商人加强了他们在城市政治上的影响力，但商人仍未能完全控制手工业行会。[②] 16世纪六七十年代，符腾堡地区的精纺绒行业刚刚兴起。毛纺业以外的劳动者也将此视为很好的谋生手段，农民、帮工等都加入到这一行业中来。然而不久后，本来从事宽幅呢绒业的行会织工师傅就行动起来，他们向工匠家庭收钱，然后游说当地政府，要求在这个新行业建立垄断特权。1589年卡尔夫（Calw）地方的羊毛织工就获得了精纺绒行会的特许状，覆盖当地城乡区域。1597年维尔德贝格（Wildberg）地区也获得了这样的特许状。1611年当地政府颁布法令授予六个主要的精纺绒地区建立行会，1654、1686年又颁布过这样的法令，直到18世纪仍有相关法令颁布。符腾堡地区的这类行会到1864年才被废除。1589年精纺绒的生产已由行会师傅垄断，不过到1650年精纺绒的贸易仍旧是开放的，包括外地人、妇女、农民在内的各类人都可经营。在1650年卡尔夫城的22位商人和染色商组成行业协会，从当地王公处获得垄断特权，排斥其他商人经营此业并强迫工匠按固定价格卖给他们成品。这样的贸易垄断直到对法战争期间才因出口危机而终结。[③] 1618年，

---

① Richard A. Goldthwaite, "An Entrepreneurial Silk Weaver in Renaissance Florence", *I Tatti Studies in the Italian Renaissance*, Vol. 10 (2005), p. 75.

② Hugo Soly, "The Political Economy of European Craft Guilds: Power Relations and Economic Strategies of Merchants and Master Artisans in the Medieval and Early Modern Textile Industries", pp. 57, 59-61.

③ Sheilagh Ogilvie, "Guilds, Efficiency and Social Capital: Evidence from German Proto-Industry", pp. 289-290.

德意志科堡（Coburg）的马车匠和犁匠被迫加入行会后。行业垄断之下，当地马车和犁的价格很快就上涨了。[1]行会通过控制供需关系和产品数量来达到垄断市场的目的。

行会制度在中欧出现了从城市向乡村扩散的趋势。从16世纪末开始，越来越多的乡村工匠组成了行会。到18世纪末，大部分的乡村工匠都被行会所囊括。根据巴登－杜拉赫1767年、符腾堡1759年和巴伐利亚1811年的统计数据，80%—95%的工匠属于行会，而城市与乡村的行会之间没有大的区别。在16—18世纪的符腾堡，邦法律确认行会不是城市的，而是区域性的。每个行会都被组织成区域性的行会，以管理地区事务，在城市和乡村中没有区别。在萨尔茨堡大主教区，当局在17世纪后期开始建立全区的行会体系。到18世纪，所有的城市和乡村手工业师傅都被行会囊括。对主要金属贸易中工匠的区域分布的分析表明，所有行会的工匠中有70%在乡村生活和工作。[2]中欧行会的这一发展特征与西欧形成了明显的差别。

到18世纪，欧洲大陆的不少地方行会垄断市场的特征仍很突出。西里西亚的行会成员通过垄断城镇市场来控制贸易。商人和织工是市场中的买卖双方，但市场制度却偏向于商人。在希尔施贝格或兰茨胡特，最大的市场每次都有超过2000名织工参加，最多时可达3000人。根据行会法规，一旦一位商人标记了一匹布，织工就无法邀请另一位商人进行出价。由于织工大多生活在糊口状态，急需将布匹出售，因而很难等待新的议价机会。西里西亚的亚麻市场是不完善的，大量的小卖家面对着数量有限的买家，这会导致平均价格可能低于自由市场上的价格。这些都说明，在商人垄断的市场中，价格由商人主导，织工讨价还价的能力有限，织工选择最佳购买者

---

[1]　Sheilagh Ogilvie, "Thinking Carefully about Inclusiveness: Evidence from European Guilds", p. 191.

[2]　Josef Ehmer, "Rural Guilds and Urban-Rural Guild Relations in Early Modern Central Europe", *International Review of Social History*, Vol. 53, No. S16 (Dec., 2008), pp. 147-148.

的余地很小。[①] 西里西亚的商人行会利用市场规则制造了供需的不平衡，从而大大压低价格，同时还规避了竞争。

行会的垄断以各种方式得到了保护。一些限制竞争的因素来自地理方面，如运输成本高昂、原料优势、城市聚集经济或对移民的限制。其他因素则来自政治保护。行会经常获得政府贸易壁垒的保护，如威尼斯阻止法国的镜子进口以保护穆拉诺（Murano）的玻璃工匠行会。大多数欧洲国家的政府都阻止从荷兰或巴塞尔进口廉价的绸带，因为这些绸带是在新型织机上生产出来的，给传统工艺带来竞争。[②] 政府也会支持行会管理劳动力市场。1781年，法国诺曼底镇的针匠行会对违反行会规定的辞职者处以5年工资的罚款。市政当局对此表示支持，理由是："如果工人可以随心所欲地离开他们的主人，就会造成混乱的无政府状态，破坏制造业。"[③]

传统观点认为行会实施行业垄断，制定技术标准、限制学徒数量、限制行业准入，这些都阻碍了技术进步和产业发展。此类观点长期是20世纪学术界的主流。然而，20世纪末开始，它遇到挑战，并产生学界争论。

S. R. 爱泼斯坦在20世纪末的研究中对传统主流观点提出了疑问，至今已成为颠覆派的代表。爱泼斯坦认为，手工业行会的权力经常是人们想象的。第一，行会特权受政治利益影响，并不稳定。1548—1552年，查理五世就曾取消了27个德意志城市手工业行会的特权。第二，小手艺人行会的利益常与富有工匠、商人的利益相冲突，而商人社团对当地政治更有影响。第三，大城市的行会缺乏对周边的政治影响。第四，手工工匠经常并不愿成为行会成员。[④] 爱泼

---

① Marcel Boldorf, "Socio-Economic Institutions and Transaction Costs: Merchant Guilds and Rural Trade in Eighteenth-Century Lower Silesia", *European Review of Economic History*, Vol. 13, No. 2 (Aug., 2009), pp. 179-181.

② Sheilagh Ogilvie, "The Economy of Guilds", p. 175.

③ Jeff Horn, *The Path Not Taken: French Industrialization in the Age of Revolution, 1750-1830*, Cambridge, MA: The MIT Press, 2006, p.45.

④ S. R. Epstein, "Craft Guilds, Apprenticeship, and Technological Change in Preindustrial Europe", *The Journal of Economic History*, vol. 58, No. 3 (Sept., 1998), p. 686.

斯坦也不同意手工业行会反对技术创新。对行会法的解释夸大了限制技术进步的效果。在面对市场和竞争时，经常愿意接受技术革新。他举例说，1543年，亚眠的市政厅还付给一种染炉的革新者报酬，只要这项改良可靠而实用。对于资本密集和节约劳动性质的改良，行会内贫穷的小工匠与富有的工匠的态度可能有很大的不同。小工匠经常反对创新，因为这将对富有的生产者更有利，而对自己更不利。双方的利益较量直接影响是否采用新技术。[1]让-巴蒂斯特·雷韦永（Jean-Baptiste Réveillon）曾是一位布商，打算生产墙纸。然而，作为商人他被行会禁止从事制造业，由此引发双方冲突。1789年4月末，他的住处和工厂遭到行会攻击。此后，他又多次与行会发生冲突。[2]

　　反传统观点不乏同道者。里斯等学者在研究了尼德兰行会的状况后认为，尼德兰行会本身并没有促进或阻碍出口工业的兴起。这类工业的成功依赖多种因素。富有的工匠师傅经济上变得独立起来，也能控制行会，为了利润更愿意引入和传播新产品。正是这些人带来了产品革新和多样化。在18世纪的布鲁日，亚麻织工通过生产赞加布（Zingas）获得巨大成功。这种产品在1700年由几个行会成员引进，非常适合欧洲下层民众和殖民地的奴隶，销量很大。到1770年这个行业由几个织工资本家控制。18世纪20年代，安特卫普的亚麻纺织工匠引进了暹罗布（siamois）的生产。这是一种亚麻与棉混纺的织物，很受市场欢迎。生产规模不断扩大，为早期工厂制生产铺平了道路。[3]特里弗拉托认为，受行会内和行会间斗争的影响，不同行会对技术革新的态度不同。玻璃制造业的师傅更为保守，而在丝织业内工匠师傅比商人-制造商在技术革新上更为

---

　　① S. R. Epstein, "Craft Guilds, Apprenticeship, and Technological Change in Preindustrial Europe", pp. 694-696.

　　② Michael P. Fitzsimmons, *From Artisan to Worker: Guilds, the French State and the Organization of Labor, 1776-1821*, Cambridge: Cambridge University Press, 2010, p. 18.

　　③ Catharnia Lis and Hugo Soly, "Export Industries, Craft Guilds and Capitalist Trajectories, 13th to 18th Centuries", pp. 129-130.

积极。[①]

　　当然，挑战者同样招致了质疑。奥吉尔维反对爱泼斯坦提出行会有利于创新的观点。她认为，行会对技术革新的态度是复杂的。如果革新不损害其垄断利益，行会就没有理由反对，就会接受。如果革新威胁到他们的利益，就会反对。[②]新观点认为行会制定质量标准，管制产品品质有利于保障质量，对工业发展是有利的。奥吉尔维对行会控制产品质量方面的作用也提出疑问。她研究了符腾堡的维尔德贝格（Wildberg）地区的行会档案，时间跨度从1598至1760年。这期间触犯行会的632个案件中属于质量控制问题的有357件，占56.5%。从数量占比趋势上看，对质量监控的管理是越来越少的，1700年之前的占比是约70%，此后则是40%。从质量违规的罚金上看，其平均额度是各类违规案件中最低的。产品质量违规罚金平均为0.36盾（Gulden），而其他各类违规案件的平均罚金是0.59盾。当时商人的反应也表明行会的惩罚是很温和的。1642年时黑森地区的精纺绒商人就因为行会对质量的把控不可靠，打算建立自己的质量检查制度。[③]她的结论是，行会在控制产品质量上并不太有效，甚至疏忽敷衍。而且，织工行会与商人行会签订的垄断购销合同也对保证产品质量没有好处。因为合同垄断了数量和价格，所以并没有刺激织工去生产更高质量的产品。更高的质量并不会得到更高的价格。[④]欧洲不同地区的情况基本相似。毕竟，维护社团成员自身的利益和团结比质量更重要。

　　行会对于技术培训的作用也不可一概而论。有些工业行业对技术工艺要求并不高，并不需要经过严格的训练。毛纺织业就是这样，

---

　　① Francesca Trivellato, "Guilds, Technology, and Economic Change in Early Modern Venice", in S. R. Epstein and Maarten Prak, eds., *Guilds, Innovation, and the European Economy, 1400-1800*, New York: Cambridge University Press, 2008, p. 229.

　　② Sheilagh Ogilvie, "Guilds, Efficiency and Social Capital: Evidence from German Proto-Industry", pp. 314-315.

　　③ Ibid., pp. 292-294.

　　④ Ibid., pp. 297-298.

从生产技术上讲，各行业人等转入这个行业并不难，甚至农民也能，技术门槛是比较低的。

　　行会的确都有关于保证产品质量的规定，但必须看到这只是一种自我约束。规章经常会在自身利益面前大打折扣。行会要存在就要维持成员间的关系，而不能与成员为敌。因此，行会对成员生产质量违规产品的处罚是相当温和的，仅是为起到告诫作用。反而是顾客有时会抱怨行会的质量监管不力，行会的质检员则对此常常无计可施。

　　帕特里克·沃利斯研究了17世纪伦敦的行业公会，提出不能仅凭行会制定的规则去判断其行业管制的实际状况。在约束成员行为时"谈判与和解是最合理的策略，是实施规则过程的一部分"。①公会处理会员产品质量违规时经常遭到会员的抵制，强行实施惩罚会遇到阻力。案件的解决结果往往是道歉、调整质量和罚金等几种形式，这些尚需与公会的违规成员达成一致。所以沃利斯说："正如强调认错这一点所暗示的，行业公会强制实施规则的效果很大程度上依赖公会内部的团结。"②公会为了维护规则，有时要求助伦敦市长，公会会每年付钱给伦敦市政官员解决违规的问题。公会也会将产品质量案件提交伦敦市长法庭或市政议员法庭裁决，有时也会提交季度法庭。

　　沃利斯研究了两个伦敦的小行业公会，发现违规案例比例很高。药剂师公会1617年获得特许状，到1660年有违规案例327起。从1620到1640年，所有药剂师中有28%的人有违规记录，如果只计算招收学徒的比例是38%。很多人有多次违规记录。文具商公会1600年到1640年间有36%的会员违规，很多人也是多次违规，平均每人违规2.2次。③行业工会对违规产品的惩罚是比较温和的，不

---

① Patrick Wallis, "Controlling Commodities: Search and Reconciliation in the Early Modern Livery Companies", in Ian Anders Gadd and Patrick Wallis, eds., *Guilds, Society & Economy in London 1450-1800*, p. 87.

② Ibid., p. 90.

③ Ibid., pp. 93-94.

会对会员造成长期影响。

在限制行业进入方面，奥吉尔维认为行会要求排他性权利、限制准入是为了自身的行业利益，且在1500年前后这种限制都很有力。[1]行会在遇到外人使用新技术或新生产组织时，反对尤为强烈，甚至能够成为产业发展的最大阻碍。符腾堡的精纺绒工业发展就曾因此受阻。1619至1621年间，符腾堡的领主聘请了一位意大利商人，引入法国和荷兰的新技术生产精纺绒，结果遭到当地织工行会和商人行会的强烈反对。1698年黑森精纺绒织工行会要求政府反对卡尔夫商人和染商协会进行新品种的生产。1775年纳戈尔德（Nagold）要建立一家纺织厂，黑森的织工行会与卡尔夫商人和染商协会对此联合进行抵制，理由是该厂引进和使用新技术。结果，行会一方抵制获得了成功。[2]

严格学徒要求对一些行业来说主要目的是为了限制准入、排斥竞争，而不仅仅是为了技艺的传承和质量的维护。通过限制学徒数量和出师年限，就控制了行业的从业人数，这对维护现有从业者的垄断非常重要。

行会对经济的影响是有限的。总体来说，行会的势力范围一般只限于城市围墙之内，超过这个范围的并不普遍。霍夫曼指出，在城市范围内，行会会对不属于行会的工匠进行限制，甚至攻击，目的在于将那些工匠从社会秩序中排除，防止自身经济利益遭到竞争、受到侵害。行会将自身的行业规范与城市的价值观等同起来，保护行会成员的共同利益。[3]尼德兰北部从16世纪中期到17世纪末期，大多数纺织业生产都是在行会外进行的，大量的工匠师傅和小雇主都不是行会成员。新布料业中情况更是如此。在阿姆斯特丹等地，羊毛纺织工、丝织工、酿酒业、钻石加工业等大多没有行会组织。

---

[1] Sheilagh Ogilvie, *The European Guilds: An Economic Analysis*, p. 566.

[2] Sheilagh Ogilvie, "Guilds, Efficiency and Social Capital: Evidence from German Proto-Industry", p. 315.

[3] Philip R. Hoffmann, "In Defence of Corporate Liberties: Early Modern Guilds and the Problem of Illicit Artisan Work", *Urban History*, Vol. 34, No. 1 (May, 2007), pp. 80-81.

17世纪末到18世纪棉纺织生产通常也没有行会组织。[①]这与这些行业出现较晚有关。

波尔多的行会缺乏法律保护，所以难以维持其垄断地位。圣瑟兰（Saint-Seurin）和圣安德烈（Saint-André）是两个相邻的教会领地，18世纪已经形成了城市经济区。虽然当地官方禁止创业者在城内销售自己的产品，但行会监督也无法禁止产品流入波尔多。由于教会领主的保护，许多外销产品的生产聚集于此，包括皮革、木工、金属加工、棉纺织、奢侈品等。创业者在当地使用新技术、生产新产品、采用新设计。行会的反对无效。教会领主拒绝允许行会规定技术规范，给创业者创造了发展机会和空间。在圣色林，一个工人无需做学徒或经过当帮工的阶段就可以开业。要想成为锁匠师傅，一个工人只需展示他的拿手作品并交纳80里弗尔。这里的创业者可以仿效其他地方出现的技术进步和设计，让自己的产品能够适应市场需求。这里的生产得以扩张，1777年时当地已登记有400个作坊，并居住着数千"非法"的工人。[②]波尔多的细木工行会承认难以与当地特权飞地竞争。工匠师傅无法防止技术工人另谋生路，也只能从别处吸引工人来弥补所需。行会情愿声称行会师傅有权垄断技术工人的工作，因为他们有真正的手艺。这种要求虽然有法律先例支持，但实际上却没有多大用处。当地的教会法为帮工抵抗师傅的控制提供了特权。帮工组成兄弟会之类的组织相互帮助，甚至不允许师傅雇用会外的人。纺织业中纺纱工序并不在手工业行会控制下，工匠师傅会把这道工序分给妇女、孩子、老人去做。

行会并不容易有效地垄断生产。在吕贝克，尽管1569和1570年市议会禁止市民和居民向非法工人提供城墙内外的工作，但这一时期挑战垄断的行为还不常见。而到16世纪末，垄断与打破垄断的

---

① Catharnia Lis and Hugo Soly, "Export Industries, Craft Guilds and Capitalist Trajectories, 13ᵗʰ to 18ᵗʰ Centuries", pp. 115-116.

② Jeff Horn, *Economic Development in Early Modern France: The Privilege of Liberty, 1650-1820*, Cambridge: Cambridge University Press, 2015, pp. 29-32.

冲突开始增强。在17世纪早期冲突又开始弱化。从17世纪40年代开始，行会再度不断抱怨所谓的"非法生产问题"，并在17世纪60年代达到了高峰。此后，在非法生产问题上发生冲突的重要性不断下降，但这一问题在政治和司法上的重要意义一直持续到了19世纪。[①]

近代早期行会在欧洲各地呈现了不同的特征，在英格兰和低地国家的一些地方，行会势力有减弱的趋势；而在欧洲其他地方，行会势力则有明显的扩张。不过，这个时期欧洲各地的行会仍有一些共同的特征，包括地方的政治影响力、限制行业进入、控制市场、控制产品质量、技术训练和技术革新等。[②]

二、乡村工业的发展和组织

近代早期以来，毛纺织工业中的外放包工制（putting out system）不断发展，生产由城市转向农村。这种制度是由城市商人组织乡村的劳动力生产，为乡村提供资本。商人资本进入乡村工业生产依靠的就是外放包工的组织形式，这种形式又叫作外包制、包工制等。这是一种由商人组织的、分散的生产方式，有时甚至可以达到雇用上千工匠的规模。由于乡村通常不受行会组织的管制，所以这种雇佣生产得以应用。外放包工制最早出现在12世纪，是源自佛兰德尔等地的羊毛纺织业的一种生产组织形式。商人利用欧洲各地的原料派活给家庭纺织工，优质羊毛来自英格兰，染料来自法兰西。[③]生产具备一定的规模，目的是供给外地市场而非本地市场。

中世纪晚期纺织业等工业是以城市为中心的，生产程序和产品受到手工业行会和市政当局的控制，垄断特征明显。这种特征随着

---

① Philip R. Hoffmann, "In Defence of Corporate Liberties: Early Modern Guilds and the Problem of Illicit Artisan Work", pp. 82-83.

② Sheilagh Ogilvie, *The European Guilds: An Economic Analysis*, p. 511.

③ Karl Gunnar Persson, "Markets and Coercion in Medieval Europe", in Larry Neal and Jeffrey G. Williamson, eds., *The Cambridge History of Capitalism*, Vol. I: The Rise of Capitalism: From Ancient Origins to 1848, Cambridge: Cambridge University Press, 2014, p. 243.

中世纪结束而改变。旧生产组织受到经济扩张和新生产方式的冲击，以城市为中心的工业生产模式衰落。商业资本与乡村工业生产相结合，生产向乡村扩散，城市失去中心地位，生产中心开始转移。当然，这一过程是缓慢发生的。纺织业以生产呢绒为主，同时还有亚麻和丝。中世纪晚期欧洲纺织业主要集中在两个区域，佛兰德尔和意大利北部。佛兰德尔的纺织城镇包括阿拉斯、圣奥梅尔、杜埃、里尔、图尔奈、伊普尔、根特、布鲁日。意大利北部则以佛罗伦萨、热那亚、威尼斯、比萨、卢卡（Lucca）等城市为中心。另外，英格兰东南部的纺织业也开始兴起。金属加工业在德意志和东欧有广泛分布。古德曼提出近代早期工业的三个转折点：第一个是15世纪末到16世纪早期，城市工业危机。佛兰德尔的优势地位丧失。第二个是17世纪，城市工业的第二次危机。大规模的乡村工业兴起。第三个转折点就是工业革命，机械化生产。[①]这里所谓的城市工业危机，实际上就是指乡村工业的兴起，使城市工业的地位下降。

外放包工的组织者是包工商，其中有些是自从事此类商品买卖的商人转化而来。这些人看见组织生产有利可图，就将资本投到原材料上，组织贫困工匠进行生产。有些人则是从该行业的工匠转化而来，他们既能生产又擅长商业经营，逐渐成为了商人和雇主。保尔·芒图对这类由乡村工匠成长起来的包工商有着很经典的描述。原本是家庭生产的织工师傅在有了小规模的生产能力后，就能够雇用几个工人。于是他便既从事生产，也从事原材料和成品的交易。再后来，他就开始向工匠分发羊毛，组织纺织活动。有些工匠只管纺线，有些则只管织呢绒。他也就逐渐变成了雇主。"小制造者阶级正是从他们那里来的。一个有好名声的青年人，总会借到钱去购买其所需要的羊毛，并成为老板兼工匠。这两个词的联合几乎就是一个定义：manufacturer在这个时期并不是工业界巨头，相反地，他就是工匠，亦即以自己双手劳动的人。约克郡的制造者同时代表着

95

资本和劳动，二者连在一起，几乎难以区分。……'在约克郡的家庭工业制度中，工业是掌握在许多老板兼工匠手中的，他们每个人都有少量的资本。他们从商人手里买进羊毛，在自己家里，得到妻儿的帮助，还有几个工人，在有必要时他们也把羊毛染色，使羊毛经过制造上的种种演变直至成为未整饬的呢绒为止。'……生产虽然是分散在许多小作坊中的，但从整体来看，它的产量仍然是很大的。约克郡西区是家庭工业繁荣的地区，在1740年曾出产呢绒近十万匹；在1750年近14万匹。"①芒图描述的这种外放包工特征基本上成为了学术界主流的看法。波斯坦等主编的《剑桥欧洲经济史》也有相近的归纳。

在乡村手工业中，纺织企业家能够从农民织工那里赚取利润。与城市行会中的手工业者相比，农村工人提供了更为廉价的劳动力。行会控制无法对农村实施控制或控制不严，这样包工制就在农村出现，其发展对产业布局的形成也产生了重要的影响。佛兰德尔纺织业从城镇拓展到围绕其周围的广大乡村，粗布的生产主要在那里进行。其他地方，英格兰的毛纺织业、意大利的丝绸业中也都有类似的状况。②以施瓦本的亚麻纺织业为例，18世纪乡村地区的产量大幅增加，而城市的产量停滞不前。与之相对，黑森地区的精纺业长期集中于城市。在17世纪中叶至18世纪，黑森部分地区的乡村精纺业得到了发展，而其他地区仍是城市占据优势。总而言之，城镇仍占据优势地位：1750年的维尔贝格，乡村地区拥有55%的织布工，但乡村人口占该地总人口的75%。在中欧南部地区，乡村工业同样得到了发展。例如，1789年，在巴登的侯爵领地，26%工匠居住在城市，74%居住在乡村。③

---

① 〔法〕保尔·芒图：《十八世纪产业革命——英国近代大工业初期的概况》，杨人楩、陈希秦、吴绪译，商务印书馆1997年版，第7—8页。

② E.E. Rich and C.H. Wilson, eds., *The Cambridge Economic History of Europe*, Vol. V, Cambridge: Cambridge University Press, 1977, pp. 469-470.

③ Josef Ehmer, "Rural Guilds and Urban-Rural Guild Relations in Early Modern Central Europe", pp. 144-145.

涉及乡村工业，一个相关的概念有必要澄清，这就是"手工工场"。这个概念在中国学术界相当常见，但错误使用的频率也极其高。手工工场一直被视为马克思的经典概念，这一点是毫无疑问的，但关键在于许多误用产生于对马克思概念的误读。根据一般的理解，当代国内学术界通行的"手工工场"指的是，在资本家雇佣下从事手工业生产的经济组织，其形式分为分散的手工工场和集中的手工工场。按这种意义使用的概念长期以来几乎得到了学术界的普遍认可。许多通行的大学教材都是用这样的定义。周一良主编的《世界通史》中这样阐述："广大农村中在16世纪就已兴起呢绒业的手工工场，大多是分散的形式，但集中的形式已同时出现。"[①]现今吴、齐本《世界史》亦有："16世纪时，在英国的东南部等地分散的手工工场到处都有。……手工工场的发展为从手工劳动过渡到机器生产，也就是工业革命创造了条件。"[②]在更为专业的著述中，国内学者通常也如此理解这个概念。王觉非主编的《近代英国史》中有："较高层次的是由商人资本家控制的分散的家庭手工业工场。……最高层次的一类手工业是集中的手工工场。"[③]又如，陈紫华在描绘工业革命前英国时说："毛纺织工业主要有两种组织形式：分散的手工工场和集中的手工工场。"[④]

上述"手工工场"概念与苏联史学对此的定义完全一致。过去几十年中，中国史学受苏联史学的影响巨大，并经常将苏联的历史理论和概念等同于马克思的本意，"手工工场"概念的沿用也不例外。苏联科学院主编的《世界通史》的定义是："工场手工业，它分为集中工场手工业和分散工场手工业两种形式。……十七世纪上半叶英国资本主义工业最流行的形式不是集中的，而是分散的工场

① 周一良、吴于廑主编：《世界通史·近代部分》上册，人民出版社1962年版，第17页。
② 吴于廑、齐世荣主编：《世界史·近代史编》下卷，高等教育出版社2001年版，第4—5页。
③ 王觉非主编：《近代英国史》，南京大学出版社1997年版，第220页。
④ 陈紫华：《一个岛国的崛起——英国产业革命》，西南师范大学出版社1992年版，第206页。

手工业。富裕的呢绒商人在那些行会制度占统治地位的古老城市中的企业活动碰到反抗，便到邻近的乡村地区去，那里赤贫的农民提供大量雇佣家庭工人。"① 此处用语为"工场手工业"而非"手工工场"，但二者无疑是同一概念。该书中有这样的叙述为证："在十七——十八世纪，小型商品生产愈来愈多地被手工工场所代替；分散的手工工场在制造毛织物、棉织物和丝织物方面都获得了很大的成就，制铁、造书写用纸、玻璃等业的集中手工工场非常流行。"② 但这种普遍使用的"手工工场"概念与马克思的原意相去甚远。

从定义上看，将手工工场或工场手工业分为"分散的"和"集中的"两种形式不符合马克思的原意。马克思在"分工和工场手工业"章节下陈述了这一概念："工场手工业是以两种方式产生的。一种方式是：不同种的独立手工业的工人在同一个资本家的指挥下联合在一个工场里，产品必须经过这些工人之手才能最后制成。"而另一种方式则是"许多从事同一个或同一类工作（例如造纸、铸字或制针）的手工业者，同时在一个工场里为同一个资本所雇用"。③ 这段中译本的定义中并没有出现"手工工场"一词，但根据内容可知这种手工业生产形式就是"手工工场"。为了更好地阐明概念，有必要先对马克思的用语进行语言上的辨析。在 1867 年版的德文《资本论》和英译本中，与中译本"工场手工业"相对应的德文是 Manufaktur，与"工场"相对的是 Werkstatt，④ 在《资本论》英译

---

① 苏联科学院主编：《世界通史》第五卷，生活·读书·新知三联书店 1963 年版，《序言》第 5 页，第 8—9 页。

② 同上书，第 651 页。

③《资本论》第一卷，《马克思恩格斯全集》第四十四卷，人民出版社 2001 年第二版，第 390、391 页。

④ Karl Marx, *Das Kapital*, Erster Band, Hamburg: Otto Meissner, 1867, pp. 318-319. 马克思定义的德文原文如下："Die Manufaktur entspringt auf doppelte Weise. Entweder werden Arbeiter von verschiedenartigen, selbstständigen Handwerken, durch deren Hände ein Produkt bis zu seiner letzten Reife laufen muss, in eine Werkstatt unter dem Kommando desselben Kapitalisten vereinigt.... Es werden viele Handwerker, die Dasselbe oder Gleichartigesthun, z.B. Papier oder Typen oder Nadeln machen, von demselben Kapital gleichzeitig in derselben Werkstatt beschäftigt."

本中，这两个词分别译为manufacture和workshop。①作者对1867年德文版第一卷进行了计算机检索统计，Manufaktur一词的单、复数形式及其合成词出现的次数不少于292次，且大部分是以其原词的单数（Manufaktur）和复数（Manufakturen）形式出现的（该词数的变化并不会造成本质性的语义差异）。②中文本根据不同的语境将这个词译为"工场手工业"或"手工工场"，有时也译为"制造业""工厂"。③因此，中文本《资本论》中对"工场手工业"的定义就是"手工工场"的定义，只不过中译本在此处根据语境以"行业"称之。二中文词汇的德语原文和意义完全相同。实际上马克思是在一定的语境中以Manufaktur来特指他所定义之事。

　　由定义可知，真正马克思意义上的"手工工场"具有一个资本家控制下，在一个场所内的集中手工生产的特征。定义中的生产场所——"工场"，两次出现都是单数形式——in eine Werkstatt 和 in derselben Werkstatt。马克思强调的正是这种集中的生产组织形式才叫"工场手工业""手工工场"。"工场手工业"产生的两种方式都是集中生产，只不过一种是多行业协作的集中生产，一种是同行业多工序协作的集中生产。马克思并没有说在此之外还有第三种方式。苏联史学创造出的"分散的手工工场"根本不符合马克思的定义。所谓"分散的手工工场"，按照马克思的逻辑可以解读为"分散的集

---

① Karl Marx, *Capital*, Vol. I, London: Swan Sonnenschein & Co., Ltd., 1904, pp. 327-328.

② 马克思对有关问题的阐述主要集中在《资本论》第一卷中，其他两卷也有少量涉及。故可认为，针对第一卷进行检索统计，其样本是有代表性的。

③ Manufaktur一词在中文版不同语境的译法，本文仅举三处为例。在第318—319页（《资本论》第一卷，下同）论及贫民习艺所时，译文为：它"压低手工工场的劳动价格，……它却作为工场手工业工人自身的庞大的习艺所矗立起来了。"这条例证同时也证明了，中文本中的"手工工场"与"工场手工业"为同一概念，只不过后者在翻译上强调的是"行业"。第285页谈及火柴生产时，译为"制造业"。第304页谈及铸铁生产时，译作"工厂"。上述内容对应的1867年德文版页码分别为第250—252、215、235页。此外，从词源上分析，德语Manufaktur一词来源于英语或法语的manufacture。英语的manufacture是在17世纪时由法语输入的，但德语的Manufaktur直接来自法语还是英语转入则并不明确。该法语词汇又是由拉丁语的 *manu factum* 重塑而成，这句拉丁语的意思是"用手来做"。因此，Manufaktur和manufacture都含有手工制造的意思。

中生产场地"。这是一个多么自相矛盾的逻辑！分散的生产不属于"手工工场"，这一点还可以在马克思的其他相关论述中找到佐证。在"机器和大工业"一章中，马克思提到："资本除了把工厂工人、手工工场工人和手工业工人大规模地集中在一起，并直接指挥他们，它还通过许多无形的线调动着另一支居住在大城市和散居在农村的家庭工人大军。"①在这里，马克思将"居住在大城市和散居在农村的家庭工人"与"工厂工人""手工工场工人""手工业工人"作为并列概念来提，并没有说分散的家庭手工工人就是工场工人的一部分。在研究服装手工工场时，他说："这些手工工场又允许分散的手工业生产和家庭生产作为自己的广阔基础与自己一起并存下去。"②如果马克思将那些分散的生产作为"手工工场"的一种形式，当然不会说它们将"与自己一起并存下去。"可见，分散的生产组织方式在马克思看来是属于"手工工场"之外的另类。

马克思定义的"手工工场"一定是集中的生产组织而非分散的，这一点也可在马克思有关现代大工业形成的理论中找到逻辑依据。马克思从古典经济学家那里获得了诸多思想灵感，劳动分工促进生产力进步的观点便是其中之一。他将"人数较多的工人在同一时间、同一空间（或者说同一劳动场所），为了生产同种商品，在同一资本家的指挥下工作"，视为"资本主义生产的起点"。因为只有在这里，分工和协作才能充分发生，才能促进生产力进步，所以"这种生产力本身必然是集体力"。③现代大工业就是使用机器的工厂，它与"手工工场"最大的不同就是以机器生产代替了手工生产，最大的相同就是都是集中生产。这样，"现代工场手工业"就为现代大工业做好了准备。他要表述的就是从早期的集中到现代的集中的逻辑链条，只有集中生产才能促进分工、提高生产率，而集中且机器的生产则能更进一步地提高生产率，从而创造更多的相对

---

① 《资本论》第一卷，第531页。
② 同上书，第542页。
③ 同上书，第374、378页。

剩余价值。生产力的提高是创造相对剩余价值源泉，相对剩余价值才是资本主义生产追求的最重要目标。在相关论述上，马克思用三个连续的章节清楚地表达了这种逻辑性，即"协作""分工和工场手工业""机器和大工业"。而分散的家庭生产，无论是独立的还是受雇于资本家的都不可能保证有充分的分工和协作，当然也就与生产力进步无缘，从而不可能成为他所说的"资本主义生产的起点"，也就不存在导向现代大工业的逻辑。因此，从他的理论逻辑上，马克思也自然要将那些分散组织的生产排除在"工场"之外。而如果按照苏联式"手工工场"定义，这个逻辑就变成了以分散为主（也包括小比例的集中）的形式到集中的形式。马克思设计的通过集中的生产促进分工，从而提高生产力的"资本主义生产的起点"就消失了。

故而，无论从对马克思文本的解读上，还是从对马克思理论逻辑的分析上都可确定无疑地认为，苏联式"手工工场"篡改了马克思的本意。苏联史学一向以马克思主义正统自居，但现实中却经常为了达到某些目的而改变马克思有关概念和理论的内涵，在"手工工场"这个问题上也不例外。毫无疑问，苏联体系中的"手工工场"概念的确源于马克思，但苏联之"手工工场"又绝非马克思所指之物。在此，苏联史学再次偷换了马克思的概念。为了避免错读历史，在使用"手工工场"概念时我们应该回归马克思的本意。因此，这里我们并不把乡村的外放包工制生产视为手工工场的组织形式，且按照马克思的定义它根本也不是手工工场。

纺织业在佛兰德尔的乡村日渐兴盛。亚麻纺织业的生产单位都很小，农民就是纺织者，家庭成员共同参与，居住的房舍就是生产车间。农民会将自己的小块土地用来种植亚麻，自产部分原料。土地面积大多不会太大，大部分在1至5公顷之间。亚麻原料并不总是能够自给自足，有时需要从外地输入。大多数纺织工都是小生产者，凭借自有资本独立进行生产。也有大农场主种植大面积的亚麻，自己仅从事纺纱工序的生产，而将织布工序外包。[①] 虽然生产者大多是独立的，但他们在整个亚麻产业结构中处于下层。外放包工商占据了生产结构的顶端，他们享有市场特权、控制限制原材料输出、控制生产与产品的销售。

莱顿的纺织业从16世纪末开始不断扩张，同时该城的人口也持续增长。1600年莱顿的各类纺织品总量超过5.8万件，1620年达到10万件，17世纪20年代平均每年的产量有11万件，1664年达到14.5万件。但从17世纪70年代到18世纪末，莱顿纺织业的产量持续下降。1800年左右年产量仅有3万件。古特曼认为，莱顿没有行会，城市对行业的管制并不太严格，也比较灵活。商人可以将纺纱和织布工序送到乡村或更小的城镇进行，因为那里工资低。17世纪中期开始在列日和林堡公爵领（the duchy of Limburg）附近形成了强大的商人群体，到17世纪末生产不再依附于莱顿，韦尔维耶的商人已完全能自主行事。这些变化带来了乡村工业对经济的长期贡献，但对城镇却是一种危机。[②] 18世纪末，在东佛兰德尔南部农村存在大量从事某种家庭工业的农民。尤其亚麻布制造在这里得到了大力发展，为众多村民提供了副业。莱德（Lede）村位于根特东南方向，大约20公里处。居住在莱德村的650个家庭中，一半以上家庭拥有织布机，约四分之三的家庭拥有加工亚麻的工具，不少于80%的家庭拥有一架或多架纺纱机。一些妇女还受雇于花边加工业。可以说差不多所有的农民都兼职从事工业生产。[③]

在尼德兰的纺织品生产中，商业资本占据了显著位置。外放包工商在原料、半成品、成品的流通上有相当大的控制权，且由此获得了高额的利润。这一点从未漂白亚麻的销售价格与主要生产成本

[①]　Bas van Bavel, "Early Proto-Industrialization in the Low Countries? The Importance and Nature of Market-oriented Non-agricultural Activities on the Countryside in Flanders and Holland", *Revue Belge de Philologie et d'Histoire*, Vol. 81, No.4 (Apr., 2003), p. 1145.

[②]　Myron P. Gutmann, *Toward the Modern Economy: Early Industry in Europe 1500-1800*, pp. 86-87, 95.

[③]　Bas van Bavel, "Early Proto-Industrialization in the Low Countries?" p. 1109.

之间的差额便可看出。在16世纪初两者之间的差距为20%到25%，16世纪中期约为30%到35%。[①] 直到17世纪尼德兰的纺织品生产都利润可观。尽管大商人是主要的受益者，但乡村纺织工人和家庭也由此增加了收入。

18世纪末，法国埃纳省和北部省（Nord）的一些地区亚麻布料纺织已经遍布各地。在埃纳省圣康坦镇周围有350个村庄都从事此业，雇用了大约15万人。在里尔，商人未能阻止邻近小型生产中心的发展。鲁贝在18世纪人口增长很快，从大约4 500人增加到12 000人，增加了约1.7倍。在诺曼底的鲁昂市周边大约40英里的范围内，从事亚麻布生产的有近20万名纺织工。埃尔伯夫（Elbeuf）位于塞纳河下游，是一座约有5 500人的小城。该城的制造商在附近的村庄里寻找人手，雇用村里人为自己织布。[②] 尽管学界一些关于法国原工业化的著作强调了城镇在现代工业化发展中扮演的重要角色，但也有一些学者认为，城市法规的等级制度阻碍了工业的发展。瓦尔迪在研究瓦朗谢讷和圣康坦周围康布雷西（Cambrésis）地区蒙蒂尼村（Montigny）时发现，18世纪后期当地已呈现一派工业生产的景象。城市商人到这里寻找生产者为自己生产。同时乡村织工一方面受雇于商人，另一方面也有一定的独立性。他们也将自己生产的布料出售给城镇或本地中介商。[③] 在雷宁对圣艾蒂安（St. Etienne）南部马勒（Marlhes）农民的研究中也可以找到这种外向型、更加灵活的农村社会。当地农民乐于从事手工业生产，因为这是增加收入的重要手段。这种亦工亦农的生产形式在农村很常见，持续了几个世纪之久。[④] 原工业化最有可能发生在城市和农村需求相互补充的

[①]　Bas van Bavel, "Early Proto-Industrialization in the Low Countries?" p. 1147.

[②]　Gwynne Lewis, "Proto-Industrialization in France", *The Economic History Review*, New Series, Vol. 47, No. 1（Feb., 1994）, p. 152.

[③]　Liana Vardi, *The Land and The Loom: Peasants and Profit in Northern France 1680-1800*, Durham: Duke University Press, 1993, p. 229.

[④]　James Lehning, *Peasants of Marlhes*, Carolina: The University of North Carolina Press, 1980, p. 172.

地方。值得注意的是，最近关于法国乡村工业的研究，重新审视了激活原工业化的源头——包买商，或称委托人。古利克森提到，在鲁昂东北部的科（Caux）地区，提供原材料与包销制成品的布料商往往决定了原工业生产的地点。① 这些企业家是城镇与乡村的联系人，提供了乡村工业的启动资金和原材料，他们与市场联系密切，是原工业化的先锋，在这一时期起了决定性的作用。

亚琛和哈瑟尔特（Hasselt）这两个城镇的羊毛纺织业在16世纪早期越来越难与英格兰的毛纺织品竞争，日趋衰落。这与这两个城镇的行业受行会控制有关，控制之下生产很难适应当时的新经济环境。而列日附近韦尔维耶等地的羊毛纺织业在16世纪却日渐繁荣。韦尔维耶在15世纪初时只有四五个漂绒坊，16世纪前期已增长到十五六个。该地纺织业的繁荣一直持续到19世纪。与前两者不同的是，韦尔维耶不是城镇而是村庄。它没有行会组织，不受旧规则的约束。该地到1569年只有300座房舍，1 200至1 500人。② 古特曼认为，这一地区工业的发展除了与附近煤铁资源和技术优势有一定关系外，更重要的是当地农业变化所产生的结果。16、17世纪这里传统的耕作农业逐步转变为生产畜牧产品，养牛和生产奶油、奶酪等。与农业相比，畜牧业需要比较少的劳动力，妇女、孩子、老人就能胜任。这使得工人更多地从事各类的工业生产，农工兼营，以补充家庭收入。这种产业转型促进了当地工业的发展。③ 1800年左右，德意志西部和南部地区乡村手工业的发展与城市紧密相关。城市越多的地方，乡村中的手工业者越多；城市越少，则城市的垄断性越强。铁匠、马车制造者、裁缝和磨坊主广泛分布于乡村。

西班牙的加泰罗尼亚地区在欧洲的工业生产中并不占有突出的地位，但到18世纪这里的乡村工业也得到了发展。加泰罗尼亚的伊

① Gay Gullickson, *Spinners and Weavers*, Cambridge: Cambridge University Press, 2002, p. 67.
② Myron P. Gutmann, *Toward the Modern Economy: Early Industry in Europe 1500-1800*, pp. 63-65.
③ Ibid., pp. 67-72.

瓜拉达（Igualada）是一个小镇，位于巴塞罗那以西60公里处。当地的布料织造商在18世纪早期开始为卡斯蒂利亚的市场生产呢绒布料。17世纪末伊瓜拉达的年产量只有大约300匹，但到18世纪60年代产量已达到每年1 750匹。该地成为加泰罗尼亚最大的呢绒制造镇。到18世纪80年代，棉花迅速被引入该地并取代了羊毛生产。[①]伊瓜拉达具备欧洲其他地区的一些特征，城镇是纺织品交易的中心，周边乡村是生产地。那里的乡村土地贫瘠、人口多，仅靠农业生产难以糊口。劳动的低成本是包工商在这里投资的一个原因。

采矿和冶金企业经常采用合伙制，因为所需资本巨大。投资资本分为诸多份额，但未必与投资的人数相一致。一份投资也可能由于出售或继承而被再拆分。许多合伙关系都维持着其非公开的特点，明文规定要向至少一位合作伙伴提供收购机会后才可出售自己的份额。另一些企业则允许按照合伙人的意愿自由交易股份。由于资本份额的交易，投资人可能越来越多。投资人和管理之间的关系变得复杂，有些投资者由代理人负责经营。结果，即使投资人比较多，实际的经营也常集中于少数人之手，尽管名义上合伙人都参与管理。在英格兰，投资者的责任可能是无限的，也可能只限于特定的投资额，类似于向企业提供一笔贷款。在法国，形式则复杂一些，有三种主要的形式：一是投资人负有完全责任；二是不参与管理的投资人所负责任仅限于其投资额；三是只负有限责任的，类似于有限公司式的组织。[②]布特指出，英格兰的采矿业向私人企业开放，不受政府控制和规定的束缚，这一点非常重要。英格兰的君主没有大陆那样的工业控制权。而在欧洲大陆，政府对大多数采矿区的束缚很普遍。16世纪初，大陆的采矿控制达到顶点，越来越多的官方机构建立，权力越来越广，私人企业遭到扼杀和压制。这种情况直到18

---

① Julie Marfany, "Is it Still Helpful to Talk about Proto-industrialization? Some Suggestions from a Catalan Case Study", *The Economic History Review,* Vol. 63, No. 4 (Nov., 2010), pp. 946-947.

② E. E. Rich and C.H. Wilson, eds., *The Cambridge Economic History of Europe*, Vol. V, p.433.

世纪后期才在法国改变。[①] 有色金属采矿业的兴衰与欧洲君主制的差异有很大关系，17世纪大陆的这一工业开始衰落，而英格兰却逐步兴旺。

三、民族国家之下的工业生产与市场

随着中世纪的结束，欧洲开始摆脱混乱的政治状态，但这一变化过程并不是一蹴而就的。同时，欧洲经济发展仍是缓慢的。按照《剑桥欧洲经济史》的基本判断，此时的欧洲没有技术进步，资本组织的根本性转变，以及劳动力职业分布上的巨变，因而也就没有经济体系的变革。但总体上18世纪中期比起15世纪中期，欧洲人口和产出都增加了，更加富裕了。[②] 如果将先前所说的英国采矿业、荷兰造船业或各国纺织业产量的增长集中起来一起观察，很有可能将16、17世纪描绘成一个工业大发展的时代。如果是这样，就大错特错了。从1500到1700年的200年间，欧洲经济仍是以农业为主，从经济结构上看仍是标准的农业社会，农业产业占有了大部分的劳动力和资本。工业产业有所发展，但缓慢，有些地方甚至基本没有太大变化。欧洲经济并不平衡，其中有些地方已经开始显出不同。从14世纪晚期到17世纪，任何领域都不存在持续的经济增长时期。但增长出现在17世纪后期是可以确定的。英国在1700年的人均产出已经超过当今最穷的发展中国家。[③]

中世纪晚期到近代早期，民族国家产生是欧洲重要的政治现象。同时，在民族国家尚未显露形迹的地方，也有其他形式的国家，如意大利半岛的城市国家。无论哪一种形式的国家都未曾完全置身于经济运行之外，都与各方经济利益有关。

---

① Roger Burt, "The Transformation of the Non-Ferrous Metals Industries in the Seventeenth and Eighteenth Centuries", p. 25.

② E. E. Rich and C.H. Wilson, eds., *The Cambridge Economic History of Europe*, Vol. V, p. 394.

③ Roderick Floud, Hane Humphries and Paul Johnson, eds., *The Cambridge Economic History Modern Britain*, Vol. I, p. 16.

意大利许多城市当局为吸引外地丝织工匠移居本地，向移民提供多种特权。最常见的措施是允许他们延长偿债期限，有的甚至免除债务。教宗不仅会免除债务，甚至还免除某些原罪。1589年教宗西斯笃五世（Sixtus V）发布谕令，其他城市的丝织工匠尽管曾发誓不外迁，但如果他们移居罗马的话，就不受其所立誓言的约束。有些市政当局为了吸引工匠，甚至对刑事罪行予以豁免。1478年和1483年，那不勒斯两度颁布法令，丝纺织匠、丝织师傅、帮工只要移居本城并在行会登记，就对那不勒斯王国之外的民事或刑事案件免于起诉。技术移民经常可以获得市民身份。有时对于最先引进丝纺织技术到本城的人，市政当局会准予其建立单独的组织机构并负责管理，有权以一审法庭的资格裁判成员间的争议。免除市政税和劳役也是重要的特权。对于用于生产的各类原材料还可以免除或部分免除关税和通行税，外销成品也可以免税。有些城市政府向迁入的丝织工匠提供居住和生产的房舍。1593年，比萨（Pisa）市政当局将30多座房子腾出来给即将到来的丝织工匠，而这些房子原本是分配给妓女的。房子进行了重新改造，增加了窗户、加固了墙壁、增高了屋顶，使屋子更明亮更适合架设织布机。教宗西斯笃五世在罗马自己的地产上也曾建设店铺用于纺纱和织丝绸。1589年将这些房产租给工匠。当吸引外地技术有困难时，城市还能提供更多的优惠条件。城市会提供固定资本的支持，如纺织用的机械、房舍，甚至为工匠提供路费。[①]在城市的丝织工业建立初期，市政当局也经常授予初创者垄断权，排斥外来同业者进入，消除竞争。在与创业织工签订的合同中常会有这样的内容。这种情况在中小城镇中更为常见，如墨西拿（Messina）、都灵（Turin）、维切利（Vercelli）等。1462年费拉拉（Ferrara）迎来一群丝织工匠，授予他们五年的排他特权。这种垄断权不是永久性的，通常只在创业初期的几年里授予。此后就会允许更多的从业者进入这个行业。为了保护本地产业，城

---

① Luca Molà, *The Silk Industry of Renaissance Venice*, pp. 30-32.

市会对外来产品征收高额税，甚或禁止输入。这是这个时期各城镇政府几乎都有的行为。锡耶纳在丝织业初建时就立即对外来丝织品征收关税，目的在于防止佛罗伦萨试图占领本地市场的做法。佛罗伦萨的丝织业行会曾每六个月就资助其商人以低于成本的价格向锡耶纳销售丝绒。1457年，米兰的斯福尔扎公爵（Duke of Francesco Sforza）向织工许诺，只要他们保持80张织机的开工规模，他就禁止丝织品进口。1460年米兰的丝织业达到了这一水平，斯福尔扎公爵就实施了禁令。[1] 莫拉认为，这种政府政策具有重商主义倾向。在统治者看来，人们在奢侈品上支出了大量金钱，将致使财富外流。法王路易十一在位后不久就对输入的外域丝织品征收5%的税。1466年路易十一估计，他的臣民每年花在这上面的钱在40万到50万金斯库多（gold scudi）。结果，他决定支持本国的丝纺织业，这样做的一个重要好处是增加公共收入。[2]有许多原因导致了丝纺织工匠外迁，如欠债、破产等。城市当局极力阻止工人流失和技术输出，所用手段包括罚款、恐吓、砸毁机器等。

与政府相关的生产有可能具有很大的规模。兵器制造和造船常是如此。威尼斯政府的造船厂占地60英亩，雇工人数达一两千人，在16世纪的欧洲可谓首屈一指。法国拥有大规模的国家手工艺生产企业，高伯林（Gobelins）挂毯厂、萨沃尼利（Savonnerie）地毯厂、萨福勒（Sèvres）陶瓷厂。这些企业由私人企业家组织生产和管理，生产设备和厂房由王室提供。[3]

民族国家产生后中央政府权力明显增强，经济管制的权力开始由行会、自治城市转到国家手中。有关经济管制的法令覆盖到农业、工业、商业等诸多领域。国家经济管制的目的主要有四个方面：一、维护社会稳定，保障民众的基本生活利益。二、鼓励和管理国内的

① Luca Molà, *The Silk Industry of Renaissance Venice*, p. 33.
② Ibid., pp. 34-36, 42-46.
③ E. E. Rich and C.H. Wilson, eds., *The Cambridge Economic History of Europe*, Vol. V, p.429.

工商业活动，支持有利于增加国家财富和实力的海外贸易。三、维护市场秩序，为市场交易规定"正当"的价格。四、增加政府和国王的收入。最后一点尤为重要，它往往渗透在许多管制政策之中。政府管制的思想基础大致有三个方面：一是家长制的理念，政府像家长对孩子负有关爱责任一样，有责任关爱自己的百姓，关爱百姓就是要保护他们使之免受疾苦。因此对百姓的生活、劳作、生老病死等事事都要管。二是受当时流行的重商主义思想影响，这种思想主要在对海外贸易的管制中表现出来。三是要增加政府的收入。在具体的管制政策中这些目的和思想往往是相互交织的，一项管制法律可能包含多种目的和支配思想。

在法国，科尔贝（Jean-Baptiste Colbert）推行特权来鼓励城市工业发展。他授予王室制造业大量排他性特权，授予进行海外贸易的公司特许状，授予发明人和创业者特权以支持工业生产，也支持行会特权。科尔贝将行会检查视为规范生产程序的有效手段。行会监督生产者、管理工人、训练学徒，有利于保证商品质量。从1664到1683年，科尔贝对法国经济管理握有大权。行会数量在一些城市大幅增加。巴黎1657年有60个行会团体，1674年已达到114个；第戎（Dijon）新授权了12个行会；马恩河畔沙隆（Châlons-sur-Marne）11个；雷恩（Rennes）9个；里昂、普瓦提埃、图尔（Tours）各8个。在普瓦图（Poitou）省，科尔贝强制要求在157个城市和大村庄建立布商和染布商行会。但在另一些地方行会增加不多，如波尔多、亚眠、卡尔卡松（Carcassonne）、鲁昂等地只增加了几个，甚至更少。但应该看到，很多行会特权是授予那些新行业的。[①]科尔贝的工业政策包括鼓励新工业和为现有工业建立标准。他认为外国所使用的生产方法和程序也可以在法国确立，法国应少依赖进口而多自产。他利用国家权力建立了大量新工业，并资助处

[①]　Jeff Horn, *Economic Development in Early Modern France: The Privilege of Liberty, 1650-1820*, pp. 39-41.

于新生阶段的产业，以关税为保护手段。制定的规则包括生产技术规则、店铺规则、管理规则。工资劳动者要接受大量的管制条款，工作的纪律要求、不允许集体协商雇佣条件、强迫工人接受现有状况。[①]

法国王家商务会（Conseil Royal de Commerce de France, the Council of Royal Commerce of France）建立于1700年，1722年更名为商务局。在18世纪法国的经济政策制定上发挥了重大作用，该机构一直存续到大革命。创立人是路易·德蓬查特兰（Louis de Pontchartrain）。商务会的目标有两个，一是整合全国的商业和制造业政策，二是从成功商人那里获得经济政策建议。[②]这个机构的建立完全出自国家制定政策的意愿，而非商业阶层的要求。科尔贝时期已经建立了制造业的监察员制度，但管理上并不太成功。商务会在1704年将这一体制置于自身的管理之下。监察员每两年要提交报告，负责指定区域内的工业生产，视察当地工匠的工作。商务会从监察员处收集经济信息，以及有关建议。由于商人代表参与商务会咨询工作，使商人与王室大臣有机会建立个人关系。商人代表与本地商界关系密切，通过商人代表，地方商业利益有机会得到表达。西班牙王位继承战争期间，商务会开始就贸易问题向王室提出政策建议。如禁止荷兰商船将商品输入到法国，除非有特许。商务会初期主要关注商业活动，对制造业关注较少。从18世纪20年代开始，对制造业关注的越来越多。[③]

法国王室还资助和特许建立大规模的企业，生产某些特色产品或奢侈品。18世纪初，一位在法国旅行的英国人记述了路易十四特许的羊毛制造厂。这座工厂位于法国皮卡第的阿巴维

---

① Abbott Payson Usher, "Colbert and Governmental Control of Industry in Seventeenth Century France", *The Review of Economics and Statistics*, Vol. 16, No. 11 (Nov., 1934), p. 238.

② David Kammerling Smith, "Structuring Politics in Early Eighteenth-Century France: The Political Innovations of the French Council Commerce", *The Journal of Modern History*, Vol. 74, No. 3(Sep., 2002), pp. 496, 498.

③ Ibid., pp. 501-516.

尔（Abbaville）。路易十六垫付了4万里弗尔给一个名叫范罗比斯（Mynheer Van Robis）的荷兰人开办宽幅呢绒厂：

> 工厂目前由三位专利持有人经营，他们都是老范罗比的侄子。……只生产上好的宽幅呢绒，只用西班牙羊毛。工厂开设之处是一个很大很好的地方，一条可航运河流环绕并紧邻它。圣瓦洛里（St. Valory）是当地一个小海港城镇，河流位于其上游不到10英里。他们经营着除缩绒和纺毛纱之外的所有呢绒面料业分支。工厂有108架宽幅织绒机，这里雇用男女工人和童工大约600人。工人们进行羊毛分拣、缠线、上经线、织布料、剪绒、锁边、染色、结绒、理绒、接绒、熨绒、成匹等。这600人管理秩序良好。击鼓为号，他们都来上班、下班。该地是作坊所在，在入口大门处有两名看门人或门房，如果有外人来看不同的办公室和作坊，一位看门人就与他们一起并为他们指示属于该精良制造厂的各部门，像英格兰的各行业一样，这样做并不要钱。如果有任何工人喝醉了或违规，他所属的部门工头就让他停工，停工时间按照工头的意愿不超过一个月。每个不同的经营部门有一个工头，他们在各方面都像真正的老板和货主。[1]

17世纪末到18世纪，法国在政府支持企业生产方面最为突出。王室和特权制造业能获得贷款和补贴、垄断、免税以及生产特权。1750年王室平板玻璃公司可算得上是当时世界上最大的工厂之一，雇工约有1 000人，销售额超过100万里弗尔。[2]

15世纪40年代，英国政府主要实行贸易保护政策，限制羊毛出

---

[1] A Manufacturer of Northamptonshire, *Observation on British Wool and the Manufacturing of it in this Kingdom*, pp. 18-19.

[2] E. E. Rich and C.H. Wilson, eds., *The Cambridge Economic History of Europe*, Vol. V, p.430.

口和羊毛制品进口，以此来鼓励本国呢绒业和拓展其海外贸易。都铎王朝建立后，面对城市和乡村呢绒业的兴衰变迁，统治者们既希望通过用政策支持城市的毛纺织业恢复繁荣，同时加强对乡村工业生产的监管。

都铎王室就授予了大量专利垄断，到伊丽莎白女王统治末期很少有产品没有垄断专利了。1611年解散议会后，"垄断很快变成了国家的必需之事"。① 一些法律用来维护生产秩序，也就是生产的垄断。1555年的《织工法令》规定：

> 没有居住在特许市场城镇或自治城镇之外的羊毛织工，能够……在任何时候拥有或占有两台以上的羊毛织机。……织工不得拥有缩绒坊。……缩绒匠或漂洗匠不得拥有织机。②

1563年颁布的《工匠法》是一项对相应的劳动市场实施全面管制的法律。主要涉及如下几方面：

> II.在前述九月的最后一天以后，在任何行业，没有人可以被雇用、临时雇用或受雇工作少于一年的时间，……
> III.每个未婚的人以及每个其他的、年龄在30岁以下的人，……如果他没有年值40先令……的土地，也没有价值10英镑的自己的财物，……没有被……上述的任何技术行业的人雇用过，……也没有在一个近处的农场……劳动，（这样的人）应该……按照本法令的要旨被雇用并且不应该拒绝此后提及的痛苦的和惩罚性的工作。……
> XI.……治安法官……有权……评估和指定……上述各类工匠的工资。……

---

① George Unwin, *Gilds and Companies of London*, pp. 299-300, 306.

② "An Act Touching Weavers, (2 & 3 Philip and Mary, c. 11, 1555)", *Statutes of the Realm*, Vol. IV, Part I, Buffalo, N.Y.: William S. Hein. & Co., Inc., 1993, pp.286-287.

XV.在干草或谷物的收获时节，假如治安法官……需要，可以促使所有这样的工匠和所遇到的人……去收割，……上述人等没有人应该拒绝这么做。①

戴维斯将1563年的《工匠法》总结为"维持一个稳定的农业社会的目的非常明显"。②该法主要希望通过规范雇佣劳动合同、管理工资、规范学徒制来达到协调物价和工资的目的。

1651年的《航海法》目的在于排斥荷兰的海上竞争，由英格兰垄断殖民地贸易。在殖民地贸易中，北美大陆和西印度群岛向英格兰输出鱼、木材、烟草、糖、棉等农产品，英格兰则向这些地方出口工业制成品和劳动力。英格兰输出的劳动力包括欧洲人和非洲奴隶。《航海法》之下的殖民地贸易与以往的贸易垄断不同，是向全体英格兰人开放的。1686年伦敦港的账册记录有1 800位商人从事殖民地贸易，而当时伦敦有记录的商人为1 953位。伦敦商人普遍参与到殖民地贸易中。不过，大部分商人参与程度有限。1886年60%的出口商的货值不到50英镑，40%的进口商也处于这个水平。记录也同时反映出殖民地贸易比较集中于少数大商人，出口货值超过1 000英镑的商人，以北美为目的地的有19位，西印度群岛的有22位，其中个别商人出口货值在5 000英镑以上。进口货值超过5 000英镑的商人，以北美为来源地的有7位，以西印度群岛为来源地的28位。③

17世纪欧洲各地对于素棉布（Calico）的态度差别很大。英格兰由于毛纺织业和丝织业的反对，政府从1685年开始对印度素棉布强行征税，1700年禁止进口印花棉布，1721年干脆禁止购买、销售和穿着印花棉布。由于印花亚麻布和麻棉混纺布未受禁止，还受

① "An Act Touching Divers Orders for Artificers, Labourers, Servants of Husbandry and Apprentices(5 Eliz. c. iv., 1563)", *Statutes of the Realm*, Vol. IV, Part I, pp.414-419.

② Margaret Gay Davies, *The Enforcement of English Apprenticeship: A Study in Applied Mercantilism,1563-1642*, Cambridge, Massachusetts: Harvard University Press, 1956, p. 5.

③ Nuala Zahedieh, "Making Mercantilism Work: London Merchants and Atlantic Trade in the Seventeenth Century", *Transactions of the Royal Historical Society*, Vol. 9 (1999), p. 146.

到保护，所以英国的棉纺织工业得到了发展空间。对印花棉布态度最为开放和自由的地方是阿姆斯特丹，其次是一些德意志和瑞士城镇，如不来梅（Bremen）、法兰克福、汉堡（Hamburg）、新堡（Neuchâtel）、洛桑（Lausanne）、日内瓦（Geneva）、巴塞尔（Basel）。这些地方不仅进口棉布，而且生产和印制棉布。瑞士还由于法国新教徒的进入，带来了技术和人员。法国出于保护自身纺织业的考虑，对印花棉布采取了严厉的禁止措施，从17世纪后期到18世纪中期禁止进口和国内生产印花布。法国的禁令实施最为有效，结果棉纺织工业没能发展起来。[①]

17世纪后期西班牙就开始进口印花棉布，来源地可能是马赛、英格兰和荷兰。印花棉布的输入对本地纺织业构成竞争，《乌特勒支和约》（the Peace of Utrecht）之后，西班牙政府开始针对进口纺织品制定限制政策。1717年禁止在西班牙进口和销售来自亚洲的丝绸等纺织品。西班牙波旁王朝的经济政策受到法国科尔贝经济政策的影响，试图保护本国纺织业的利益。1728年禁止进口欧洲生产的棉布，而此前从英格兰和荷兰进口的棉布数量很大。18世纪时，这种工业保护政策经常摇摆不定，时而禁止进口，时而改为征收高额关税。[②]1728年开始，巴塞罗那已经出现素棉布的生产，商人从国外引进工匠，进行棉布印花。一开始，棉布业并未得到政府的支持，但从18世纪40年代到60年代，政府开始向一些生产企业授予特权。商人要求王室授予特许权，双方就特许内容谈判。这说明双方对特权和垄断都有需要。王室希望发展本国的制造业，商人需要保护、避免竞争。王室特许权经常鼓励雇用外国工人，引进新技术。特权涉及多方面内容，包括许可购买地产用于建立制造厂，保护该行业附近所需的资源，不受行会限制而销售成品，准予进口某些原本禁

① J. K. J. Thomson, "State Intervention in the Catalan Calico-Printing Industry in the Eighteenth Century", in Maxine Berg, ed., *Markets and Manufacture in Early Industrial Europe*, London: Routlege, 1991, pp. 60-64.

② Ibid., pp. 64-70.

止的原材料。此外，还可能有一些法律上的豁免权。1754年巴塞罗那的印花棉布制造企业有11家，劳动力1 364人。1784年企业增加到80家，劳动力8 638人。这个产业规模当时在欧洲已算比较高的了。[①]

18世纪早期，哈辛托·埃斯特瓦（Jacinto Esteva）是巴塞罗那最早从事棉布生产的制造商。他的生产包括织布、印染和漂白，所有生产工序实际上都是在乡村完成的。他将织布工序外包给织工，在城外租了些小屋进行印染和漂白。另一位商人安东尼奥·塞拉（Antonio Serra）将印染分包给独立的工匠，织布和漂洗集中到自己的工坊中进行。这种状况下生产所需投资不多。为了获得王室的特许状，早期的制造商会进行生产设施和厂房的投资，因为王室乐于向集中生产的商人提供特权。多数早期的投资人都是批发商，通常能做各种生意。[②]汤普森认为："素棉布印染工业引入到西班牙正是如下的一个时期，国家对经济的政策和活动正在增加，而另一方面经济管理远未组织良好。"但他也强调，国家政策的作用在棉布印染和制造工业的早期发展上起到了很重要的作用。[③]

这一时期，欧洲大陆上出现了一些庞大的海上帝国，它们竭力称霸海上，欧洲也被分成相互敌对的、互相争夺优势的宗教阵营。在1500至1700年间，战争的规模大大升级了，这一点仅从陆、海军的规模便可得知；另外，战争变得更为复杂了，结果是为生产武器装备与修筑工事耗费了大量资源。为了修筑坚不可摧的防御工事，为了建造海军码头、兵工厂与大炮铸造厂，为了从私人制造商那儿购买船只、军用物资与火药，政府曾花费了大量的金钱，这一点是很少有人疑问的。可想而知，军火商与武器制造商因此大发横财。比如，法国的军火商图尔·德·达利兹，科尔贝就是依靠他改造了法国的陆海军。[④]近代早期的欧洲战事频仍，火枪之类的新型武器得

---

① J. K. J. Thomson, "State Intervention in the Catalan Calico-Printing Industry in the Eighteenth Century", pp. 70-75.

② Ibid., pp. 76-81.

③ Ibid., pp. 80, 82.

④ 〔意〕卡洛·奇波拉：《欧洲经济史》第二卷，贝昱、张菁译，第334页。

到发展，总有一些商人抓住这样的机会盈利。

一个多世纪以来，荷兰作为欧洲最先进和最成功的商业经济之所，一直受到各国羡慕，尤其是英国人和法国人。荷兰参与海外贸易是由其地理位置和历史传统决定的。它在中世纪便从事捕鱼、造船和海上货物运输等活动。几个世纪以来，来自荷兰所有沿海省份的商人利用他们有利的位置和港口，利用他们在捕鱼和造船方面的技能，在欧洲的原工业生产区进行融资、加工、包装、仓储、运输、交换和制造。他们的海上、内河和公路商业网络涵盖了地中海、中欧和西北欧之间的交流，以及波罗的海附近国家的海运交通。[①]《十二年停战协定》允许联省共和国封锁船只通往安特卫普港的必经之路斯海尔德河口，荷兰的阿姆斯特丹便开始取代安特卫普成为经济枢纽。荷兰东印度公司 (Verenigde Oostindische Compagnie, VOC) 1602年通过特许状和公共集资成立。它对好望角以东和麦哲伦海峡以西的所有贸易拥有垄断权。在很长一段时间里，荷兰东印度公司是世界上最大的商业企业。荷兰西印度公司 (West-Indische Compagnie, WIC) 成立于1621年，获得了西半球部分的贸易垄断权。这两个公司的活动和利润是荷兰得以繁荣和进入黄金时代的重要因素。

[①] Patrick O'Brien, "Mercantilism and Imperialism in the Rise and Decline of the Dutch and British Economies 1585-1815", in *De Economist,* Vol. 148, No.4 (2000), p.480.

第二编　工业化的起源、观念与扩展
（1750—1900年）

第四章　欧洲工业化的条件与原因

一、早期的历史分析和争论

英国工业革命的原因一直是学术界不断追逐的目标，近年来新的观点亦层出不穷。作为人类历史上最重要的经济转变，工业革命原因的解释受经济学理论的影响非常显著。20世纪早期至今，经济学领域中的相关理论发展对工业革命的历史研究形成了日益广泛的影响。这些理论包括早期的现代经济增长理论，由此发展出来的新古典增长理论等。到20世纪后期又发展出内生增长理论、统合增长理论等。2005年以来，以上述理论为导向的研究著作不计其数，且已经确立了广泛的学术影响。其中，应用内生增长理论的学者关注经济因素变化引发的技术创新，应用新制度理论的强调财产权和政治制度的意义，应用统合增长理论的主张人口收入关系、人力资本投资和技术创新。

从20世纪三四十年代到"二战"后，现代经济学的一个新的理论分支开始出现，这就是发展理论或增长理论。[1]最初这种理论是关注与研究西方国家的经济增长问题，后扩展为研究发展中国家的经济增长和经济发展。新理论的出现无疑为历史学家又增添了一件新分析工具，而且其中一些观点对有关工业革命的研究产生了颇深的影响。

---

[1]　这两个概念之间存在着一些区别，但一些学者也常把它们作为相近甚至相同的概念来使用。

119

20世纪三四十年代，英国学者罗伊·哈罗德提出了一个以资本为关键因素的经济增长理论，差不多同时美国学者E. D.多马也独立提出了基本观点完全相同的理论，这样西方理论界就将他们的理论合称为哈罗德-多马增长模型。

在这个简单的模型中，投资与国民收入增量之间存在着正比例关系。也就是说当投资增长时，国民收入也将按一定比例增长，而且投资为外生变量，即国民收入的增长由投资决定。这一理论实际是将资本作为经济增长的唯一决定因素。[1]哈罗德-多马模型在理论界影响巨大，不仅成为研究发展问题的重要理论工具，而且还为研究经济史的学者所借鉴，几乎成为所有发展理论教科书必不可少的组成部分。至此，单一的资本增长理论几乎成了新古典增长理论的代表。但学术界对这一"资本第一"的增长理论也存在着质疑，海韦尔·琼斯就认为哈罗德-多马模型"似乎和实际增长中经济的经验不太吻合"。[2]

T. S.艾什顿在他1948年出版的《工业革命》中，对资本的作用提出了自己的解释，他说："工业革命是一个经济以及技术事件，它由资源数量和分配的变化构成，以及同样重要的是这些资源导向特殊目的的方式。的确，两种运动是密切相关的。如果没有发明，工业可能仍保持它的缓慢进步，即公司变得更大、贸易更广泛、劳动分工更细、交通和金融更专业化及有效，但是不会出现工业革命。另一方面，如果没有新的资源，发明也几乎不可能有任何应用。这一新资源就是储蓄的增长，同时也是将其用于工业用途的准备的增长，储蓄的增长使得不列颠去收获其天分的硕果成为可能。"[3]根据新古典经济学理论，在整体经济中储蓄恒等于投资。因此，艾什顿这里所说的"新资源"或"储蓄的增长"实际就寓意了资本的增长。

---

[1]　在该模型中哈罗德实际是假定了技术条件、边际储蓄倾向等因素不变。

[2]　〔英〕海韦尔·G.琼斯：《现代经济增长理论导引》，郭家麟等译，商务印书馆1999年版，第91页。

[3]　T. S. Ashton, *The Industrial Revolution: 1760-1830*, p. 76.

也就是说，艾什顿认为，没有足够的资本不仅发明无法得以应用，而且实际上不可能有工业革命。

20世纪40年代，埃里克·威廉姆斯提出了一个独到的解释。他认为，支持工业革命的巨额资本来源于奴隶贸易。"三角贸易给不列颠工业带来了三重刺激。……到1750年，英格兰几乎没有一个贸易或制造业城镇不以某种方式与三角或直接的殖民地贸易发生联系。由此获得的利润为英格兰的资本积累提供了一个主要来源，而这些积累成为了支持工业革命的资本。"[1]因此，奴隶贸易挣得的资本引发了工业革命，或至少是贡献颇大。E. J. 霍布斯鲍姆于20世纪60年代的著作中也对资本的作用提出了类似的观点。在他看来，18世纪的英国，资本的数量已不成问题，"既没有相对的也没有绝对的资本短缺，这个国家不仅仅是市场经济——大宗的商品和劳务在家庭以外买卖，而且在许多领域形成了单一国内市场。……因此，影响我们的工业革命起源的问题并不是经济激增的物质如何积累下来，而是它是如何被刺激起来的"。[2]对于这些资本的来源，他在另一部著作中写道："殖民贸易创造了棉工业，并继续为之提供养分。18世纪棉工业在主要的殖民贸易港口的腹地形成，如布里斯托尔、格拉斯哥，尤其是利物浦这个奴隶贸易的重要中心。这一不人道但却迅速扩张的商业的每个阶段都刺激了它。……至少部分地，非洲奴隶是用印度的棉货买来的，而且当这些供给被印度的战争或动乱打断时，兰开夏郡就可以介入了。……因而，棉工业就像一架滑翔机，由于殖民贸易的牵引而起飞了。"[3]当然，霍布斯鲍姆并不认为殖民或奴隶贸易提供了全部工业化所需的资本，但他至少认为这种方式提供了相当重要的部分，而且正是由于这部分巨大的增量，使资本存量达到了启动工业革命的要求。但埃里克·威廉姆斯的理论没有得到学

---

[1]　Eric Williams, *Capitalism and Slavery*, Richmond: University of North Carolina Press, 1944, p. 52.

[2]　E. J. Hobsbawm, *Industry and Empire*, Harmondsworth: Penguin Books, 1968, pp. 39-40.

[3]　E. J. Hobsbawm, *The Age of Revolution, 1789-1848*, p. 52.

术界大多数人的认可，弗朗索瓦·克鲁则就批评他的解释只是一种假说，缺乏事实依据，能找到的案例是极少的，不具备普遍意义。[①]尽管如此，以奴隶贸易得来的资本启动或支持工业革命的观点仍有一定的支持者。法国学者米歇尔·博德认为"资本主义是在西欧的商业金融社会内部形成的"，而其中资本起到了至关重要的作用，起初资本的积累来源于农民的剩余劳动，后来对美洲的掠夺大大加快了这一进程。西方人通过征服、掠夺、杀绝使得"未来资本主义发展的条件就具备了"。[②]威廉姆斯、霍布斯鲍姆、博德的观点的共同之处在于都认为殖民掠夺为西方的经济增长积累了必要的资本。如果我们忽略他们有关资本来源的看法的话，他们观点的本质与哈罗德增长理论具有极大的一致性，即资本的数量触发了工业革命或现代经济增长。

20世纪50年代关注现代发展研究的经济学家开始将目光投向经济史，尤其是西方工业化的历史，试图从历史中找到可供当时发展中国家借鉴的发展经验。这个时期出现的有关理论是由阿瑟·刘易斯和W. W.罗斯托分别提出的。

阿瑟·刘易斯认为影响经济增长的原因是多种的，既有经济的也有社会的，他将导致经济增长的直接原因归纳为三个：第一，厉行节约的经济活动方式；第二，知识的增进与应用；第三，"增长有赖于人均资本额与其他资源量的增加"。[③]尽管刘易斯将经济增长归结为多种因素的综合作用，但他最注重的却是资本与增长之间的逻辑关系。在1954年的著作中，他这样写道："由于经济发展的主要事实是快速的资本积累，所以储蓄和投资比例是一个核心问题。……直到我们能够解释为什么储蓄相对于国民收入而增加之时，我们才

---

① François Crouzet, ed., *Capital Formation in the Industrial Revolution*, pp. 7-8.

② 〔法〕米歇尔·博德：《资本主义史 1500—1980》，吴艾美等译，东方出版社1986年版，第3、13—14页。

③ 〔英〕阿瑟·刘易斯：《经济增长理论》，周师铭等译，商务印书馆1999年版，第7页。

能解释所有的'工业革命'（像经济史学家自称去做的）。"①他认为目前的发达国家历史上都经过一个经济发展加速的阶段，在这个阶段中"年度净投资率从5%或不到5%提高到12%或12%以上"，工业革命就是在这种情况下发生的。②从刘易斯的理论中，我们可以明显地见到哈罗德–多马增长模型的影子。

1959年W. W. 罗斯托出版了他的代表作——《经济增长的阶段》。在这部书中他对一些主要发达国家出现现代经济增长的历史作了系统的研究，并提出了迄今为止影响巨大的理论体系——经济增长阶段论。罗斯托将所有社会的经济发展历程划分为传统社会、起飞前提条件、起飞、走向成熟和大众高消费五个阶段。工业化或工业革命正是一个经济体处于从起飞到走向成熟的阶段。罗斯托的研究中大量引用了第一个工业化国家英国作为例证，他把1783—1802年的工业革命前期定为英国的经济"起飞"阶段，而把其后直到1850年定为"走向成熟"阶段。其中起飞阶段的特征是：克服了增长的阻力并使稳定的增长得以实现；促进经济进步的力量扩大到能够支配整个社会；摆脱了传统社会的经济停滞或衰退的特点；增长成为社会经济的常态。走向成熟阶段则是超越了起飞阶段的工业能力，在更广的资源范围内利用最新的技术成果来生产所需的产品。罗斯托将所有的国家分为两类，其中一类是英国、美国、澳大利亚、新西兰、加拿大等所谓"生而自由"的国家。他认为在这些国家走向现代增长的过程中，传统社会的阻力并不大，起飞只是一个技术性问题，"创造起飞的前提条件主要是一个建立社会基础资本（铁路、港口和公路）的问题"。因此，对于这些国家来说资本就成了是否能开始工业革命的决定因素，而一旦资本积累到一定的数量，投资达到一定的比例，工业革命（或"起飞"）就会在这些国家自动发生。这一资本的量就是"有效的投资率和储蓄率可能从大约占国民收入的

① W.A. Lewis, "Economic Development with Unlimited Supplies of Labour", *The Manchester School,* Vol. XXII, No. 2 (May, 1954), p. 155.

② 〔英〕阿瑟·刘易斯：《经济增长理论》，周师铭等译，第253页。

5%提高到10%或10%以上"。①英国恰恰在1780年左右达到了这一临界点,故工业革命率先出现在英国。②因刘易斯和罗斯托对于资本在工业革命中的作用有着相似的观点,故学术界有时将二者的理论并称为"刘易斯-罗斯托理论"。

罗斯托的理论相当快地就得到了一些历史学家的认同。查尔斯・希尔在其1957年出版的著作中就说:"存在一个开始英国现代经济增长的'起飞'。……资本的良好供给是当时工业增长的一个必不可少的基础。"③ E. J.霍布斯鲍姆在他的历史分析中显然也借鉴了刘易斯-罗斯托理论,他谈道:"很明显,直到拥有了适当的资本财货的能力时,工业经济才会发展到超出某一点(指工业化的'起飞'——作者注)的程度。"④霍布斯鲍姆的"适当的资本财货",指的就是从殖民贸易或奴隶贸易得来的资本,而制造业正是依赖这些启动了工业革命的发动机。他说:"这一产业(指棉工业——作者注)的扩张可以很容易地由当前的利润提供资本,因为它所带来的广阔的市场征服和稳定的价格通胀相结合产生了难以置信的利润率。"⑤可见,从哈罗德、多马到罗斯托、刘易斯,资本核心作用的观点在众多历史学家、经济史学家的思想上打下了鲜明的印记。一位经济史学家在介绍欧洲经济史时就断言:"投资是增长过程的核心。"⑥对这种状况,R. M.哈特维尔在1965年的文章中总结为:"很大程度上,资本形成对于增长的重要性已为亚当・斯密以后的所有

---

① 〔美〕W. W.罗斯托:《经济增长的阶段:非共产党宣言》,郭熙保、王松茂译,第8—10、18、8页。

② 罗斯托认为具备起飞的前提条件同样是必不可少的,17世纪末到18世纪包括英国在内的许多西欧国家都处在为起飞创造前提条件的阶段,都有可能成为第一个实现起飞的国家,但英国在地理、自然资源、贸易机会、社会政治等方面具有其自身的独特优势,这使其最先具备了起飞的前提条件。参见〔美〕W. W. 罗斯托《经济增长的阶段:非共产党宣言》,郭熙保、王松茂译,第6、31—32页。

③ C. P. Hill, *British Economic and Social History 1700-1982*, London: Edward Arnold, 1985, pp. 22-23.

④ E. J. Hobsbawm, *The Age of Revolution, 1789-1848*, pp. 61-62.

⑤ E. J. Hobsbawm, *The Age of Revolution, 1789-1848*, p. 54.

⑥ Paul Hohenberg, *A Primer on the Economic History of Europe*, New York: Random House, 1968, p. 87.

经济学家和历史学家所接受，近来（人们）已经认为工业革命仅仅就是资本形成率的加速。"① 哈特维尔的概括表明，当时学术界受这种理论影响颇深。

　　罗斯托有关"起飞"和经济增长阶段的理论提出后，在西方学术界引起了极大的关注。1960 年在德国康斯坦茨举行的国际会议上，罗斯托的理论成为了争论焦点，对其理论模型的怀疑开始出现。1963 年罗斯托编辑出版了《从起飞进入持续增长的经济学》一书，书中汇集了当年与会的经济学家、历史学家、统计学家所撰写的十几篇论文。书中一些学者对罗斯托的论点提出了质疑。经济史学家菲丽丝·迪恩和 H.J. 哈巴库克都不同意"起飞"这一概念，并认为18 世纪的最后 20 年中投资的增长速度远没有罗斯托假设得那么快。② H. J. 哈巴库克在另外一篇文章中明确地表达了他反对资本核心作用的观点，他说："我并不认为，工业革命之首先发生在英国可以归因于他们有较雄厚的资本可以利用。"③ A. K. 凯恩克罗斯认为，在一个工业化开始时期的经济中与在一个已经实现工业化的经济中，资本所起的作用是不一样的。"资本形成的高比率通常伴随着生产率和收入的迅速增长"，但是对于工业革命时期"两者之间的因果关系是复杂的，不允许任何轻率的假设，即更多的资本形成本身就将带来生产增长的相应加速"。④ 西蒙·库兹涅茨在这次会议上同样对罗斯托

　　① R. M. Hartwell, "The Causes of the Industrial Revolution: An Essay in Methodology", p. 172.

　　② H. J. Habakkuk & Phyllis Deane, "The Take-off in Britain", in W.W. Rostow, ed., *The Economics of Take-off into Sustained Growth*, London: Macmillan, 1974, pp.63-82.

　　③〔英〕H.J.哈巴库克：《关于经济发展基本条件的历史经验》，载罗荣渠主编：《现代化——理论与历史经验的再探讨》，上海译文出版社1993年版，第197页。另注：哈巴库克对工业革命的观点基本上倾向于"商业论"，他认为："英国商业，无论内外贸易，都大大得益于地理环境，较之大陆国家更少受到破坏性的战争、动乱和政局不稳的阻碍；经济机制在英国比在其他国家运转得更有效率，英国经济在工业大变革前的一个世纪中能比其他国家在总体上具有更大的势头，其关键性的原因盖出于此。再提一个原因，就是在英国，国家政策和社会制度对任何给定范围内经济机会的利用，其所设的障碍，都比其他国家小得多。"（罗荣渠主编：《现代化——理论与历史经验的再探讨》，第194—195页）

　　④ A. K. Cairncross, "Capital Formation in the Take-off", in W.W. Rostow, ed., *The Economics of Take-off into Sustained Growth*, p. 244.

的理论提出了尖锐的批评，他不仅对"起飞"阶段的投资率和国民收入出现急剧增长的特征表示怀疑，而且也不同意罗斯托关于经济增长阶段的划分。[①]后来，库兹涅茨在对19至20世纪的多个国家的经济发展状况进行研究后得出结论，认为经济增长主要不是由于资本和劳动的投入决定的，而是由生产率的提高决定的。[②]

20世纪60年代，针对刘易斯－罗斯托理论，英国经济史学界展开了更为深入的研究。菲丽丝·迪恩1961年的文章再度对该观点提出了质疑，她说："无论如何，已经足以显示资本形成和经济增长之间的关系既不简单也不直接。如果二者之间存在着系统关系的话，也明显是一种复杂的关系。假设资本存量与其增长率是一国进步率的关键决定因素的论点，似乎已不再值得称赞。"[③]迪恩认为，工业革命是技术进步、社会与制度的承袭、外部的经济状况以及资本投资等多种因素共同作用的结果。迪恩的统计估算表明，18世纪中期英国的可再生资本存量的确有所增加，但到18世纪80年代早期资本形成率也最多占到国民收入的5%到6%，19世纪初可能达到7%。[④]这一研究成果明显与罗斯托的假设相悖，如此，工业革命开始前投资就已达到国民收入的5%以上的可能性几乎就不存在。其结论是："1783年到1802年间，发生在整个经济增长率、生产函数或资本形成率上的变化并不足以构成罗斯托模型所定义的起飞。"[⑤]此时，许多学者已开始就资本对工业化的决定作用表示质疑，迪恩的研究成果发表后得到了历史学界和经济学界愈来愈多的认可。一些学者开始

---

① S. Kuznets, "Notes on the Take-off", in W.W. Rostow, ed., *The Economics of Take-off into Sustained Growth*, pp. 22-45.

② 参见〔美〕西蒙·库兹涅茨《各国经济的增长》，常勋等译，商务印书馆1999年版，第351—352页。

③ Phyllis Deane, "Capital Formation in Britain before the Railway Age", in François Crouzet, ed., *Capital Formation in the Industrial Revolution*, pp. 94-95.

④ Phyllis Deane and W.A. Cole, *British Economic Growth, 1688-1959: Trends and Structure*, Cambridge: Cambridge University Press, 1969, pp. 261-263.

⑤ H. J. Habakkuk & Phyllis Deane, "The Take-off in Britain", in W.W. Rostow, ed., *The Economics of Take-off into Sustained Growth*, p. 80.

抛弃罗斯托的观点，不再将资本看作工业化的核心动力和根本原因。1965年R.M.哈特维尔就撰文质疑道："几乎没有理论或历史的理由来假设，英格兰工业革命是资本积累明显加速的结果。"[1]他认为工业革命是英国诸多因素长期变化和积累的结果，如社会态度、知识、资本、价格机制、技术变化、交通状况、产业政策等。但最终诱发工业革命的最主要因素是技术进步，他说："在产出的增长中，核心影响可以归之于1760—1800年间的工业中的重大技术突破，正是这些突破使得经济增长加速。"[2]

然而，没有争论即不成学术，同样是在20世纪60年代另一项统计研究则倾向于支持刘易斯和罗斯托的理论。西德尼·颇拉德认为迪恩统计分析所依据的材料并不可靠，因而结论是错误的。西德尼·颇拉德的统计估算表明18世纪60年代年均投资占总国民收入的6.5%，法国战争时期为8%或9%，19世纪30年代早期达到11%，[3]这一结果明显高于迪恩和科尔的估算。罗斯托把1780年作为工业革命"起飞"的开始点，颇拉德估算的1770年的投资比为6.5%，这似乎正好验证了罗斯托的假设——"在起飞时期，有效的投资率和储蓄率可能从大约占国民收入的5%提高到10%或10%以上"。[4]同时，颇拉德认为即使在18世纪60年代之前英国也已经积累了较多的资本，[5]也就是说英国已经拥有了足够的、支持工业革命的资本。但他同时认为，资本的数量并不是最重要的，最重要的是资本的形式。他说："值得注意的事情是，不是资本数量的绝对（也可能是相对的）增长，而是其构成的变化，即首次固定资本的大规模集中的出现。"[6]工业中固定资本投资主要来源于家内生产和信用体系，大量的

---

[1]　R.M. Hartwell, "The Causes of the Industrial Revolution: An Essay in Methodology", p. 173.

[2]　Ibid., p. 181.

[3]　Sidney Pollard & David W. Crossley, *The Wealth of Britain, 1085-1966,* London: B.T. Batsford Ltd, 1968, p. 182.

[4]　〔美〕W.W.罗斯托：《经济增长的阶段：非共产党宣言》，郭熙保、王松茂译，第8页。

[5]　Sidney Pollard, "Fixed Capital in the Industrial Revolution in Britain", *The Journal of Economic History*, Vol. 24, No. 3 (Sep., 1964), p. 299.

[6]　Sidney Pollard, "Fixed Capital in the Industrial Revolution in Britain", p. 299.

资源以固定资本的形式投资在工厂、机器、矿山已经成为工业化时代的特征。

弗朗索瓦·克鲁则1962年对资本所作的一项研究认为，工业中的资本来源有多种渠道，但工业自身的积累是主要方式。工业革命开始时，即使是从事工厂制生产所需的资本量也比较适度，一般几千英镑就足够。因此，他认为："工业似乎已经由其自身的资源为它的转变提供了大部分资本，这强调了工业革命的自发性，也就是在1760年左右英国业已存在的、已经是动态的和复杂的经济结构特征性的有机增长。……就资本积累的加速而言，工业革命也似乎已经是一个迅速的和连续的过程，但当开始投资运作时却是间断和相对缓慢的。其表现为一种积极的'起飞'，但是却是分阶段的而非平稳上升的，带有一些稍稍的后退。"[1]由此看来，虽然克鲁则未直接言明资本与增长之间的因果关系，但至少也是认为，在当时的经济机制中工业进步的成就是靠其自身创造的资本支持的。

支持与反对刘易斯-罗斯托理论的争论在20世纪60年代以后远未停止。N. F. R.克拉夫茨在其1977年发表的文章中对W.W.罗斯托的观点明确提出质疑，他说："我们可能试图援引这种普遍适用的'包容定律'（covering law）：'无论何时，并且只要A则B'，也就是说，A是B的一个必要且充分条件集。罗斯托的阶段论方法可以被认为是开始以这种方式作一个'定律式表述'的（大胆但不成功的）尝试。然而，以这种方式解决第一次工业革命的原因问题是不可能的，因为它是一个单一事件，并且是一个无法控制的试验的结果。"[2]对此，罗斯托于次年撰文回应，表示仍坚持他已有的理论，

---

[1] Francois Crouzet, "Capital Formation in Great Britain during the Industrial Revolution", in Francois Crouzet, ed., *Capital Formation in the Industrial Revolution*, pp. 219-220.

[2] N.F.R. Crafts, "Industrial Revolution in England and France: Some Thoughts on the Question, 'Why Was England First?'", *The Economic History Review*, Vol. 30, Issue 3 (Aug., 1977), p. 432.

并认为有充分的历史证据证明英国工业革命开始于"起飞"。①直到1990年《经济增长的阶段》第三版出版时，罗斯托承认有关这一理论的各种争论仍在继续。②

分别于1965年和1978年出版的《剑桥欧洲经济史》的第六卷和第七卷并没有将资本的作用做过多地渲染，而是采用了菲丽丝·迪恩和W.A.科尔的综合因素论作为工业革命起因的解释。③或许是因为学术界在这一问题上分歧较大，第七卷有关资本章节的作者费恩斯坦也只是说："产出增长和资本增长之间的联系程度及因果关系的性质必须要留待进一步研究。"④

二、工业化原因新解释的理论渊源

新古典增长理论在解释历史和现实问题时也遇到了不断的质疑。20世纪70年代，海韦尔·琼斯就认为哈罗德-多马模型"似乎和实际增长中经济的经验不太吻合"。⑤

新古典理论不太关注技术变革对增长的影响，而显然自工业革命开始以来技术创新又一直都是增长过程中的鲜明特征。所以，对该体系的一大质疑就集中在这一点上。内生增长理论形成于20世纪80年代中期以后，它是对早期新古典增长理论的修正和升级，而非否定。内生增长理论在技术进步方面扩展了新古典理论，考虑技术创新和投资共同引发和维持经济增长的作用。所谓内生增长，指

---

① W. W. Rostow, "No Random Walk: A Comment on 'Why Was England First?'", *The Economic History Review*, Vol. 31 Issue 4 (Nov., 1978), pp. 610-612.

② 〔美〕W. W.罗斯托：《经济增长的阶段：非共产党宣言》，郭熙保、王松茂译。参见其中的《第三版序言》和《尾声——到1990年为止争论的思考》。

③ W. A. Cole & P. Deane, "The Growth of National Incomes", in H.J. Habakkuk & M. Poston, eds., *Cambridge Economic History of Europe*, Vol. VI, Cambridge: Cambridge University Press, 1965.

④ C. H. Feinstein, "Capital Formation in Great Britain", in Peter Mathias & M. Poston, eds., *Cambridge Economic History of Europe*, Vol. VII, Part I, Cambridge: Cambridge University Press, 1978, p. 85. 费恩斯坦的个人观点明显倾向于支持罗斯托、刘易斯一派，见后文。

⑤ 〔英〕海韦尔·G.琼斯：《现代经济增长理论导引》，郭家麟等译，第91页。

的是经济增长由经济体系内部因素自身的运转所决定，这些内部因素可能包括工资、物价、市场需求、资源供给、海外贸易状况、城市化等。该理论创建者是卢卡斯（Robert Lucas）、罗默（Paul Romer）、格罗斯曼（Gene M. Grossman）和赫尔普曼（Elhanan Helpman）等。[1]内生增长理论的最新进展来自于菲利普·阿吉翁和彼得·豪伊特，他们在1998年出版了《内生增长理论》一书。他们的理论被评价是"相当完整地综述了增长理论的最新进展"[2]，也被学界称为第二代内生增长理论。按照他们的观点，资本积累和技术创新同样重要，二者相互补充，相互促进。更多的资本积累和利润可以刺激创新，更多的创新又可以刺激资本积累。缺乏任何一个因素，增长都是不可能的。[3]简而言之，阿吉翁和豪伊特主张，现代经济增长是技术创新和资本积累相互作用的结果。

技术创新的出现是由经济体内部的经济因素作用所致，这是理解内生增长理论逻辑的关键。内生增长理论发展至今已经有二十多年的时间，并对相关历史研究产生了显著影响。正如新古典理论曾被历史学家用于解释工业革命成因一样，内生增长理论也成为了这类解释的一个理论来源。该理论的历史应用都有一个基本相似的思路，即由历史上某些经济因素的变化导致技术创新，技术创新是工业革命或现代增长的根本原因。对于这一理论，此处重点介绍两例以昭示其在当今史学界和工业革命问题上的影响。

罗伯特·艾伦对工业革命原因的解释算得上是标准的内生增长理论的应用。他在《近代英国工业革命揭秘》中系统地表达了对工业革命原因的解释。2011年他又发表论文对自己的观点进行了新的集中阐释，开宗明义道："经济刺激的重要性是工业革命的一个原

---

[1] 参见〔美〕罗伯特·M.索洛：《经济增长理论：一种解说》（第二版），朱保华译，格致出版社、上海三联出版社、上海人民出版社2015年版，第135—184页。

[2] 〔美〕罗伯特·M.索洛：《经济增长理论：一种解说》（第二版），朱保华译，第185页。

[3] Philippe Aghion and Peter Howitt, *Endogenous Growth Theory*, Cambridge, Massachusetts: The MIT Press, 1998, pp. 99, 114.

因，工业革命的本质是新技术。"[1] 英国的生产者愿意更多使用煤炭燃料、少使用劳动进行生产，或者说得范围更广些，更愿意多用资本而少用劳动。由此，"带来对能源利用技术的需求"，并最终"导致了18世纪的技术突破"，最突出的代表就是蒸汽机的不断改进。[2] 出于相同的理由，纺纱机和动力纺纱技术也得到改良和发明。一场利用煤的技术革命引发了工业革命。为了更清楚地理解艾伦的解释，需要在此做一些额外的解释。按照现今的一般经济理念，任何生产都需要投入劳动和物质资源，而生产出一定数量的产品，可以选择多使用劳动、少使用物质资源的方式，也可选择少使用劳动、多使用物质资源的方式。也就是说，劳动和物质资源这两种投入可以相互替换，但都能得到想要的产量。通常情况下，当劳动工资相对于物质资源昂贵时，为降低成本，雇主就会选择少雇用工人，多使用物质资源，比如，多使用动力工具从而减少人力劳动。机器、燃料、运输工具、生产原料之类的物质资源，就是通常所说的资本。工资水平和能源价格，这两者都是经济体系内部的因素，即经济因素。由经济因素的变化引发技术变革，进而引发连续的技术进步和资本投资，现代经济增长由此造就和持续，这就是内生增长理论的逻辑。

此外，艾伦也对比了欧洲大陆的情况以证明其分析的合理性。他指出，尼德兰虽然也经历了城市的扩张，但大陆的煤储量却没有起同样的作用。因为，荷兰就近开采了泥炭作为替代性燃料，而不是获得鲁尔的煤。这样，没必要改善煤的运输技术。没有技术创新，当然就没有工业革命。如若不然，发生工业革命的就是荷兰和德意志，而不是英国。[3]

历史学家并不总是直接将标准的理论用于自己的研究，他们也

---

[1]　R. C. Allen, "Why the Industrial Revolution Was British: Commerce, Induced Invention and the Scientific Revolution", *Economic History Review*, Vol. 64, Issue 2 (May, 2011), p. 358.

[2]　Ibid., pp. 365, 359.

[3]　Ibid., p. 366.

会将理论与自己的理解相融合，创造出新的解释。E. A.里格利同样是一位蜚声史学界的学者，他于2010年出版了《能源与英国工业革命》，在工业革命原因的问题上提出了一些独到的看法。但深究其思想，就会发现内生增长理论的影响相当明显。他的观点融合了内生增长理论，是该理论的一种变体式表达。农业进步、城市化都是经济本身的内部变化，由此带来能源依赖方式的转变，再进而刺激了技术创新。最终，英国经济从长期停滞状态跨越到工业革命。这是里格利逻辑的最简单表达，那么，这种思路不属于内生增长理论，还能是什么呢？2016年，里格利最新出版了《通往持续增长之路——英国从有机经济到工业革命的转变》。在书中，里格利重复表达了他的上述了观点，仍强调"工业革命依赖于获得更巨大的能源供应的机会"。①

近年来，内生增长理论似乎在英国历史研究中特别有影响，尤其是对工业革命原因的解释上。找到更多的应用例证并不困难。罗杰·奥斯本在2013年的著作中就呈现了与艾伦、里格利相同的理论逻辑，即英国自身的内生经济因素使之从16世纪开始转向依赖煤做燃料，煤的利用导致技术创新，从而引发工业革命。②上述历史学家运用内生增长理论时都将煤作为生发点，由此讲述他们的道理。这一思路近些年在史学界显得很突出，实际上有这样想法的远不止这几位。出现这种倾向与彭慕兰《大分流》有很大关系。彭慕兰提出，英国的煤和新大陆的资源解除了土地对生产的制约，由此使英国与其他国家在19世纪分道扬镳。③彭慕兰的思路对这些学者启发很大，但他的观点却并非源自内生增长理论。从近几年发表的著述来看，

---

① E.A. Wrigley, *The Path to Sustained Growth:England's Transition from an Organic Economy to an Industrial Revolution*, Cambridge: Cambridge University Press, 2016, pp. 1-5.

② 参见〔英〕罗杰·奥斯本《钢铁、蒸汽与资本：工业革命的起源》，曹磊译，电子工业出版社2016年版。

③ 〔美〕彭慕兰：《大分流：欧洲、中国及现代世界经济的发展》，史建云译，江苏人民出版社2003年版。

内生增长理论的影响仍然风头正盛，以后很可能还会有此类有影响的作品问世。

　　20世纪六七十年代的一些关于西方经济兴起的理论值得关注，这实际上是一些更为宏观的、历时更长的历史解释理论。"商业起源论"并非20世纪60年代才出现，而是有着更早的渊源，但我们之所以从60年代谈起是因为一个系统理论的出现。我们所说的现代经济的"商业起源论"，意指将西方现代经济的兴起归因于商业的扩张，即现代经济增长的出现是由商业的变化引起的。L. W.莫菲特在其著作——《处于工业革命前期的英格兰》中就鲜明地表达出这种商业论的观点，他指出："在工业革命前夕，英格兰的工业正感受到商业扩张的推动力。"①商业论一般都很重视资本的作用，因为商业带来更多的资本，而资本又能进一步繁荣商业。H.海顿在20世纪30年代对工业革命的解释基本就属于商业论，他说："自海外贸易流入的财富给英国人带来了更大的消费能力和资本基金。……1715至1789年间，出口贸易几乎增长了五倍，而且可能比以后英国的出口增长还大。船主和商人生意兴隆，资本积累下来。"②这一理论迄今仍有广泛的支持者。英国学者安格斯·麦迪森在其2001年出版的新著中表达了"商业论"的观点，他认为1700至1820年是已形成民族国家的"英国通过灵活运用以邻为壑战略逐步成为世界商业霸主的时期"，而且在这个时期中荷兰的商业机会不断减少，"荷兰的储蓄不断流向外国资本市场，其中大部分投到英国的公债上。因此，荷兰的资金支持了英国的经济增长"。③

　　有关工业革命和现代经济增长起源的最新理论是统合增长理论。

---

　　①　L. W. Moffit, *England on the Eve of the Industrial Revolution*, London: Frank Cass, 1963, pp. 191-192.

　　②　H. Heaton, "Industrial Revolution", in Julian Hoppit & E.A. Wrigley, eds., *The Industrial Revolution in Britain*, Vol. I, Oxford: Basil Blackwill Ltd., 1994, p. 190.（该文章首次发表于1933年的 *Encyclopaedia of the Social Sciences*, Vol. VIII）

　　③　〔英〕安格斯·麦迪森：《世界经济千年史》，伍晓鹰等译，北京大学出版社2003年版，第82—89页。

该理论最初由欧德·加洛尔在20世纪90年代末提出，[①] 2005年他发表了《从停滞到增长——统合增长理论》，该文可被视为其理论的系统表述。统合增长理论是在对内生增长理论的质疑中产生的，但它并非另辟蹊径，而是整合和完善过去的理论体系。它仍遵循了新古典增长理论到内生增长理论的方向，思路与前两者是一致的。新古典理论重点关注投资对增长的作用，内生增长理论将技术进步和投资综合考虑为增长的原因。所谓"统合增长理论"，就是将人口等其他因素整合到上述理论中，对工业革命和现代增长的致因做出解释。该理论综合考虑人口增长与收入增长的关系、技术进步、知识与人力资本形成、家庭生育决策等因素对技术创新和现代增长作用。[②]加洛尔的观点中另有一点特别值得强调，他认为"从停滞到增长的转型是发展过程的不可避免的副产品"。[③]换而言之，工业革命和现代经济的出现是人类发展的必然结果。

加洛尔将19世纪以前的全部人类历史定义为"马尔萨斯阶段"。按照现代的标准，这个阶段技术进步不明显，人口增长消耗了大量资源，结果人均收入水平停滞不前。人口规模会有所扩大，但人均财富不会增加。从19世纪开始又分为"后马尔萨斯体系"和"持续增长体系"两个阶段，意指人类已经开始了工业革命，以及迄今为止持续的经济发展阶段。进入后两个阶段，人口增长，同时技术进步和生产增长更快，人均财富增加，社会变得越来越富裕。[④]马尔萨斯时代最终要向后马尔萨斯体系转变，这个过程就是工业革命的发生，或称现代经济增长的出现。

那么，这个不可避免的转变如何发生呢？加洛尔提出，人口与

① Oded Galor and Dacvid N. Weil, "From Malthusian Stagnation to Modern Growth", *The American Economic Review*, Vol. 89, No. 2 (May, 1999), pp. 150-154. 另注："Unified Growth Theory"，也有译作"统一增长理论""一致性增长理论"。

② Oded Galor, "From Stagnation to Growth: Unified Growth Theory", in P. Aghion and S. Durlauf, eds., *Handbook of Economic Growth*, Amsterdam: North-Holland, 2005, p. 238.

③ Ibid., p. 178.

④ Oded Galor, "From Stagnation to Growth: Unified Growth Theory", in P. Aghion and S. Durlauf, eds., *Handbook of Economic Growth*, pp. 178-179, 186, 195.

技术进步的相互作用决定了这种转变是否能够发生。这是他最重要的理论创建。加洛尔又将马尔萨斯阶段分为前期和后期。欧洲在公元1000年以前处于马尔萨斯阶段前期，特征表现为技术进步停滞、人均产出几乎不存在增长、人口增长也极为缓慢。这也是人类所普遍经历的。公元1000至1820年是后期，转变的因素开始积累。这个时期中，技术进步的速度稍有加快，这自然会导致人均收入增加。但此时出现了"人口调整滞后于人均收入的上升"，由此产生了一个人均产出和人口的微小增长率。[1]加洛尔理论的关键点出现在"人口调整滞后"上，这是人类能摆脱马尔萨斯阶段的必备条件。这个条件不出现，生产、人口、人均产量将依然处于停滞状态。为此，我们不得不简单的解释相关理论。人类发展史上的绝大部分时间里生产水平停滞是经济的基本特征，表现为产量的提高总是无法超过人口的增长速度，结果人均财富不仅无法增加反而可能减少。这种状态经济学家称之为"马尔萨斯陷阱"。[2]人类之所以难以摆脱它是因为，每当技术出现一点儿进步、生产稍有提高时，人均收入的确会增加，但生活质量提高的结果是多生育和后代存活率上升，于是人口增长了。人口增长导致人均产品再度下降，生活质量下降，人类又返回原来状态。这样，技术和人口的关系就像钟摆一样，无论如何摆动都还在原地。经济史学家大多会默认历史上存在这种人口和生产的矛盾，这也是加洛尔定义一个马尔萨斯阶段的原因。

"人口调整滞后"是打破这种停滞状态的关键。在加洛尔看来，马尔萨斯阶段后期出现了稍多一些的技术进步，人均财富和生活水平因而稍有提高，但人口并没有很快随之增加，这就是他说的"人口调整滞后"。这一关键性的滞后导致家庭可以将人均收入的增长部

---

① Oded Galor, "From Stagnation to Growth: Unified Growth Theory", in P. Aghion and S. Durlauf, eds., *Handbook of Economic Growth*, p. 253.

② 英国经济学家托马斯·马尔萨斯于1798年提出，人类的繁殖能力远大于人类生产能力的增长，若不抑制人口增长，人类将永远停留在维持基本生存状态的水平上。（参见〔英〕马尔萨斯《人口原理》，朱泱等译，商务印书馆2001年版）

分用于人力资本投资，既提高知识和技能水平，而这一变化是过去没有的。结果，具有更高知识技能素质的人口有利于创造新的技术进步，从而带来生产率和产量比人口增长得快。人均财富真正有所增加，人口最终也会增长，更多的人口也有利于技术创新。[①]人口与技术的关系不再是原地摆动，而是变成了"相互增益的作用"，开始进入良性循环。进入良性循环的"人口—技术"关系最终将发展路线导向了工业革命和现代经济起飞。

统合增长理论是理论上的最新进展，但其在历史研究上的应用已经开始。格里高利·克拉克在英国近代农业、圈地等问题上颇有建树，2005年他就已经将加洛尔的理论与历史证据结合起来，探讨了人口、收入与工业革命的关系。[②]尼克·福柯特兰德等的研究也是较早运用该理论解释工业革命原因的例证。他们认为，与法国和中国相比，1700年时英格兰就已具备了启动工业化的"关键决定因素"，包括更高的人均收入、更适宜的人口增长率、更高的城市比率和制造业劳动力比率。而人口繁育体系和资本投入又是"技术进步的最大单一决定因素"，所以，"英格兰尤其（并且欧洲整体也是）有一个更大的机会经历转型，……工业发展更有可能出现"。[③]2010年版的《剑桥现代欧洲经济史》着重介绍了该理论，并主张它对工业革命有很强的解释力。[④]

统合增长理论形成最晚，但其影响的确立不可谓不快速。未来一二十年内，以此为理论依据的相关历史著述会不断问世。这一预期是有经验依据的，新古典增长理论、内生增长理论给历史学和工

---

① Oded Galor, "From Stagnation to Growth: Unified Growth Theory", in P. Aghion and S. Durlauf, eds., *Handbook of Economic Growth*, p. 237.

② Gregory Clark, "Human Capital, Fertility and the Industrial Revolution", *Journal of the European Economic Association*, Vol. 3, Issue 2-3(Apr.-May., 2005), pp. 505-515.

③ NicoVoigtländer, Hans-Joachim Voth, "Why England? Demographic Factors, Structural Change and Physical Capital Accumulation during the Industrial Revolution", *Journal of Economic Growth*, Vol. 11 (2006), pp. 343, 348, 325, 347.

④ 〔英〕斯蒂芬·布劳德伯利、〔爱尔兰〕凯文·奥罗克编著：《剑桥现代欧洲经济史：1700—1870》第一卷，何富彩、钟红英译，中国人民大学出版社2015年版，第31页。

业革命解释带来影响难道不随处可见吗？在未来的作品中，无论是否明示自己的理论、观点来源，也无论表述历史证据的细节是否相近，应用该理论的历史学家都将围绕着这样的主线阐述他们故事，即人口调整滞后—人力资本积累—技术创新—工业革命发端。所呈现的历史证据会集中在人口增长率、人均收入水平、识字率、技术传播、知识积累、教育水平等环节上，并以此来支持工业革命的统合增长论点。

三、社会和制度因素的探究

商业起源论与资本对工业化的意义之间存在着密切关系。这种理论的代表人物是英国经济学家和经济史学家约翰·希克斯，他于1969年出版了《经济史理论》一书，系统地阐述了这种理论观点。他认为"按现代经济学的看法，这一转变似乎更加重要。这就是市场的出现，交易经济的兴起"。[①]希克斯将这里的"转变"作为资本主义兴起，或现代经济增长出现，或工业革命发端的前提条件。当然，希克斯承认商业并不是什么新鲜事物，是自古就存在的。但他所说的商业有特定的含义，这就是商业的专门化。为此他强调："新世界的起点是商业的专门化；而并不是没有专门化的交易的初步阶段。"所谓商业的专门化是指商业由专业商人从事，商人"为市场劳动，有买有卖。如果不买不卖，他就不能存在"。[②]那些既从事农业生产又出卖农产品，既从事手工业生产又出售手工业产品的人不能算作专业商人，这类商业活动当然也不是专门化的商业活动。商业由非专业化向专业化的转变就具有了重要的意义，在这一转变中定期贸易的出现使得商业最终成为了专门化的商业。众所周知，中世纪的欧洲是一个以农业自给自足为特征的经济体，商品交易在整个经济活动中的份额是相当有限的，那么希克斯是如何找到

[①]〔英〕约翰·希克斯：《经济史理论》，厉以平译，商务印书馆1999年版，第9页。
[②]同上书，第25、28页。

商业兴起的孕育体呢？那就是城市。在他看来，"城邦作为存在于西方历史上因而在整个世界的历史上的一种组织形式乃是一种重要的和具有特殊意义的组织形式"。①城市是专业商人的聚集地。从自给自足经济到市场化的过程就是商业逐步渗透到乡村经济，并进而替代它的过程。因此，商业扩展带动工业增长，并最终导致了现代经济增长的出现。一个重要的内在因素把商业扩展和工业扩展联系在一起，这就是资本。工业革命以前，商业与工业的共同点之一就是都必须使用资本，而希克斯所指的主要是流动资本。商业是以商品的买入卖出为主要的运营方式，因而资本主要是用于周转的流动资本，除必要的货栈、运输工具之外并不需要多少固定资本。工业也一样，生产者的资本主要由存货构成，生产工具等固定资本往往简单而廉价。

希克斯认为，资本的构成比例发生变化的时刻正是从商业扩展到工业革命的转折点。这时固定资本的重要性开始日益突出，"'革命'正是在固定资金进入或开始进入中心地位时发生的。……十八世纪后期的工业革命带来了新的情况，用于生产而不是用于商业的固定资本货物的种类，开始显著的增长了。这种增长并不是仅仅在一个阶段发生之后就过去了，而是不断地增长。就是说，并不仅仅是资本积累的增长，而是体现投资的固定资本货物的种类和花色的增长。我认为这才是我们正在考察的变化的经济学上的正确定义"。②新古典理论对历史和现实的经济增长的分析通常以资本为核心（这里的资本包括物质资本和人力资本），资本存量的多少决定了国民产出的多少。新古典理论的这种分析方法不仅是研究现实经济增长问题的重要工具，而且也是经济史研究的一个重要理论依据，因而在经济史学界也有颇深的影响。希克斯的商业起源说最终还是将资本角色的转变作为工业革命的本质特征。城市起源说也是将资本积累当作推动经济社会进步的主要动力。

① 〔英〕约翰·希克斯：《经济史理论》，厉以平译，第39页。
② 同上书，第129—130页。

城市起源说的主要观点认为，工业革命或现代经济增长的出现可以回溯到西欧城市的发展，代表学者卡洛·奇波拉就说："一切后来的发展，包括工业革命和它的产物，其根源都可以追溯到中世纪时代的城市发展。"[1]这一学说认为，中世纪经济中多数人是依附于领主的农奴，而城市则完全不同，城市是手工业和商业的集中地，以商业经济为特点。城市的人不同于领主的人，城市的人是属于市民阶层的人，是自由的人。这些差异使城市形成了"反抗占统治地位的封建土地制度"的革命性，[2]这样城市就成为在中世纪黑夜里不熄的火种，这颗火种最终点亮了商业的扩张和工业革命。城市说的本质是认为"工业革命首先是一种社会文化现象"[3]，这种文化现象在其源头就包含了商业活动、市民精神、自由、手工业的发展、城市所特有的社会结构等特征。但城市起源说的学者同时也看中资本的作用，雅克·勒戈夫在《欧洲经济史》中就说："不容怀疑，中世纪城市的这种精神风貌对于资本主义的发展以及对于产业革命都是不可缺少的。……但所有这一切如没有资本积累这个基本因素，就什么也建立不起来，资本积累是推进经济和社会进步的主要动力。"[4]这样一来，资本和城市就同样成了工业革命发生的必要条件。"城市起源说"与"商业起源说"存在着一些共同之处，它们都强调了商业的作用。

20世纪70年代后期以来，关注工业革命中资本的学者开始采取更为谨慎的态度对待这个问题。许多学者不再花费很多的精力讨论资本意义的轻重，而是更多地从计量统计的角度对资本的数量、分布、使用等状况进行实证研究。C. H. 费恩斯坦对投资占国民收入的比例进行了研究，他的结论认为菲丽斯·迪恩的数字大大低估了

---

① 〔意〕卡洛·M.奇波拉主编：《欧洲经济史》第一卷，徐璇译，第10页。

② 〔意〕卡洛·M.奇波拉主编：《欧洲经济史》第三卷，吴良健等译，商务印书馆1989年版，第3页。

③ 同上书，第6页。

④ 雅克·勒戈夫：《1200—1500年的城市——文明的代表者》，载〔意〕卡洛·M.奇波拉主编：《欧洲经济史》第一卷，徐璇译，第80页。

投资的比例。从表4-1中我们可以看到，费恩斯坦估算的1771—1800年间每十年的年平均投资比率分别为10%、13%、14%，而且进入19世纪后基本保持了这一发展势态。这一估算结果同时符合罗斯托和刘易斯的假设。费恩斯坦与颇拉德的结论是相近的，也就是说，他们都更倾向于赞成刘易斯和罗斯托的观点。在他们二人1988年主编的《联合王国资本形成研究》中便揭示了这一主旨："按照我们的观点，最初的兴趣基础是试图用经验研究的方式完成罗斯托-刘易斯的命题。这一命题认为前工业化社会将它们（低）收入的低比例用于投资，而工业社会将它们的（更高）收入的更高比例用于投资，每一个国家的工业革命都部分地由从低到高的投资比率的运动构成。"[1]在20世纪90年代的作品中，费恩斯坦再度强调了他的统计结论和观点："（工业革命初期）如果我们关注与工业化联系最紧密的部门，耐用资产重要性的上升甚至更显著。在工业、贸易和交通中，国民资本投资于耐用资产的份额从微小的5%猛增到巨大的26%。……最终，在这种意义上，资本积累的过程在任何产出和生产率的解释中一定仍起到核心作用。"[2]

新的发现往往会引发新的争论和更新的发现。对于资本的计量统计研究并未到费恩斯坦和颇拉德这里终止，进入20世纪80年代又出现了新的成果。N. F. R.克拉夫茨在1985年出版的专著中认为，迪恩和科尔对国民收入相对估计较高，导致对投资比估计较低，而费恩斯坦则恰恰相反，对国民收入估计相对过低，因而得出了投资比较高的结论。经克拉夫茨修正的结论是，1760年平均投资比例为6%，1780年为7%，1801年为7.9%（见表4-2）。这一结果明显低于费恩斯坦的估算，也同样低于颇拉德的估算。尽管比迪恩与科尔的估算略高，但显然是更倾向于迪恩与科尔的。他说："到这个阶

---

① Charles H. Feinstein & Sidney Pollard,eds., *Studies in Capital Formation in the United Kingdom: 1750-1920*, Oxford: Clarendon Press, 1988, p. 1.

② C.H. Feinstein, "Capital Accumulation and the Industrial Revolution", in Julian Hoppit & E.A. Wrigley,eds.,*The Industrial Revolution in Britain*, Vol. I, pp. 208, 222.

段，英国的经济正以一种速度增加其资本资产的存量，这一速度以任何先前的标准来看都是非常高的。但是并不存在'起飞'，任何阶段都不存在投资率的激增。"[①]

表4-1 费恩斯坦的年均投资占国民收入的比例（1761—1850年）（％）

1761— 1770	1771— 1780	1781— 1790	1791— 1800	1801— 1810	1811— 1820	1821— 1830	1831— 1840	1841— 1850
8	10	13	14	10	14	14	13	14

资料来源：C. H. Feinstein, "Capital Formation in Great Britain", in Peter Mathias & M. Poston, eds., *Cambridge Economic History of Europe*, Vol. Ⅶ, Part Ⅰ, p. 91。

表4-2 克拉夫茨的年均投资占国民收入的比例（1760—1831年）（％）

1760	1780	1801	1811	1821	1831
6.0	7.0	7.9	8.5	11.2	11.7

资料来源：N. F. R. Crafts, *British Economic Growth during the Industrial Revolution*, Oxford: Clarendon, 1985, p. 73。

20世纪七八十年代乃至更近的研究中，资本在工业革命中的作用仍不断引起人们的兴趣，学者们从各自的角度表达观点。约翰·哈里森认为，工业革命在英国发生是多种因素作用的结果，但就经济生产率而言，工业中的革新是使英国成为"世界工厂"的直接原因。而技术革新的出现又依赖于自然资源、资本和劳动的充足供给。[②]只要一个社会具备了足够的资本就会引致工业革命的"起飞"，这似乎在许多历史学家看来已成为不证自明的道理。然而，质疑总是存在。埃里克·颇森指出，以资本这一单一因素来分析工业革命是不正确的，增长是复杂的现象，需要研究经济中供给和需求

---

① N. F. R. Crafts, "The Industrial Revolution: Economic Growth in Britain",in Anne Digby and Charles Feinstein, eds., *New Direction in Economic and Social History*, London: Macmillan, 1989, p. 68.

② John E. C. Harrison, *The Birth and Growth of Industrial England, 1714-1867*, New York: Harcourt Brace Jovanovich, Inc., 1973, p. 48.

双方的全部因素。而"起飞"理论的缺点恰恰是"不适当地强调了单一因素，即资本投资率的上升"。[①] 彼得·雷恩则说："毫无疑问，资本形成在英国工业发展中起到了一部分作用。但是，资本在发展中只起到了有限的作用，如果没有大量的其他相伴因素同时作为变化的原因出现的话，资本的作用也不会发生。"他的理由是，工业革命中投入到工业中的资本无论在数量上和比例上都是相对有限的，相反，政府用于战争的资源却大得惊人。他指出1793至1815年间政府通过税收和贷款的方式获得了10亿英镑用于战争，而相比之下，1830至1850年的铁路建设高峰期所投入的资本仅约2.5亿英镑，1783到1802年间棉纺织工业的固定资本投资也只有800万英镑。[②] 如此来说，即使在工业革命后期，社会的多数资本也并没有流向工业，而是流向了其他领域，工业革命靠资本推动的说法难以成立。查尔斯·摩尔在其1989年出版的著作中也说："棉制造业并不需要大量的资本投资，而且在罗斯托所关注的18世纪八九十年代也未见到投资的异常上升。"[③]

对正统经济理论的颠覆来自于道格拉斯·C.诺思。他最大的与众不同之处是他完全摆脱了新古典理论的樊篱。他认为以资本为核心的分析理念不适合经济史研究，因为"从经济史家的观点看，新古典的这一公式似乎是用未经证实的假定来解释一切令人感兴趣的问题"。[④] 新古典经济学对增长进行分析的基本假设前提是认为制度是不变的，因而才完全可忽视，这种思路不仅适用于当今的现实问

---

① Eric Pawson, *The Early Industrial Revolution: Britain in the Eighteenth Century*, Harper & Row Publishers, Inc., 1979, p. 16.

② Peter Lane, *The Industrial Revolution: The Birth of the Modern Age*, London: Book Club Associate, 1978, pp. 115-116.

③ Charles More, *The Industrial Age: Economy and Society in Britain, 1750-1985*, London: Longman, 1989, p. 73.

④ 〔美〕道格拉斯·C.诺思:《经济史上的结构和变革》，厉以平译，商务印书馆1999年版，第7页。

题，而且也同样适用于历史问题。[①]而诺思却认为这一假设前提完全不适合于历史问题，因为在历史过程中制度是变化的。诺思认为西方之所以最先出现现代经济增长的关键并不在于资本，更不在于技术，而在于制度。"有效率的经济组织是经济增长的关键；一个有效率的经济组织在西欧的发展正是西方兴起的原因所在。"[②]

1993年，道格拉斯·诺思因其对经济史理论的创见而获得诺贝尔奖，这距他发表《西方世界的兴起》已过去二十年。他彻底否定了新古典理论对经济史的解释能力，提出有保障和明确界定的财产权利制度使经济活动和组织变得有效率，这才是西方世界率先开始工业革命和现代增长的真正原因所在。[③]近年来，诺思及新制度经济史学派在这方面又有许多新进展。

最先应关注的是诺思本人的理论发展和对西方兴起的重新解释。

诺思早先理论遵循的是如下的逻辑：产权制度决定经济效绩（经济活动是否有效），有效率的经济组织和活动导致了西方的兴起，即工业革命和增长。但他在2005年出版的《理解经济变迁的过程》中，将这一早期理论做出了重大扩展，形成了新理论。扩展主要集中在制度的形成上。他利用认知心理学、人类学等相关最新成果，在人类思维生成与制度形成间建立起逻辑联系，从而将其制度变迁理论拓展到人类心智的本源。诺思的新理论认为，人类进化过程中

---

① "制度"一词英文为institution，《新牛津英汉双解大词典》（上海外语教育出版社2007年版）解释为：已确立的规则、惯例或习俗（an established law, practice, or custom）。制度经济学家约翰·康芒斯将制度定义为集体行动控制个人行动，表现为习俗、习惯法等形式。（参见〔美〕康芒斯《制度经济学》，丁树生译，商务印书馆1997年版，第一章。）新制度经济学代表人物诺思把制度定义为"为约束在谋求财富或本人效用最大化中个人行为而制定的一组规章、依循程序和伦理道德行为准则"。（〔美〕道格拉斯·C.诺思：《经济史上的结构和变革》，厉以平译，第195—196页。）本文以下讨论中将有多处涉及的"制度"一词，现将其定义如下：所谓"制度"或"社会制度"是指已经形成的社会传统、道德、观念、习惯以及固定的思维模式等，在为人处事时人们往往会自觉或不自觉地遵循其所依赖的"制度"采取行动。

② 〔美〕道格拉斯·诺思、罗伯斯·托马斯：《西方世界的兴起》，厉以平、蔡磊译，华夏出版社1999年版，第5页。

③ 参见〔美〕道格拉斯·诺思、罗伯斯·托马斯《西方世界的兴起》，厉以平、蔡磊译；〔美〕道格拉斯·C.诺思《经济史上的结构和变革》，厉以平译。

形成了语言和文化，文化影响了人们的认知和意识；认知和意识决定信念，即人们对外部事物、他人等的看法、观念、态度等；由于历史经历不同，不同社会会形成不同的信念或信念体系；人们根据信念创造制度，因信念有差异，制度也就会不同；不同的制度对经济效绩会造成完全不同的影响。[①]可以看出，诺思新理论是对早期理论在逻辑上向前延伸了，重点解释了制度形成的心理认知源泉。

根据这一新理论框架，诺思重新解释了工业革命和现代增长在西方的兴起。

他将西方兴起的源头定位于中世纪。中世纪欧洲的封建主义"政治上是碎化的"、"缺乏大规模秩序"，但却使人们具备了选择上的多样性。[②]这也就构成了欧洲最终能形成其独特制度的必要条件。一系列有利于现代经济增长的因素在中世纪的欧洲逐渐显现，包括相对自由的城镇经济活动、黑死病后庄园制度的瓦解和生产市场化、能够强化财产权的代议制产生、有益技术进步的基督教信仰。当然，所有这些因素的形成都与欧洲的共同经历有关，共同经历造就了公共的认知和信念。这些因素虽然重要，但并没有导致欧洲同时出现工业革命和现代增长。原因在于，近代早期欧洲各地区的信念差异开始出现，其发展道路和制度选择也就分化了。关键的信念差异反映在代议制的走向上，"一些代议机构保持和扩展了它们的地位，提供了代议制政府增长的基础。其他的则衰落或枯萎了"。[③]这最终决定了国家是否对财产权提供保障。在英格兰，国王亨利八世依靠议会下院维持其统治，结果使土地财产权在普通法体系下成长起来。臣民能够参与国家决策，就能制定保护财产权的规则。只有财产权利得到保障，现代经济增长才能出现。这就是诺思强调的那个时期

---

① Douglass North, *Understanding the Process of Economic Change*, Princeton: Princeton University Press, 2005, pp. 1-49, 103-116. 有关内容亦可参见〔美〕道格拉斯·诺思《理解经济变迁过程》，钟正生等译，中国人民大学出版社2013年版。

② Douglass North, *Understanding the Process of Economic Change*, pp. 137-138.

③ Ibid., pp. 130-132, 137-139, 142.

代议制政府发展的关键作用。①对于英格兰人信念的演变，诺思在其2009年的合作新书中又有更深入的阐述。他们主张，英格兰的封建制衰落导致统治者不得不更多依赖非土地财富，结果是统治阶层不断吸收商业精英，新精英将其信念带入统治阶层，改变了统治阶层的信念体系。②显然，信念体系在这个方向上的演化强化了代议制，从而保障了财产权。从16世纪开始，尼德兰和英格兰为一方，西班牙和法国为另一方，欧洲走上了不同的道路。诺思将这一变化的逻辑总结为："信念结构与存在于尼德兰和英格兰的特殊条件产生了良性结合，由此导致了经济和政治的制度演进。这种结合孕育了思想变迁，从而不仅产生了新教改革，而且产生了一种演化的信念结构，后者引致了既有利于经济增长又有利于自由演进的行为方式。"③这一演变过程最终导向了西方世界的兴起和工业革命。从上述可以看出，新解释在逻辑链条的前端强调了信念决定制度变迁，后端则突出了政治制度的作用。

在追寻工业革命和西方兴起的原因上，近十余年来新制度经济史学派的其他重要学者也取得了诸多丰硕成果。这些著作一方面在不断拓展新制度的理论体系，一方面则针对历史问题做出具体解释。几位颇有影响的学者均来自美国，其作品和观点代表了这一领域的最新发展趋势。

在诺思出版《理解经济变迁的过程》的同一年，阿西莫格鲁、约翰逊、罗宾逊共同发表了他们卓有影响的论文——《制度是长期增长的基本原因》。在他们的分析中财产权仍是制度的核心，并对欧洲现代增长的出现做出了以下阐述。中世纪欧洲的土地拥有者、商

---

① 此观点早在诺思过去发表的论文中就已明确表达过，参见 Douglass C. North and Barry Weingast, "Constitutions and Commitment: The Evolution of Institutions Governing Public Choice in Seventeenth Century England", *Journal of Economic History*, Vol. 49, No. 4 (Dec., 1989), pp. 828-829。

② Douglass C. North, John Joseph Walls, and Barry R. Weingast, *Violence and Social Orders: A Conceptual Framework for Interpreting Recorded Human History*, Cambridge: Cambridge University Press, 2009, pp. 99, 102, 104, 148.

③ Douglass North, *Understanding the Process of Economic Change*, pp. 143-145.

人、制造业者缺乏财产权，而君主只具备保障自己财产权的动力。而且，君主会利用其财产权去掠夺资源，侵害前者的经济利益。结果，导致社会几乎没有动力对土地、物质和人力资本、技术进行投资，现代经济增长因此也就不可能出现。但从16世纪开始，大西洋贸易为新出现的欧洲各国创造了机会，不同的反应方式令这些国家走上了不同的发展道路。在英格兰和尼德兰，当时的海外贸易是以个人和小公司的形式进行的，而在葡萄牙和西班牙则由王室垄断。英格兰和尼德兰的商人由于从事海外贸易而变富，新的商人阶层开始形成，并具备了经济上和政治上的实力和影响力。这些力量形成了阿西莫格鲁等所定义的"事实政治权力"。相反，在法国、西班牙、葡萄牙得到好处的只是王室和相关的群体，商人的力量没有得到发展。英格兰在17世纪的内战和光荣革命期间，大部分商人和众多乡绅站在了国王的对立面，要求限制君主强权，他们用"事实政治权力"共同缔造了政治制度的改变。从此，财产权得到了保障，王权遭到了限制，政治权力重新分配。相似的情况也发生在尼德兰反对西班牙的革命中。政治权力重新分配导致经济制度的重大变化，稳固了土地和资本拥有者的财产权利，从而激发了经济的扩张，"结果是迅速的经济增长并最终获得了工业革命的结局"。[①]阿西莫格鲁等人强调的历史转折点在16世纪，触发变化的事件是国际贸易。面对同样的机会，不同的选择和解决问题的方式导致了不同的制度变迁。

阿夫纳·格雷夫在20世纪90年代已经开始建立了经济史上的学术影响，诺思在《理解经济变迁的过程》一书中就曾多处引用他的观点。2006年他出版了《制度与通往现代经济之路》一书，他将博弈论与制度理论相结合，创造了自己的理论。他认为，"中世纪晚期社会可能已经培育了西方兴起的种子"，即"个人主义倾向和自治的

---

① Daron Acemoglu, Simon Johnson and James A. Robinson, "Institutions as a Fundamental Cause of Long-Run Growth", in P. Aghion and S. Durlauf, eds., *Handbook of Economic Growth*, pp. 392-393, 454-455, 393.

非亲缘关系社团"，以这两个特征为基础形成了有益于经济效率的制度。上述特征也支持了有利于科学技术发展的信念，而现代经济增长正依赖于此。但欧洲中世纪的经济扩张与现代经济增长所依靠的制度不同，前者并没有国家来保护财产权。[①]

乔尔·莫基尔在其研究中同样借鉴了新制度理论。他指出必须克服土地贵族的阻力，工业革命才能成功，而议会是此过程中"一个关键的元制度"。光荣革命后议会权力不断增长，土地拥有者和商业阶层形成政治联盟。这使英国的制度能够适应环境和观念的变化，通过改革而非暴力得到改变，由此"促进了向更为自由的市场经济的明确转向"，"工业革命得以造就"。[②]最近，阿夫纳·格雷夫与乔尔·莫基尔的合作文章中又对新制度理论有所发展，提出制度是以人们共同的认知规则为基础的。欧洲法律体系的认知基础对经济增长至关重要，没有对于国家和法律的认知基础，现代经济增长不会产生，法律体系在转型时期保护了财产权和社会安全。[③]直到最近，从制度角度研究经济史的作品依然层出不穷，如丹尼森等否定了旧欧洲婚姻制度对现代增长所起的作用，[④]卡拉亚尔钦主张英国之所以首先走上工业革命的道路其根源即在于自中世纪以来形成的独特产权制度。[⑤]

[①] Avner Greif, *Institutions and the Path to the Modern Economy: Lessons from Medieval Trade*, Cambridge: Cambridge University Press, 2006, pp. 13, 391-398. 亦可参见中译本〔美〕阿夫纳·格雷夫《大裂变：中世纪贸易制度比较和西方的兴起》，郑江淮等译，中信出版社2008年版。

[②] Joel Mokyr and John V. C. Nye, "Distributional Coalition, the Industrial Revolution and the Origins of Economic Growth in Britain", *South Economic Journal*, Vol. 74, Issue 1 (2007), pp. 53-54, 68-69.

[③] Avner Greif and Joel Mokyr, "Cognitive Rules, Institutions and Economic Growth: Douglass North and Beyond", *Journal of Institutional Economics*, published online: 22 Nov. 2016, pp. 2-5, 19-20.

[④] Tracy Dennison and Sheilagh Ogilvie, "Does the European Marriage Pattern Explain Economic Growth?", *Journal of Economic History*, Vol. 74, No. 3(Sep., 2014), pp. 651-687; Tracy Dennison and Sheilagh Ogilvie, "Institutions, Demography and Economic Growth", *Journal of Economic History*, Vol. 76, No. 1 (Mar., 2016), pp. 205-214.

[⑤] Cem Karayalcin, "Property Rights and The First Great Divergence: Europe 1500-1800", *International Review of Economics & Finance*, Vol. 42 (Mar., 2016), pp.484-498.

近20年来，新制度理论已不断运用于西方兴起和工业革命的原因解释，对相关历史研究已成了不可忽视的一类理论工具。新进展中有两点特别值得关注。其一，理论本身的拓展。诺思将认知心理学的理论融入到了他的制度变迁理论中，格雷夫同样吸收了这一点并结合了博弈论。这一拓展将相关的历史解释深入到人类认知活动的层面，由认知解释制度的形成和变迁，从而解释西方兴起之类的重大历史变化的原因。其二，对政治制度的关注更多，尤其强调议会制度对保护产权、制定规则的作用。诺思、阿西莫格鲁、莫基尔的著作都明显的表现出这一趋势。

从前述可知，这些理论已经在工业革命原因的历史研究上产生了影响，有些甚至是巨大的。历史研究最终难以避免涉及观点表达，更深入剖析某些观点背后的理论依据很有必要。这有利于探索观点的合理性、欠缺或是漏洞，为更合理的解释和理论上的开拓发现机会。学者们有时会明确表达所依据的理论，如阿西莫格鲁、莫基尔、克拉克等，也有些不会作出明示，如艾伦和里格利。不作出明示的为我们追根溯源带来了困难，但愈是如此，深究的必要性愈大。因为，不明根本，无论是批判还是借鉴都难以把握关键。

这些理论、观点都存在争议和质疑。诺思始终都强调新古典理论无法有效的解释经济史，而他否定的实际是从新古典、内生增长到统合增长的整条新古典方向的道路。[1]居于另一条道路上的格里高利·克拉克则当然与诺思对立，他早就声明"对工业革命的恰当解释，需要比稳定的财产权出现更多的因素"。[2]最近，克拉克更是坚称："至少在长期内，没有证据表明制度可能成为经济运作的决定因素。"[3]奉行内生增长理论的艾伦也对诺思、阿西莫格鲁、格雷夫等

[1] Douglass North, *Understanding the Process of Economic Change*, p. vii.
[2] Gregory Clark, "The Political Foundation of Modern Economic Growth: England, 1540-1800", *Journal of Interdisciplinary History*, Vol. XXVI, Issue 4 (Spring, 1996), p. 588.
[3] Gregory Clark, *A Farewell to Alms: A Brief Economic History of the World*, Princeton: Princeton University Press, 2007, p. 212.

的新制度观点表示怀疑。[①] N.F. 克拉夫茨认为，内生增长理论在解释工业革命上有问题，这一方向是死路一条。[②] 迈德森等人研究了17—20世纪的英国经济状况，他们的结论表明，统合增长理论无法成为工业革命原因的解释，历史证据却为阿吉翁等的内生增长理论提供了支持。[③] 有些争论则是针对某些细节，而非整个理论的对抗。诺思早期曾主张英国专利权对工业革命的正面意义，但麦基尔近几年的研究则否认了这一点。[④] 克拉克甚至宣布自己在《告别贫困》中的一些结论"可能不正确"。[⑤] 理论、观点争议对于学术研究来说是最正常不过的事，这说明人们所关注的是具有学术价值的东西。一个观点，无论人们认为它是何等的真知灼见，质疑也是有益的。

过去几十年中，一些学者已开始用社会或非经济因素解释英国工业革命。哈罗德·珀金认为，工业革命"核心的、综合的原因是英国社会的性质和结构"。同时他还指出，17世纪的政治变化创造了工业革命发生的政治条件。他说："出于纯粹的自利，他们创造了如此的政治条件——个人自由、财产的绝对保障、最小的内部干涉、面对国外竞争的适当保护。这些最适于引发一个自发的工业革命。"[⑥] 道格拉斯·诺思等新制度经济学家则从西方的产权制度解释现代经济增长的出现。钱乘旦认为，其原因是英国具备了一个这样的特征，即"这个国家必须克服个人的专制统治，不把国家的命运

---

① 〔英〕罗伯特·艾伦：《近代英国工业革命揭秘：放眼全球的深度透视》，毛立坤译，第7页。

② N.F.R. Crafts, "Exogenous or Endogenous Growth? The Industrial Revolution Reconsidered", *The Journal of Economic History*, Vol. 55, No. 4(Dec., 1995), p. 768.

③ Jakob B. Madsen, James B. Ang, Rajabrata Banerjee, "Four Centuries of British Economic Growth: The Roles of Technology and Population", *Journal of Economic Growth*, Vol. 15, No.4(Dec., 2010), p. 287.

④ 〔美〕道格拉斯·C.诺思：《经济史上的结构和变革》，厉以平译，第162—163页。Joel Mokyr, "Intellectual Property Rights, the Industrial Revolution and the Beginnings of Modern Growth", *American Economic Review*, Vol. 99, Issue 2 (May, 2009), pp. 349-353.

⑤ Gregory Clark & Neil Cummins, "Urbanization, Mortality and Fertility in Malthusian England", *American Economic Review*, Vol. 99, No. 2 (2009), pp. 242-247.

⑥ Harold Perkin, *The Origins of Modern English Society*, London: Routledge, 2002, pp. 16, 67.

放在一个人手中。……换句话说，就是能不能解除政治的束缚，为经济发展创造良好的环境。英国正是在这一点上走到了欧洲其他国家的前面，因而最早开始工业革命"。①近年他又再次强调1688年后宽松的政治和社会环境是工业革命不可缺少的基本保障。②英国工业革命包含了多方面的特征，绝非单一因素能够解释。

---

① 钱乘旦、杨豫、陈晓律：《世界现代化进程》，南京大学出版社1999年版，第30—31页。

② 钱乘旦：《西方那一块土：钱乘旦讲西方文化通论》，北京大学出版社2015年版，第252页。

第五章　工业化的先行经历——
英国工业革命

一、生产组织变迁与工厂制的优势

纺织业在欧洲大陆和英格兰都是传统的制造业，具有悠久的历史。从行业划分上以羊毛纺织和麻纺织为主，中世纪时这些纺织业的工序就已出现越来越细的分工。近代早期以来，羊毛纺织业在英格兰南部、东部、东北部都有广泛分布。中世纪英格兰的羊毛产业生产水平相对较低，原料出口比成品生产更为重要。生产的毛呢比较粗糙。但到了近代，这种产业结构开始发生转变，成品出现了品质上的提升，原料开始更多地用于本国生产。这一变化与当时欧洲的政治状况不无关系。詹姆斯·巴特沃斯是18至19世纪之交的兰开夏郡人，他记述了英格兰纺织技术进步的外部影响因素：

> 1567年，很多弗莱芒织工由于阿尔瓦公爵（the duke d'Alva）的残酷迫害，而被逐出生养他们的地方。他们在英格兰各地定居下来，引进或促进了台面呢（baizes）、哔叽呢（serges）、卡比呢（crapes）和其他羊毛织物的制造。大约1686年，作为废除《南特敕令》（the Edict of Nantz）和其他路易十四宗教迫害法令的结果，差不多5万各类制造商在不列颠避难。①

---

① James Butterworth, *The Antiquities of the Town and a Complete History of the Trade of Manchester*, Manchester: C. W. Leake, 1822, p. 118.

151

由政治因素导致的技术交流对英国的生产工艺产生了有益的影响。

18世纪中期，英国的毛纺织业已集中于东盎格利亚、英格兰西部、北部的约克郡西区等地。到工业革命时，约克郡西区成为毛纺织业最集中的地区。1800年时英国大约三分之二的毛纺织品由这里生产，[①] 利兹和哈利法克斯（Halifax）是重要的生产、交易中心。

棉纺织业传入英国是相对较晚的事情，大致在16世纪。按照时人流行的说法，棉纺织业大约是在那个时代由低地地区传入的。这一点基本上没有多少争议。巴特沃斯对兰开夏郡的风土人情有不少描述，按照他的说法：

> 棉纺织业引入到这个国家，尤其是兰开夏郡的时间，不是很确定。在早于17世纪的日子里，很少有可靠的文献记录。这可能是由于，在那以前棉制造业太小，不值得关注。……棉麻混纺布的制造原本很可能是从尼德兰传入本国的，据说是由新教难民在博尔顿和曼彻斯特开始这一行业的。[②]

爱德华·拜恩斯以其《大不列颠棉制造业史》而著称于世，迄今他的著述已成为研究英国棉纺织业无法忽视的资料。1835年，拜恩斯是这样谈及此事的：

> 我更倾向于认为，由于1585年面临帕尔玛公爵对这座大商业城市的占领和摧毁，大约同期大量逃离安特卫普的新教工匠和工人将这门技艺是从佛兰德尔输入，同时也有的是来自西班牙、尼德兰的其他城市。[③]

---

① John Rule, *The Vital Century: England's Developing Economy, 1714-1815*, London: Longman, 1992, p. 105.

② James Butterworth, *The Antiquities of the Town and a Complete History of the Trade of Manchester*, pp. 57, 64.

③ Edward Baines, *History of the Cotton Manufacture in Great Britain*, London: H. Fisher, R. Fisher and P. Jackson, 1835, p. 99.

早在英国开始棉纺织业之前，欧洲大陆的许多地方都已引进棉纺织业。西班牙、意大利、低地地区，以及今天法国和德国的一些地方都比英国起步要早，因此，与周边相比，英国在这一行业的开始阶段是处于劣势的。工业革命开始时，棉纺织业在英国纺织业中还是一个弱小的行业。

16世纪，在曼彻斯特，cotton一词还不是指棉，而是指某种羊毛纺织品，其特点是粗糙而结实。也就是说，cotton当时即使在兰开夏郡也是指一种粗纺呢绒，与后来的棉布完全不是一种东西。到17世纪时，曼彻斯特出现了以亚麻作经线的棉麻混纺织物，这种布料称为棉麻混纺布。棉纺织业是以棉麻混纺的形式开始的。由于不列颠岛根本不种植棉花，原料完全依赖进口，所以，英国的棉纺织业从一开始就与国际贸易密切相关。甚至亚麻也是进口的，"棉麻混纺布，以及那个时期实际上的全部棉货，都是以亚麻作经线织成的。经线是汉堡亚麻或爱尔兰亚麻，且以后者为主。……而我们这儿的棉来自西印度群岛、南美洲海岸的殖民地，以及东印度的波旁（Bourbon）和毛里求斯（Mauritius）"。[1]

纺织业是最传统的工业生产领域，其生产组织形式直到19世纪前期还保留了许多旧的形式。生产组织的变革既具有新旧交替的特点，也具有新旧长期并存的特点，旧的生产组织形式是以缓慢的速度衰落的。

最为传统的生产组织形式是家庭生产，经常可以称之为家内制、家庭工业制度。1806年，英国议会做了一次毛纺织工业的调查，其所发布的《特别委员会关于毛制造业的报告》中有这样一个简单的描述，大致反映了家庭工业生产的特征。报告上这样说："家内制是约克郡的工业体系。制造业掌握在许多工匠制造商的手中，他们一般拥有的资本都很少，几乎不会有任何大规模的资本。他们从分销商手里买进羊毛，在自己家里由妻儿帮助生产，并雇用两三个到

---

① James Butterworth, *The Antiquities of the Town and a Complete History of the Trade of Manchester*, pp. 65, 48.

六七个帮工。在必要时他们也给呢绒染色，经由各种阶段他们将其制造成未经整绒的呢绒。"① 该报告所述的特征基本上就是18世纪纺织业中常见的状况。

18世纪早期，丹尼尔·迪福在约克郡西区游历时对这种生产制度有过一段较为详尽的描述。当时，迪福一行人行至哈利法克斯附近，当地多山，山间分布着村庄。对途经村落的所见，他记载如下：

> 总之，在我们登上第三座小山之后，我们发现山间有一个延续错落的村庄。尽管每条道路都崎岖不平，但几乎没有一所房子会与另一所相隔超过讲话能听到的距离。当天气晴好时，我们能看到每家每户都有一架拉幅机，而且，几乎在每架拉幅机上都有一件呢绒、凯尔塞绒（Kersie）或夏龙绒（Shalloon），这些是当地生产的三种布料。穿行于这些房子之间，我们发现每所房子都有一条小水沟或河水的引流渠。如果一所房子高于路面，水沟就从它那里延伸出来，横穿道路到达另一所房子。如果房子比我们所在之处低，水沟就从远处其他一些地势高于它的房子延伸过来。每所大房子都是一家制造厂。如果没有水，就不能生产。那些小溪被引流渠或水管分流和引流，没有一所房子缺少一条小水道作为其必要的附属设施。再有，染布房、洗布坊和其他使用水的地方向小水沟排出染桶里的药液，还有油、皂水、动物油脂和其他呢绒商用于整绒和洗绒的成分。这样的小水沟流经的土地或许曾经非常贫瘠，但由于这种水变得肥沃到超出想象的程度。每个呢绒商必须至少要养一匹马，用于将他的羊毛和必需品从市场运回家，用于把他的毛纱运到纺工那里，把他织成的呢绒送到漂洗坊，以及在完成后送到市场上去卖，诸如此类。每个呢绒商一般为其家庭养一两头牛。根据这种经营方式，每所房子周围都有一小块圈围过的土地。这

---

① *Report and Minutes of Evidence on the State of the Woolen Manufacture of England 1806*, UK Parliamentary Papers.

块地用于喂养牲畜，还可用牛粪施肥。至于谷物，他们种得很少，不足以用于饲养他们的公鸡和母鸡。……尽管我们很少见到有人不关门，但我们还是看到了房子里满是健壮的人，有些在染桶旁，有些在织布机旁，还有人在整理呢绒。妇女和孩子在梳毛或纺纱。从最小的到最老的，所有人都在干活，包括任何刚刚超过四岁的孩子，但自家的人手是够用的。[①]

家庭生产制度之下，一户织工就是一个生产单位。从纺织到出售都由生产者独立完成，是一种小规模的自产自销的经营体制。生产者独立经营，具备有限的资本。这样的织工通常就称为毛呢商。

　　这些毛呢商的产品经过他们的手进入批发市场，再经由商人流向各地的消费市场，有些则会远销海外。利兹在18世纪已经成为英格兰北方的毛纺织中心和产品交易市场，甚至是全英格兰最大的毛纺织产品集散地。从事家庭生产的毛呢商在这里将他们的产品批发出去。迪福在利兹也记述了市场上的毛呢商：

　　　　制造业和贸易的增长不久就令这个市场变得太大，不再局限于布里格（Brigg）。它现在位于高街，从那座桥开始向北差不多延伸到市场大厅，那里是日用品的普通市场。该市场是英格兰北部这类市场中最大的。这里的呢绒市场首先是一个令人称羡的奇迹，可能是举世无双的。埃克赛特郡的那座市场确实也是奇特之事，收入甚丰，但它每周仅开市一天，而这里是每周二和周六都有。开市日的早晨，从一头到另一头，街道上放起了两排支架桌，有时在一边放两排。平板放在支架上，在街道两边形成了一种临时的柜台。呢绒商清晨很早带着他们的布料到这里，很少有人带来超过一匹。开市日很频繁，呢绒商带

---

① Daniel Defoe, *A Tour Through the Whole Island of Great Britain*, the third edition, Vol. III, London: J. Osborn, S. Birt, D. Browne, J. Hodges, A. Millar, J. Whiston and J. Robinson, 1742, pp. 126-128.

着布料去小旅店或酒馆，在那里坐下来。夏天大约六点钟，冬天大约七点钟，呢绒商全都按时而来，桥边老教堂上的市场钟敲响。几分钟里，没有匆忙、嘈杂或最小的混乱，整个市场都满了。看到这些，陌生人会感到吃惊的。所有放在支架上的平板都放上呢绒布料，布匹相互紧挨着竖着排放，每批布料的主人站在他的布料后面。这些人形成了一个商业体系，正如所见，他们排成两行，像军队一样有秩序。一旦钟声敲响，各类代理商和买主就进入市场，在两排桌子间走来走去，像是他们的机会来了。他们中有些人手中拿着外国的订货信，里面封着样品。通过拿着样品到布料那去，找他们认为与样品相一致的颜色。当他们挑出所要的布料，他们就俯身凑近那个呢绒商，低声用可想象的最少的话报出价格。一个人问，另一个出价，双方是否达成交易只在于很短的时间。这种谨慎的沉默的原因是由于呢绒商相互站得太近，一个商人知道另一个商人的交易是不合理的。如果一个商人向一个呢绒商出价，而呢绒商不打算接受，这个呢绒商可能跟随商人到他的房子，并告诉他自己已经考虑此事，且希望他知道。但是，他们不是为此去达成任何新的协议，为的是从街上离开市场到商人房子里去。买家通常在两排摊位的每边来回走两次，差不多一个小时，所有的事情就做完了。你会发现，不到半个小时布料开始就被拿走了，呢绒商搬起它扛在肩膀上，把它运到商人的房子里。八点以后大约半个小时，市场钟再次响起，买家立即消失了，布匹也都卖掉了。如果有剩下的，就被搬回到小旅店。到九点钟，平板和支架都拆除了。街道留给其他行业的市场交易者，亚麻布商、制鞋匠、五金商之类。这样，你见到价值1万或2万的呢绒，有时还会更多，在差不多一个小时内被带来和卖掉。①

---

① Daniel Defoe, *A Tour Through the Whole Island of Great Britain*, the third edition, Vol. III, pp. 109-111.

几乎毫无疑问，这个市场上也会有迪福在哈利法克斯附近山村里见到的那些织工。

家庭生产作为重要的生产组织形式，在许多工业生产领域都存在，棉纺织业与毛纺织业的情况其实是一样的。威廉·拉特克里夫是兰开夏郡的著名棉纺织家，按照他的叙述，这种生产组织形式在18世纪后期还相当普遍。在他居住的小镇上，1770年时有五六十个农场主，但他们主要不是从事农业生产，大多以毛、棉、亚麻纺织为主业。虽然也可算是农场主，但其实农业生产倒算是副业。[①] 对于棉纺织业，安德鲁·尤尔也有相似的记述：

> 在棉货仍是一种混纺织物时，这一制造业在这个国家就总是一种家内生产，与印度的状况相似。织工的作坊是一个乡村小屋。当他坐着干活久了而感到劳累时，他可以到他的小花园中去，用铲子或锄头收拾园中的果蔬。用以纺成纬线的棉绒由他的小孩的手整理干净，在织工妻子的协助下由年长的女儿们梳理和纺纱。织工自己在儿子们的帮助下将纱线织成布。[②]

外放包工制是一种分散的生产组织形式，它在许多制造业中都存在，在纺织业中更为典型。这种生产组织形式与家庭生产制度关系密切，实际上，生产过程的主要部分都是在生产者家中完成的。单看生产过程本身似乎与所谓的家庭生产制度并没有什么不同，都是生产者在自己家中纺纱、织布。但区别在于，外方包工制是由商人组织的生产，家内制是由织工自己组织的生产，尽管二者经常都称自己为制造商。外放包工制在棉纺织业中出现得并不太早，至少在18世纪初时家庭生产还是主流。按照理查德·盖斯特的叙述，18

---

① William Radcliffe, *Origin of the New System of Manufacture, Commonly Called "Power-Loom Weaving"*, Stockport: James Lomax, 1828, p. 59.

② Andrew Ure, *The Cotton Manufacture of Great Britain*, Vol. I, London: Charles Knight, 1836, p. 192.

世纪"开始时,兰开夏郡棉制造业的状况如下所述:经线,或布料的纵线,是亚麻线,从很多地方成束或成缕的输入。织工自己买经线,将它们排成平行线为织布机上经"。[①]

外方包工制之下,商人或制造商向织工和纺工提供生产原料,由纺织工在自己家中完成具体的生产程序,然后制造商将成品或半成品收上来出售或转售给下一道生产程序的制造商。制造商按工作量付给家庭生产者报酬,实际上制造商就成了家庭生产者的雇主,而家庭生产者就成为了雇工。较大的制造商还会雇用一些中间商替他发放原料、收取成品。巴特沃斯说:

> 曼彻斯特商人在开市日定期去买织工的棉麻混纺布,而当时每个织工尽可能地自己获取纱线和棉,这给这个行业造成很大的不便。为了改变这种状况,行商(chapmen)就自己为织工准备经线和棉,并雇用所有小村庄和相邻地方的人,发放原料,收回完成的制成品。那时,每个织工的小屋形成了一个单独的和独立的小工厂。在那里,由家庭的女性成员准备原材料、梳绒和纺线,所提供棉绒和纬线由父亲和儿子们织成成品。[②]

这份记述提供了外放包工制出现的部分原因,但还有其他的因素。家庭生产者之所以进入这种生产体制,主要是因为许多生产者家庭很贫困,难以具备购进生产原料的资金,所以不得不依靠商人先提供原料进行生产,再以成品偿付。棉纺织业中这种生产组织形式可能是在18世纪中期开始变得重要的。盖斯特描述了当时商人如何在曼彻斯特附近安排这种生产:

---

① Richard Guest, *A Compendious History of the Cotton-Manufacture*, Manchester: Joseph Pratt, 1823, pp. 6-7.

② James Butterworth, *The Antiquities of the Town and a Complete History of the Trade of Manchester*, p. 66.

　　直到1740年，曼彻斯特大商人才开始发放经线和原棉给织工，并从他们那里收回布料，支付梳绒、纺粗纱、纺线和织布的钱。在棉麻混纺布织成后，大商人将其染色，然后用驮马运到本王国的大城镇里，打开包裹，卖给他们独自接洽的店主。……大约1750年出现了次级商人，叫作棉麻混纺布老板（fustian masters）。这些人住在乡间，雇用邻近的织工。当时，经营本行业的模式如下：老板发放经线和原棉给织工，收回布料，付给织工织布和纺线的钱。织工如果不在他自己家里纺线的话，就要为纺纱而付给纺工钱。纺工付梳绒工和粗砂纺工钱。老板去曼彻斯特的星期市场，将他的素色布料卖给大商人。大商人其后将布料染色，完成生产。大商人或行商不再带着他们的货物在马背上旅行，而是带着他们的样品骑马从一个城镇到另一个城镇。在他们回家时，旅途中卖掉的货物就由承运商的大车运走了。①

18世纪末，外放包工制生产在棉纺织业仍相当普遍。艾金记录的奥尔德姆教区（Oldham Prish）的状况是这样的：

　　该地的制造业是棉制造业的不同分支，特别是生产厚斜纹布。原料自曼彻斯特通过陆路运输来，成品运回那里的星期二市场。大量的人手在外放包工制下接受曼彻斯特商人的雇佣。这个制造业雇用了所有的人，除了一些煤矿工人、店主和种田的。收入从小孩每天2便士，到成人每天2先令6便士到4先令。妇女用珍妮机纺线，有时每周能挣16到17先令。②

从事外放包工生产的制造商规模各异，雇用十几家到几百家甚至上

① Richard Guest, *A Compendious History of the Cotton-Manufacture*, pp. 8, 10-11.
② J. Aikin, *A Description of the Country from Thirty to Forty Miles round Manchester*, London: John Stockdale, 1795, p. 239.

千家织工或纺工的制造商都有。而领取包工活的织工和纺工可以受雇于一位制造商，也可同时在几位制造商处领取包工活。

在整个外放包工体制中资本的使用有其独特的特征。一般情况下，资本的所有者必须同时拥有固定资本和流动资本才可以开始生产，而在外放包工制下则不然，生产原则上可以在一方所有者仅提供流动资本，另一方所有者仅提供固定资本的情况下进行。外放包工制造商是生产的组织者和雇主，但他通常并不必要为受雇于他的织工、纺工提供生产工具等固定资本。他的投资内容主要是流动资本，即用于生产周转的原材料等。在外放包工体制中，受雇于制造商的家庭纺织工一般是固定资本的所有者和提供者，他们自己拥有生产设备等固定资本而为他人进行生产并获得报酬。不过，也有另一种形式。商人会自己制备生产设备，甚至将小屋出租给生产者。直接生产者除了为商人生产外，其实是一无所有的。

工厂制生产与外放包工制不同。它是一种集中的生产组织形式，许多人受雇在同一场所进行生产，而后者则是分散的。工厂无疑是工业革命中景观的特色，但它却不是工业革命的产物，甚至可能不是英国人的首创。在英国，工厂制最早的起源可以追溯到17世纪后期，有记载的工厂包括威廉·斯坦普（William Stumpe）在马姆斯伯里（Malmesbury）的织造厂、1680年安布罗斯·克劳利爵士（Ambrose Crowley）在桑德兰（Sunderland）建立的工厂，以及一些济贫院。[①]斯坦利·查普曼认为工厂制的起源可追溯到伦敦商人洛姆（Lombe）兄弟，他们在德比郡（Derby）建立了一家丝厂，时间是1719—1721年。18世纪70年代后据说成为英格兰第一家成功的

---

① J.V. Beckett, "The Eighteenth-Century Origins of the Factory System: A Case Study From the 1740s", *Business History*, Vol. 19, Issue 1 (Jan., 1977), p. 55. 另注：所谓济贫院（workhouse），也有译为贫民劳动院或习艺所，为英国济贫法制度下的一种救济机构。教区救济当局将一些老弱病残的、无工作能力又无所养的贫民安排在济贫院中居住，以提供衣食救济。另外，一些有工作能力的贫民也可住进济贫院接受救济，但必须从事教区提供的工作。这样，济贫院或称贫民劳动院在某种情况下就成了集中生产的工厂。

动力制造厂，雇用约300人。①18世纪早期，丹尼尔·迪福在途经德比郡的德文特河（Derwent）时，目睹了这家工厂的运作：

> 这里有一个珍惜的非常超常之物，在英格兰仅此一处。我指的是德文特河畔的那些水车厂，河水驱动着三台巨大的意大利水车用于捻丝。这些机器是在水车厂建立之前，就由英格兰商人用现金从意大利买来的。凭此项发明，一个人所捻的丝顶过去50个人的，而且更结实更好。这个水车有26 586个转轮，97 746个机件。水轮每转一次，生产丝线73 726码。水轮每分钟转三次，一天一夜就可生产318 504 960码丝线。一个水轮驱动所有其余的转轮和机件，而其中任何一个都能单独停下来。还有一个火机把热风吹到这台机器的每个部分，整个运转有一个操控者控制。安放这台动力机的房子非常大，有五六层楼高。……托马斯·洛姆爵士（Sir Thomas Lombe）……将这些技艺和发明引进到本王国。②

工厂首先是以雇佣工人的集中生产为特征，至于是否使用机器则还在其次。至少当时的人们是这样理解这一概念的，所以，迪福、巴特沃斯都认为雇用几个帮工的纺织作坊就是小工厂。1802年的一项有关工厂雇工状况的法律是这样定义工厂的："最近，在同一座建筑中雇用很多男女学徒和其他人，已经在棉和毛的水车厂（Mills）以及在棉和毛的工厂（Factories）中成为惯例。"③这里所使用的Mill

① Stanley Chapman, *Merchant Enterprise in Britain*, Cambridge: Cambridge University Press, 1992, pp. 37-38; Stanley Chapman, *The Early Factory Masters: The Transition to the Factory System in the Midland Textile Industry*, Aldershot: Gregg Revivals, 1992, p. 40.

② Daniel Defoe, *A Tour Through the Whole Island of Great Britain*, the third edition, Vol. III, p. 67.

③ "An Act for the Preservation of the Health and Morals of Apprentices Employed in Cotton and other Mills, and in Cotton and other Factories (42° Georg ii III, CAP. LXXIII)", *The Statutes of the United Kingdom of Great Britain and Ireland*, Vol. I, London: George Eyre and Andrew Strahan, 1804, p. 418.

和Factory可以视为语义相同的词语。工厂作为集中生产场所，使用雇佣劳动，在这项文献里是有法律意义的界定。19世纪，威廉·泰勒给出了一个工厂的定义，他写道："恰当地说，一个工厂是一个将一些工人集合在一起的企业，其目的是为劳动力获取比他们各人在自己家中所获得的更大、更廉价的便利；通过他们的共同努力而得到生产结果，是他们独立劳作所不能获得的；在独立劳作完成生产的几个必要过程中，会出现将一个物件从一个地方搬运到另一个地方的情况，这就造成时间浪费，而工厂则节约时间。工厂的原则是，每个独立劳作的劳动者由某些相关原则所控制。这些原则指导劳动者的生产力去达到一个共同的结果，这是全体共同获取的目标。因此，工厂是一种普遍的相互关联倾向的结果。这一倾向内在于我们的天性，并且从人类已经取得的进步和快乐中发展而来。"[1]同时，泰勒也指出随着工厂制的发展，对新技术和资本的要求都变得更为重要，这也就成了现代工厂的特征。[2]

工厂制在工业革命开始后得到了真正的发展，其中阿克莱特的作用不容忽视。阿克莱特1732年生于兰开夏郡的普雷斯顿（Preston），家境贫寒，曾给一位理发匠做过学徒，开过理发店，还经营过小酒馆。1768年春天，据说他开始对革新滚纺机产生兴趣，尽管他其实对技术所知有限。他在棉纺领域的创业与诺丁汉的两位制造商合伙有关，就是从这个起点他开始走向工厂制生产的成功之旅。两个合伙人是针织品制造商萨缪尔·尼德和杰迪戴亚·斯特拉特，所建工厂的资本主要来自尼德和斯特拉特。他们的合伙工厂建在克罗姆福德（Cromford），建设的时间可能是1771年。后来，阿克莱特继续追逐他的纺纱业梦想，在维克斯沃斯和曼彻斯特各建有一座工厂。[3]阿克莱特的工厂生产获得了极大的成功，他的工厂成了工厂制

---

[1]　W. Cooke Taylor, *Factories and the Factory System*, London: Jeremiah How, 1844, p. 1.

[2]　W. Cooke Taylor, *Factories and the Factory System*, p. 2.

[3]　参见Edward Baines, *History of the Cotton Manufacture in Great Britain*, pp. 147-196; R.S. Fitton & A.P. Wadsworth, *The Strutts and the Arkwrights, 1758-1830*, Manchester: Manchester University Press 1958, pp. 60-85。

的典范。因而，他拥有"英格兰工厂制之父"的美誉。据棉纺商约翰·肯尼迪的记述，在阿克莱特开始工厂生产的10或15年里，许多这类工厂都在水流湍急处建立起来。[①]据帕特里克·库尔科霍恩的统计，1788年不列颠的水力纺纱厂有143座。[②]而1790年，另一个统计数字则是155座。[③]

工厂生产需要有生产车间和集中使用的生产设备，机械化生产还需要为厂房配置动力，这些都意味着固定资本的投入。因此，工厂制生产似乎无疑是以大量的固定资本投资为特点。这一判断理论上无疑是正确的，但它却只突出了历史变化的结果，忽视了历史变化的过程。实际上，在18世纪中期，一位打算开始工厂制生产的制造商并不一定必须投入大量的固定资本。所谓"工厂"某厂房可能仅是能放下一、二台机器的乡村小屋，有些规模较大的常常由过去的农场的仓库、车房改建而成。与外放包工制生产相比，制造商同样需要拥有或租赁一间货栈，也需要有一些生产设备，因此至少在18世纪，最初的工厂对固定资本投资的要求也是相对有限的。

工厂生产的重大改进源自蒸汽机的使用。水车工厂受水力资源的限制很大，但蒸汽动力则可以支持更大规模的生产，也无选址的特别要求。1788年，卡特莱特在瑞特福德的"革命厂"安装了蒸汽机。"革命厂"全部的固定资产投资达13 000英镑，其中厂房建筑为2 700英镑，机器、蒸汽机等投资则达8 000英镑。其他米德兰的蒸汽机工厂也出现这一特征，如布拉德利公司的新厂1795年的建设总投资为10 000英镑，斯特拉特的贝尔颇西厂的厂房投资为6 793英镑，同时机器设备也投入了大致相同的资本。[④]蒸汽动力虽然在较

① John Kennedy, *Observation on the Rise and Progress of the Cotton Trade in Great Britain*, Manchester: S. Russell, 1818, p. 14.

② *An Important Crisis in the Callico and Muslin Manufactory in Great Britain*, London, 1788, pp. 2-3.

③ *Case of the British Cotton Spinners and Manufacturers of Piece Goods*, London, 1790, Appendix.

④ Stanley Chapman, *The Early Factory Masters: The Transition to the Factory System in the Midland Textile Industry*, London: Gregg Revivals, 1992, pp.131, 133-134.

早时就已引入到工厂制生产，但它的推广却要到19世纪才开始。19世纪30年代，蒸汽动力已成为工厂的主要动力来源。1838年棉制造厂动力的80%以上均由蒸汽机来提供，到1850年几乎达到90%。而同期工厂所使用的水力动力不仅未见增长，反而下降了。[①]这说明至少从19世纪30年代开始，蒸汽动力工厂已经成为固定资产投资的主要模式。

二、纺织业的革命与企业家

英国的纺织业包含着一个多彩的成长与变迁的故事——小规模工业与大规模工业、家庭生产与工厂、体力劳动与机器。纺织业包括传统的呢绒、亚麻布、精纺绒织造，还有新兴的棉制造业、丝绸、针织等行业。其中棉纺织业在18世纪的扩张式发展更能体现纺织业的革命特点。纺织业的革命性发展体现在两个方面：一是持续的技术革新，二是企业家的创造力。二者相结合，造就了生产效率的不断提高和生产的扩张。

棉纺织业中技术革新有几方面尤为重要。首先是梳绒，即将棉绒梳理干净，去除杂质，为纺纱做准备。这些工作在家庭生产中大多是由孩子来做，主要是因为操作简单，基本没有技术要求。梳绒设备的改进在18世纪中期就获得了一些进展，早先是一个孩子同时操作两个梳绒板，后来发展到梳绒机。按照肯尼迪的说法，"现在已叫作梳绒机了"。[②]梳绒的过程首先用肥皂清洗棉花，使其更容易梳理。梳理时使用两个手梳板将棉花打成一致的松散块状并且使其保持适合纺纱的合适密度。棉花经过梳理后才能将其用于纺纱。蓬松的棉花团被捻成棉条，连接在一起。这些棉纱条在手纺车上被转变

---

① A. J. Taylor, "Concentration and Specialization in the Lancashire Cotton Industry, 1825-1850", *Economic History Review*, New Series, Vol. 1, No. 2/3 (1949), p. 115.

② John Kennedy, *Observation on the Rise and Progress of the Cotton Trade in Great Britain*, pp. 6-7.

成粗纱或竹节纱。这种纱条松散而粗糙，是纺纱的开始。然后，这种粗纱被纺成所需细度的成品纱。[①]

　　与蒸汽动力一样，纺织机械一直是工业革命的标志性技术。正如我们所见，工业革命的许多研究者不仅将纺织视为创新的主要场所，还将其视为经济增长的驱动力。[②]珍妮机的发明可能在1767年，这项技术的持续改进为大规模纺纱创造了可能。发明者是布莱克本（Blackburn）的哈格里夫斯（Mr. Hargreaves）。早期一架珍妮机只能装备10至20枚纺锭。[③]爱德华·巴恩斯将这种机器描述为一个长方形的框架，其一端放置了八根粗砂，另一端则放置了八个纺锤。粗砂要穿过两根平行的木头才能延伸到纺链，一张一合间形成了一个扣紧物，宛若平行的尺子一般，当它们聚合在一起时，纺线就会快速的运转。[④]这是技术创新的萌芽，到真正能投入使用和切实提高生产效率的程度还需更多改进。

　　真正表现出技术创新才能的是萨缪尔·克隆普顿，他也是兰开夏郡人，1753年生于兰开夏郡博尔顿附近的费尔伍德（Firwood）。他的父亲就是那种从事家庭生产的棉纺织制造商，占有一座小农场。显然，他幼年时家境比较富裕，居所高大敞亮，房舍有"林中宅邸"之名。他从小就在那里学习纺纱织布，这种经历可算是典型的家庭制造商。克隆普顿对纺织机械了如指掌，对生产和财富的需要为他的革新提供了持续的动力。纺织商约翰·肯尼迪这样记述：

　　　　1780年，一架新而有价值的机器出现了，当时叫作"林中宅邸机"，名称源自发明者萨缪尔·克隆普顿先生所住的地方，

---

① John Styles, "The Rise and Fall of the Spinning Jenny: Domestic Mechanisation in Eighteenth-Century Cotton Spinning", *Textile History*, Vol.51, No. 2 (2020), p. 202.

② Roderick Floud and Paul Johnson, eds., *The Cambridge Economic History of Modern Britain,* Volume I: Industrialisation, 1700-1860, London: Cambridge University, 2008, p.135.

③ John Kennedy, *Observation on the Rise and Progress of the Cotton Trade in Great Britain*, pp. 6-7.

④ Edward Baines, *History of the Cotton Manufacture in Great Britain*, Cambridge: Cambridge University Press, 2015, p.157.

位于兰开夏郡的博尔顿附近。现在它被称为骡机，是哈格里夫斯的珍妮机和阿克莱特的水力纺纱机的结合。这种机器与以前所见的任何机器相比，能以少的费用，生产更细更柔的棉纱。因此催生了一种新的和最大的行业。[1]

骡机在纺纱业中产生了巨大的影响。按克隆普顿自己的说法，在英格兰、苏格兰和爱尔兰的棉纺织地区，1812年时有四五百万的纺锭是以骡机的原理工作的。而按照肯尼迪的估计，1829年时骡机纺锭已达700万。[2]直到1825年理查德·罗伯茨（Richard Roberts）发明了自动骡机，这种机器才被取代。自动骡机是一项根本性的突破，实际上是世界上第一台真正的自动化机器。[3]它是以蒸汽驱动齿轮来带动传送带，从而进行纺纱的机械。自动骡机的发明及投入使用又一次提高了纺纱的效率，完成了纺纱方面的又一次变革。

然而，事实证明克隆普顿是一个出色的织工和革新家，但缺乏企业家的才能，他没能成为阿克莱特、欧文那样的人。1791年时，他的生产规模仍是典型的家庭制造商。他"搬到博尔顿，占用了现在国王街17号的房子作为住所，以这所房子的阁楼和毗邻的两座房子做纺织之用。……他在中央阁楼安上了准备机械，在其他两所房子装上了两架新骡机。现在，他在两个大儿子的帮助下在这里工作"。1800年时，他因骡机技术得到了四五百英镑的奖金。用这笔钱他扩大了生产规模，租下了一家工厂的顶楼，安装了两架骡机，使用动力驱动。1803年他雇用了3名男纺工、1名女工和6名童工。[4]他无疑已经成为一位工厂主，不过他一生的成就也就基本止步于此了。

---

[1]　John Kennedy, *Observation on the Rise and Progress of the Cotton Trade in Great Britain*, p. 15.

[2]　John Kennedy, *A Brief Memoir of Samuel Crompton*, Manchester: Henry Smith, 1830, p. 7.

[3]　Roderick Floud and Paul Johnson, eds., *The Cambridge Economic History of Modern Britain*, Volume I: Industrialisation, 1700-1860, p.136.

[4]　Gilbert J. French, *The Life and Times Samuel Crompton*, London: Simpkin, Marshall & Co., 1859, pp. 112-113, 125.

人们对于纺纱技术的探究热情同样也展现在织布技术上。动力织布技术在18世纪70年代就有革新出现。"由机器驱动的织布机，或者叫作动力织机，目前变成了非常重要的改进方向。这些机器由唐克斯特（Doncaster）的卡特赖特（Dr. Cartwright）以很大的智慧建造起来，早在1774年，机器的某些方面就获得了成功。卡特赖特的织布机能织出很好的布料。"[1]不过，这种织机很长时间内并不成熟，很难用于工厂化生产。梭子是用弹簧推动的，这使得穿梭动作太急促，而驱动力是由一根单轴提供的，这又使得所有的动作都很生硬，它最大的贡献在于表明了用动力纺织不是不可能的。[2]所以，在纺纱已经进入工厂化时代时，织布仍主要处于家庭生产状态。

给织布机上经线的技术革新来自另两位纺织者。"1803年，柴郡（Cheshire）布拉德伯里（Bradbury）的托马斯·约翰逊（Thomas Johnson）发明了一台优美而杰出的机器，用于上经线和整理经线，为织布做准备。由此，这项工作能够做得比以前手工做得更好、更廉价。现在据知以'拉特克里夫整经机'（Ratcliff's Dressing Machine）命名，因为这位绅士的不懈努力使之变得更有效率。这给动力织机带来很大优势，因为没有它，动力织机从来不会获得实际的应用。最近的10年里，一些大的此类制造厂得以建立，先是在苏格兰，而后是英格兰。然而，人们发现一个人不能照看两台以上的动力织机，劳动力上节省的成本是否能够抵消动力及其上的开支呢？这仍是一个难题。"[3]这就是直到19世纪初，动力织布得不到发展的原因。19世纪20年代动力织布技术才开始变得较为实用和成熟，由此织布程序也进入了工厂。这得益于詹姆斯·刘易斯·罗伯茨，他以霍罗克斯的织机为原型，改进了动力织机的织

[1]　John Kennedy, *Observation on the Rise and Progress of the Cotton Trade in Great Britain*, p. 18.

[2]　Chales Singer, E. J. Holmyard, and A. R. Hall, *History of Technology*, Oxford: The Clarendon Press, 1957, p. 206.

[3]　John Kennedy, *Observation on the Rise and Progress of the Cotton Trade in Great Britain*, p. 19.

布技术，实现了纺与织之间的平衡。据统计，在1803年，英国的自动织布机只有2 400台，而到了1829年，这一数字上升到了15 000台，在1845年时，则达到了250 000台。[1]

这些技术变革催动着工业的快速增长，18世纪晚期到19世纪中期，英国的棉纺织业增长惊人，总产值从1760年的60万英镑增长到1815年的3000万英镑。[2]在纺纱方面，1760年在使用克隆普顿的纺纱机的情况下，加工100磅棉花所需的操作时间是2 000小时，1825年在使用罗伯茨的自动纺纱机的情况下是135小时。[3]在1797至1850年期间，每个工厂的原棉平均年投入增加了1000%以上，这反映了实际生产力和企业平均规模的增加。[4]

企业家是生产和交易经济活动的组织者，具有经营活动的创造力。他们对自己的领域通常具有广博的经验，对每个生产和交易的过程都了如指掌，很多人原本就是直接的生产者。羊毛、棉等各类纺织业，冶金、制陶等领域在工业革命中都不断涌现出这类杰出人物。

外放包工制就是展现企业家才能的舞台。以棉纺织为例，18世纪中期，曼彻斯特这一行业中商人开始通过这种制度将生产组织起来。他们为织工提供棉绒和经纱，从织工处回购布料。许多织工原本是独立的生产者，但因陷入贫困而成为受雇于商人的工人。曼彻斯特不少大商人起初只是小商人，通过这种方式组织生产而发财，地位不断上升。"大量的棉纺织品被送到位于纽卡斯尔、切斯特和其他地方的集市上交易。原先货物是由马来驮运，道路改善后改由马车运输。骑马到乡间搜寻棉布花样的人带来了市场的扩展。上述的体制慢慢地消散。在更大程度上，曼彻斯特大商人变成了以经纱和棉绒雇用织工或向他们供应纱线的包工商。当供应织工适于织机的

① Beverly Lemire, *Cotton*, London: Bloomsbury Publishing, 2011, p.56.
② P. Deane and W. A. Cole *British Economic Growth, 1688-1959: Trends and Structure*, Cambridge: Cambridge University Press, 1967, pp.185-188.
③ H. Catling, *The Spinning Mule*, Manchester: Manchester University Press, 1970, p.60.
④ S.D. Chapman, *The Cotton Industry in the Industrial Revolution*, Basingstoke: Macmillan Education Ltd., 1972, p.70.

经纱成为常事时，粗斜纹布经营商就出现在织工居住的各个乡间社区。粗斜纹布经营商一方面与曼彻斯特做生意，另一方面也与织工做生意，但他们经常充当曼彻斯特交易所的代理人。"①

工业革命时代，企业家最具创造力的才能体现在工厂制的确立上。资本、技术、组织能力、商业洞察力在他们身上充分结合起来。

与其说阿克莱特发明了水力纺纱机，还不如说他成功地利用了这一技术。阿克莱特实际上并不懂多少纺织技术，他原本是理发匠和假发商。他对纺织业及其技术需要的了解，是通过一些在理发店里的谈话或者在兰开夏乡村中的闲聊才得知的。②他的技术确实是有出处的，可能是来自一位钟表匠的革新。在1771年，阿克莱特和他的合伙人在德文特河谷建立了他的第一家纱厂，也是现代意义上的第一家棉纺织工厂。它依靠湍急的河流和丰富的水源来提供动力，再加上管理者的聪明与勤奋，使得纱厂很快就发展起来了。后来的罗伯特·皮尔爵士谈道："我们所有的眼睛都开始盯在他身上并模仿他的建筑模式。"③1776年阿克莱特在贝尔珀（Belper）建立了水力纺纱厂，资本依然来自于合伙关系。这座工厂：

> 主体建筑长200英尺，宽30英尺，共6层，以砖块铺地；有11个水车驱动工厂运作；水轮直径21英尺6英寸，其底座有15英尺长；水轮的横轴是铁制的，圆周是木制的。这些都是根据克罗姆福德工厂水车原型建造的。④

不过，阿克莱特确实有过人的才能，但应该不是在技术革新上，

---

① S. D. Chapman, *The Cotton Industry and Trade*, London: Methuen & Co., 1905, pp. 20-21.

② 〔法〕保尔·芒图：《十八世纪产业革命——英国近代大工业初期的概况》，杨人楩、陈希秦、吴绪译，第173页。

③ S.D. Chapman, *The Early Factory Masters: The Transition to the Factory System in the Midlands Textile Industry*, New York: Augustus M. Kelley, 1967, p. 128.

④ Thomas Noble, ed., *The History, Gazetteer and Directory of the County of Derby*, Derby: Henry Mozley and Son, 1829. p.101.

而是在生产经营的新理念上。既谈不上技术上有天赋，也没有多少财富可供他支配，阿克莱特似乎除了对纺纱业的发财梦想别无其他。他的成功之路开始于杰德狄亚·斯特拉特——一位已经成功的针织袜商。

斯特拉特出生于一个小农场主兼麦芽制造商家庭，14岁开始做学徒，他的早期经历与许多成功的企业家有相似之处。他的纺织事业从他改良织袜机械开始。当时，在德比郡有人向他推荐了一架初步改良的设备，这显然引起了他的兴趣。斯特拉特为此卖掉了一匹马，将所得的5英镑付给了机器的发明者罗柏（Roper），并请罗柏帮助他继续改良这架机器。这一年是1756年，斯特拉特30岁。大约一两年后，斯特拉特在诺丁汉郡开始从事针织袜生产。除自己拥有一些针织机进行织造外，生产主要是外放包工式的。他将棉线发放给针织工去织成成品。从生产到销售，他更多地是依靠信用来支持运营。他向客户提供的赊购信用可达6至12个月，少数也有长达几年的。当然，他也与大多数制造商一样急需资金周转，如果客户能付现金的话，他就提供售价上的折扣。斯特拉特的产品主要销往伦敦。当与阿克莱特相识时，斯特拉特无疑已在外放包工生产中获得相当大成功。经另一位棉制造商萨缪尔·尼德介绍，斯特拉特认识了四处寻求投资支持的阿克莱特，这就成为了三人合伙建立棉纺工厂的开端。这家工厂就是德比郡的克罗姆福德厂，1771年建成。投资这项事业，对斯特拉特和尼德来说，是具有风险的。因为工厂制生产毕竟需要大笔的投资，且前途并不很明确。[①]但最终工厂经营相当成功，阿克莱特获得了扩展其事业的资本。

1771年阿克莱特又在克罗姆福德兴建了第二座工厂。此后，阿克莱特在各地寻找适宜建立工厂的地方，1780年维克斯沃斯（Wirksworth）厂建成开工，1789年的雇佣人数已达200人。18世纪80年代早期克瑞斯布鲁克（Cressbrook）厂开工；1778年投产的

---

① R.S. Fitton & A.P. Wadsworth, *The Strutts and the Arkwrights, 1758-1830*, pp. 1-24, 48, 60-64.

贝克维尔厂雇佣规模有300人；1781年他又在斯塔福德郡的罗斯特（Rocester）买下一座磨谷坊和一座缩绒坊，后来改造成棉纺厂。[①]阿克莱特在约克郡、兰开夏郡也都开设了工厂。到19世纪80年代，阿克莱特无疑已成为非常成功的纺织家，工厂制生产的表率。1782年时他所经营的棉纺企业"雇用了超过5 000人，全部资本不少于200 000英镑"。[②]

彼得·德林克沃特（Peter Drinkwater）是18世纪著名的棉制造商，1763年6月出生于兰开夏郡的华利。德林克沃特1782年在柴郡诺斯威奇的韦弗河上购买了一家新建的水力棉纺厂，开始了工厂制生产。他还曾因此被阿克莱特指控为侵犯其水力纺纱机专利。1789年，德林克沃特开始建造他的第二家工厂。工厂是一栋位于曼彻斯特皮卡迪利附近的四层建筑，被称为河堤上厂（Bank Top Mill），是由博尔顿和瓦特式蒸汽机提供驱动力的棉纺厂，当时在曼彻斯特还很少见。德林克沃特在使用蒸汽机方面要领先于阿克莱特。虽然阿克莱特和辛普森在1783年的曼彻斯特工厂已经使用了蒸汽发动机，但技术上没有德林克沃特的先进。[③]德林克沃特雇用多位经理来监督生产，工人数量约有500名。罗伯特·欧文大约在1792到1794年间担任德林克沃特的经理。欧文在自传中把德林克沃特描绘成一个缺乏技术知识的合伙人。[④]但根据查罗纳的说法，德林克沃特是一位创新的实业家，对磨坊结构和蒸汽机的规格都有着极佳的洞察力。此外，他还密切关注为他的员工提供良好的卫生条件，并

① 　William Page, ed., *The Victoria History of the County of Nottingham*, Vol. II, London: Dawsons of Pall Mall, 1970, p. 351; R.S. Fitton & A.P. Wadsworth, *The Strutts and the Arkwrights, 1758-1830*, pp. 99, 224, 107; Thomas Noble, ed., *The History, Gazetteer and Directory of the County of Derby*, p.250; M.W. Greenslade & J.G. Jenkins, eds., *A History of the County of Stafford*, Vol. II, London: Oxford University Press, 1969, p. 219.

② 　*The Case of Mr. Richard Arkwright and Co.*, 1782, p. 3.

③ 　Alan J. Kidd, *Drinkwater, Peter(1750-1801), cotton manufaturer*, Oxford Dictionary of National Biography, 2004, p. 1.

④ 　Robert Owen, *The Life of Robert Owen*, London: G. Bell and Sons Ltd., 1920, p. 55.

试图确保他的工厂有良好的通风和充足的日光。①

萨缪尔·欧德诺成长于一个农场主家庭，25岁开始做学徒，但不久后他便回到安德顿开始做起了棉纺织制造商。最初生产粗斜纹布等，后来又生产平纹细布。他的工厂制生产可能开始于1787年。他的第一家蒸汽动力棉纺厂是在兰开夏郡的斯托克波特建立的，时间是1796年。这家工厂雇用了大约50名纺工。1793年，他在德比郡的麦勒又建成一家工厂。该厂为水力纺纱厂，雇用了400多名妇女、儿童和学徒。欧德诺的经营方式是二元的，他以工厂制生产棉纱，而将织布工序外包给家庭织工。他的织布生产规模很大，仅斯托克波特附近就雇用了约1 000名织工。②麦勒厂建于戈伊特河边，1795年艾金记述了这家工厂：

> 枫树桥（Marple Bridge）是个小村庄，它被戈伊特河均分开，一部分在柴郡，一部分在德比郡那边，共有约60座房舍。居民主要在棉制造厂就业。在德比郡这边，离桥一英里远，欧德诺建立了戈伊特河边最大的棉纺厂。从这条河引水提供运转动力。当然，他雇用了附近大部分年轻人。③

罗伯特·皮尔（1750—1830）爵士的家族原本也来自农村，是布莱克本地区一个普通的约曼农家庭。在他祖父时期，皮尔家族就已经开始经营棉纺织业。他的父亲老罗伯特·皮尔在工业革命初期已开始工厂式经营。罗伯特·皮尔已是家族的第二代工厂主和第一位男爵。他从20岁开始就从父亲那里接手棉布印染业，于1770年

---

① W. H. Chaloner, "Robert Owen, Peter Drinkwater, and the Early Factory System in Manchester 1788-1800", *Bulletin of the John Rylands University Library*, Vol. 37, No. 2 (1954), pp.87-88.

② George Unwin, *Samuel Oldknow and the Arkwrights*, London: Routledge, 1996, pp. 7-13, 128.

③ J. Aikin, *A Description of the Country from Thirty to Forty Miles round Manchester*, London: John Stockdale, 1795, pp. 481-482.

在伯里附近开办工厂。"罗伯特·皮尔精力充沛，善于经营，能把实际工作中的精明作风和第一流的商业才能结合起来……他和棉布印染业的关系正如阿克莱特和棉纺业的关系一样，成就也是同样巨大的。"① 1772年，22岁的罗伯特·皮尔与威廉·耶茨等人合伙，在离曼彻斯特8英里的伯利庄园开办了一家新企业。该企业是一家印花布印染厂。他们在附近还开办纺纱厂，并在周边村庄雇用了数百名手摇织布机织工。该公司成立时，正值兰开夏的棉花产业迅速发展阶段。1783年7月8日，皮尔与威廉·耶茨的女儿埃伦（1766—1803）结婚，他们有九个孩子。通过联姻保证稳定的投资关系在当时的工业和商业领域都不少见。到1784年，他直接或间接雇用了至少6 800人。② 像阿克莱特一样，皮尔"在他的工人中引入了构成工厂系统显著特征的雇佣秩序、安排和细分……他坚持一种准时和有规律的制度，这种制度接近军事训练的纪律"。③ 他对市场机会总有着敏锐的感觉，这被认为是英国工业革命时期所有杰出企业家的共同特征。皮尔的政策显然是努力开拓大众市场，首先通过复制伦敦的设计和降低价格，然后通过采用兰开夏开创的新机械和工厂系统。皮尔在1800年被授予男爵爵位，此前他的公司为抵御1797年法国入侵提供了1万英镑的自愿捐款。④ 英国印花棉布业建立于18世纪初，并在整个18世纪在欧洲和美洲享有很高的声誉。

工业革命中的企业家经常有一些共同的特点。他们出身于农场主、制造商等家庭，在生产和经营方面受过训练，并积累了一定的经验。这些人善于利用商业机会和做出正确的投资选择，当然也承担了投资的风险。罗伯特·欧文评价萨缪尔·欧德诺的话代表了当时成功企业家的另一个素质，那就是对事业发展的雄心壮志。欧文

---

① 〔英〕E. 罗伊斯顿·派克：《被遗忘的苦难——英国工业革命的人文实录》，蔡师雄等译，福建人民出版社1983年版，第16页。

② S. D. Chapman, *Peel, Sir Robert, First Baronet,* Oxford Dictionary of National Biography, 2004, p.2.

③ W. C. Taylor, *Life and Times of Sir Robert Peel,* London: P. Jackson, 1851, p.51.

④ S. D. Chapman, *Peel, Sir Robert, First Baronet,* p.3.

说萨缪尔·欧德诺"认为纺纱厂可挣得很大的利润，而且他与满足当前成就的其他人不同，他有更大的抱负，想要成为一个大棉纺商以及最大的平纹细布制造商"。[①]

三、早期的交通建设和能源

工业革命初期交通建设主要体现为运河建设，时间是从18世纪50年代持续到19世纪初。此后虽然仍有新的运河建设，但运河建设的高峰已过去。从1825年开始的铁路建设成为了新型交通设施的标志，铁路建设一直持续到19世纪80年代。19世纪前期的铁路建设其实只处于铁路时代的前期，1848年时不列颠铁路的通车里程为4 646英里，而1886年则为16 700英里。[②]也就是说，19世纪前期只能算铁路建设的开始。

第一条现代运河是由布里奇沃特公爵投资修建的，被称为布里奇沃特运河。运河的设计者是工程师詹姆斯·布林德利（James Brindley），全长超过29英里，历时5年建成。[③]当时对它有这样的记录：

> 根据一项法案的权威来开通运河，这是发生在1755年的一件特别值得注意的事，实际上这导致了英格兰运河航运业的出现。当年，法律通过，某个承建人获得授权，建设从默西河（Mersey）到桑基溪（Sankey brook or river）的运河。……目前这条运河的状态如下：它完全从山基溪分离出来，……长度从菲德尔渡口（Fiddler's ferry）到它分成三岔的地方是9.25英里，……从博德曼桥（Boardman's bridge），它又延伸近2 000码，

---

① Robert Owen, *The Life of Robert Owen*, p. 55.

② 〔英〕克拉潘:《现代英国经济史》中卷，姚曾廙译，商务印书馆1997年版，第237页。

③ J. Aikin, *A Description of the Country from Thirty to Forty Miles round Manchester*, London: John Stockdale, 1795, pp. 112, 115.

令自默西河到此的总距离达11.75英里。运河上共有八个单向闸口和两个双向闸口，水流落差大约60英尺。运输的主要商品是煤，1771年呈送议会的账目显示，运到利物浦的有45 568吨，运到沃灵顿（Warrington）、诺斯威奇和其他地方的是44 152吨。另外，页岩顺流运下，谷物、冷杉木、铺路石和石灰石逆流运上。①

运河建设的第一个阶段出现在18世纪五六十年代。一个运河建设领域主要是将默西河与塞文河和特伦特河（Trent）连接起来，另一条则是将默西河与埃伊河和考尔德河连接起来的运河。连接英格兰东西海岸的特伦特和默西的"大干线"运河于1777年竣工。它的发起人约书亚·维奇伍德利用这条运河把他的陶器运到赫尔港和利物浦港，也会运输煤和黏土等原材料。到18世纪90年代，运河建设在地理位置、货物运输和投资者数量方面变得更加广泛，投资者通常是股份公司。运河在让投资者远离政府债券，转向工业金融资本市场方面发挥了作用。运河工程师在运河的线路和工程设计方面发挥了重要作用，著名的工程师有托马斯·特尔福德（Thomas Telford）、约翰·斯密顿、惠特沃斯（Whitworth）和雷尼等。工程师面临着巨大的自然障碍，需要修建隧道、路堑、路堤、桥梁和引水渠。这样的运河修建工程通常花费很多年，从完成运河干线建设的长期滞后就可以看出。福斯-克莱德运河在法案通过22年后才完工，而利兹-利物浦运河的建设从1770年持续到1816年。运河运输主要是用马拉的小窄船在河道内行进的。

18世纪80年代后期到1815年为运河建设的第二个阶段，其中18世纪90年代中期是运河狂潮期。1789年泰晤士河和塞文运河的开通实现了泰晤士河口和布里斯托尔海峡之间的沟通，1790年考文垂和牛津运河的完工将特伦特和默西运河网与泰晤士河连接起来。

---

① J. Aikin, *A Description of the Country from Thirty to Forty Miles round Manchester*, London: John Stockdale, 1795, pp. 109-111.

即使在这些重要干线通航后，仍有许多不足之处。直到罗奇代尔运河（1804）、哈德斯菲尔德运河（1811）以及利兹和利物浦运河（1816）开通后，才出现了更多跨奔宁山脉（Pennines）的运河设施。[①] 进入19世纪，运河建设日趋衰落。从1791到1795年，议会共授权建设运河48条，授权的投资额共计700多万英镑。[②] 1755到1815年间，用于运河建设及河流改善的投资共计约1 700万英镑。[③] 到1830年内陆水运里程总计3 876英里，1850年为约4 000英里。[④] 运河及河流运输几乎已覆盖了所有城镇，特别是工商业集中的区域。英格兰和威尔士所有内陆水道的里程从1760年的1 399英里增加到1830年的3 876英里，年增长率为1.4%，其中大部分增长归功于运河建设。[⑤]

运河时代确实创造了重要的运输网络，既连接了现有的河流系统，又将水运引入了新的领域。运河降低了运输成本，尤其是大宗货物，如长距离运输的矿石。有学者估计大宗贸易可节省成本50%至70%。[⑥]

铁路建设是19世纪才有的事，但这种交通方式却有古老的起源。16世纪初，德意志的矿井中就有通过轨道牵动的货车，17世纪初英国煤矿也采用了这种装置。这些路轨设施实际是以马拉车辆为运输方式，轨道是为了方便车轮运转的。18世纪结束前，英国的矿山和冶铁厂普遍使用这种轨道运输方式。有时这种设施只在厂矿内部使用，如达比铁工厂里就有轨道20英里；有时是用来连接厂矿和

---

① Philip S. Bagwell, *The Transport Revolution 1700-1985*, London: Routledge, 2003, p.4.

② Charles Hadfield, *British Canals: An Illustrated History*, London: Phoenix House, 1959, pp. 92, 106.

③ J. R. Ward, *The Finance of Canal Building in Eighteenth-Century England*, Oxford: Oxford University Press, 1974, p. 73.

④ Baron F. Duckham, "Canals and River Navigations", Derek H. Aldcroft & Michael J. Freeman, eds., *Transport in the Industrial Revolution*, Manchester: Manchester University Press, 1983, p. 109.

⑤ Ibid.

⑥ Ibid., p.131.

港口或运河的，如格拉摩根郡的彭－伊－达朗铁厂就有一条约9英里的轨道与水路相连接。1820年时，格拉摩根郡已有这类轨道交通设施250英里，而纽卡斯尔的轨道也有400英里。[①]当然，这些轨道设施尚算不上真正的铁路。

斯托克顿－达灵顿铁路（Stockton & Darlington Railway）在铁路史上具有划时代的意义，它开通于1825年，是第一条使用蒸汽火车头做动力的客运铁路。这条铁路最初是为了将煤运到达灵顿和斯托克顿，后来也运载旅客。[②]对于开通时的景象，伦敦的《早晨邮报》有如下报道："惊讶并不限于人类，田野里的动物与天上的飞禽似乎都好奇和敬畏地看着这台机器，它现在以每小时10或12英里的速度拖着不少于80吨的重量向前行进。……从维顿园煤矿（Witton Park Colliery）开始，线路全长近25英里，我们认为这是本王国最长的铁路。铁路几英里范围内的城镇和村庄的全部居民此次好像都到齐了。"[③] 1830年开通的利物浦－曼彻斯特铁路，连接了当时最重要的棉纺织品港口和城市。这条铁路提供定期运输服务，商人可以在一天内返回。[④]

早期铁路的扩张考虑到了国际贸易的需要。利物浦－曼彻斯特铁路连接大西洋港口利物浦和纺织中心曼彻斯特，为原棉进口和精制棉织品出口提供了快捷的交通。随着路线向东扩展，一条铁路穿过奔宁山脉将西海岸的利物浦港与东海岸的赫尔港连接起来。纽卡斯尔和卡莱尔铁路则是横跨不列颠岛的铁路，将从东海岸纽卡斯尔港进口的斯堪的纳维亚木材运送到爱尔兰，再通过港口出口到卡莱尔西部。在建设通往伦敦的铁路时，往往是港口优先。利物浦和布里斯托尔争夺大西洋贸易。为此，利物浦推动了大枢纽铁路（Grand

---

①　〔意〕卡洛·M.奇波拉：《欧洲经济史》第三卷，吴良健等译，第167页。

②　H. G. Lewin, *Early British Railways*, London: Routledge/Thoemmes Press, 1998, p. 10; M. C. Reed, *Investment in Railways in Britain, 1820-1844*, Oxford: Oxford University Press, 1975, p. 4.

③　"Opening of the Stockton and Darlington Railway", *Morning Post*, October 4, 1825.

④　Mark Casson, *The World's First Railway System*, Oxford: Oxford University Press, 2009, p.1.

Junction Railway，GJR）建设，布里斯托尔推动了大西铁路（Great Western Railway，GWR）建设。伦敦和南安普敦铁路将伦敦与这一英格兰南部港口连接了起来，南安普敦便成为了南部最重要的港口之一。后来这条线路发展成为伦敦与西南铁路（London and South Western Railway，LSWR）。①

到19世纪30年代早期，英国的铁路运输动力还是三种类型并存的，即马拉车厢的铁路、固定蒸汽机牵引的铁路、蒸汽火车头牵引的铁路。1834年，卡莱尔铁路即将完工时，董事们还在讨论使用马匹的问题。不过那以后不久，蒸汽机车牵引最终成为铁路运输的动力形式。②

19世纪20年代，乔治·斯蒂芬森开发了第一个高压蒸汽机车（high-pressure steam locomotive），动力机车替代马匹成为可能。铁路是新的运输方式，人们对于轨距一开始并没有达成共识。曼彻斯特和利物浦铁路建设时采用了斯蒂芬森设计的4英尺8.5英寸轨距，这种轨距在早期铁路中最常见。其他的轨距从3英尺10英寸到5英尺不等。到1840年，一些工程师主张铺设更大轨距的路轨，尺寸从5英尺到7英尺不等。这种设想是希望降低运营成本。③大西铁路便是使用了更宽轨距的铁轨。到19世纪70年代，许多宽轨铁路又转换为斯蒂芬森轨距，原因大抵在于宽轨并未使成本下降。④

铁路建设的高峰在19世纪30年代才开始出现，即1837至1840年的第一次铁路狂潮。在1825至1835年期间，总共通过了54项法案，授权修建铁路。到1838年底，开通铁路里程500多英里。最重要的组成部分是1838年开通的伦敦和伯明翰铁路，它通过大联合铁路与利物浦相连，通过北方联盟与普雷斯顿相连。⑤此后，在1846

---

① Mark Casson, *The World's First Railway System*, Oxford: Oxford University Press, 2009, p.3.

② 〔英〕克拉潘：《现代英国经济史》上卷，姚曾廙译，商务印书馆1997年版，第473—474页。

③ Douglas Puffert, *Tracks Across Continents, Paths Through History: The Economic Dynamics of Standardization in Railway Gauge*, Chicago: University of Chicago Press, 2009, p. 134.

④ Ibid., p. 109.

⑤ Philip S. Bagwell, *The Transport Revolution 1700-1985*, London: Routledge, 2003, p. 80.

至1850年出现了第二次建设狂潮，1860至1866年第三次狂潮。经过这三次建设高峰，英国铁路网的主体已经成形。1830年时英国的铁路只有157公里，1840年已有2 390公里，1850年上升到9 797公里，1860年为14 603公里。[①] 1830至1870年期间，英国铁路建设的平均速度约为每年365英里。[②] 铁路建设虽然经常要耗时多年，但竣工后成效非常显著。英国在1836年底只开通了400英里的铁路，但仅仅四年后铁路里程就达到1 500英里。[③]

铁路建设成为维多利亚时代最大的投资项目。为建设特定的线路，铁路发起人组建股份公司，筹措资本。19世纪中期开始，铁路股票成为了伦敦证券交易所日益重要的交易项目，占1863年报价证券面值的26%，到1893年进一步上升到49%。[④] 这些数字中也包括出售外国铁路公司股票，特别是美国铁路公司的股票，这反映了该部门在海外投资增长中的作用。[⑤] 铁路公司是维多利亚时代中期最大的私人投资商业企业，通过参股的方式将分散的资本集中于大规模的项目建设，实现了资本的社会化利用。

铁路运费大大低于公路和运河，而且在1830至1870年期间铁路运费进一步下降。按高尔维什的估计，每英里2—2.5美元的二等铁路客运票价远远低于同类型舒适度的公路票价（3.5—4.5美元）。运河每吨的运输费用约3美元，而铁路则是1.67美元。到1870年，铁路客运费用又下降了40%，货运费用下降了约30%。[⑥] 1862至

① Roderick Floud & Paul Johnson, eds., *The Cambridge Economic History of Modern Britain,* Volume I : Industrialisation, 1700-1860, p. 305.

② T. R. Gourvish,"Railways 1830-70: The Formative Years", in Michael J. Freeman and D. H. Aldcroft, eds., *Transport in Victorian Britain*, Manchester: Manchester University Press, 1988, p. 57.

③ Ibid., p. 58.

④ Ranald Michie, *The London Stock Exchange: A History,* Oxford: Oxford University Press, 1999, p. 89.

⑤ Ibid., p.116.

⑥ T. R. Gourvish, "Railways 1830-70: The Formative Years", in Michael J. Freeman and D. H. Aldcroft, eds., *Transport in Victorian Britain*, p. 76.

1882年期间，通过铁路运送邮件的成本下降了三分之二。[1]

16世纪木炭仍是英国的主要能源，但煤的开采和利用已有较快发展，大约占到能源消费的十分之一。[2]18世纪开始时，伦敦已成长为欧洲最大的城市，主要出于取暖的需要，对煤的需求越来越大。[3]来自煤炭的廉价热能不仅是满足伦敦家庭需求的理想手段，也广泛提供了工业所需的热能。到1700年，英国总能源消耗的一半左右来自煤炭。在18世纪末，这一比例超过了75%，到1850年超过了90%。[4]一直到19世纪英国的煤炭消费都是大大超过欧洲大陆的。1860年仅英国一国生产的煤炭就是所有其他欧洲国家产量总和的两倍还多。英国的煤矿不仅供应给国内的消费者，而且越来越多地供应给国外市场。[5]过去冶铁的能源主要来自木炭，此时则越来越多转向利用煤炭。随着蒸汽机的不断改良，矿井和运输越来越多地使用煤炭能源。由于运输成本的原因，19世纪早期，欧洲工厂分布与煤矿位置密切相关。[6]铁路建设和汽船的发明降低了运输成本，工业发展得以摆脱煤矿的地理约束。

在英国，随着煤炭需求的日益增加，的确刺激了这一行业内的技术创新。为了解决矿井排水问题，蒸汽机不断得到革新。纽康门的早期蒸汽机通过制造真空、利用大气压作为动力来源，因为极其耗费燃料，所以这种机器应用不广。詹姆斯·瓦特于1769年的改良使得蒸汽机更为实用，并因此获得了专利。[7]18世纪后期瓦特的蒸

---

[1] M. J. Daunton, *Royal Mail: The Post Office since 1840,* New York: Bloomsbury, 2015, p.133.

[2] E. A. Wrigley, *Energy and the English Industrial Revolution,* Cambridge: Cambridge University Press, 2010, p.38.

[3] 〔英〕斯蒂芬·布劳德伯利、〔爱尔兰〕凯文·H. 奥罗克编著：《剑桥现代欧洲经济史：1700—1870》第一卷，第150页。

[4] E. A. Wrigley, *Energy and the English Industrial Revolution,*p. 40.

[5] 〔英〕斯蒂芬·布劳德伯利、〔爱尔兰〕凯文·H. 奥罗克编著：《剑桥现代欧洲经济史：1700—1870》第一卷，第153页。

[6] S. Pollard, *Peaceful Conquest: The Industrialization of Europe,1760-1970,* Oxford: Oxford University Press, 1981, pp.14-16.

[7] J. Mokyr, *The Lever of Riches: Technological Creativity and Economic Progress*, New York: Oxford University Press, 1990, pp. 84-90.

汽机几乎专门用于矿井的排水，支持了煤炭的深层开采，成本也有所降低。这种蒸汽机具有分离的冷凝器，所以它的燃料利用效率相比纽康门的高许多。瓦特还设计了一个传输系统，它可以将蒸汽机的往复运动变为旋转运动。结果，蒸汽机可以在矿井之外的其他领域使用，用于驱动纺纱机、驱动车轮运转，甚至推动船只航行。[①]

四、工业增长与产业结构转变

关于工业革命开始的年代，学术界的见解存在着一定的差异。一种观点将1760年定为工业革命的起点。这种观点是阿诺德·汤因比（Arnold Toynbee）1880—1881年在牛津大学的一系列演讲中首次提出的，并在相当长的时间内得到了大多数学者的认可，保尔·芒图、T. S. 艾什顿在他们的研究中都将1760年作为变化的起点。随着经济史学家对统计资料的重视和计量分析的进一步应用，学者们开始将目光聚焦于1780年。W. W. 罗斯托将工业革命早期定义为现代经济增长的"起飞阶段"。在整体经济中增长首先出现在某些"主要增长部门"中，由于这些部门中的高增长率带动了"补充性增长部门"和"派生性增长部门"的经济增长。棉纺织业是工业革命中公认的"主要增长部门"，1781—1791年原棉进口几乎猛增了320%，[②]这意味着棉纺织业的产出必定出现了近似趋势的增长。这种迅猛的增长态势是此前任何工业部门所没有的，因此罗斯托将1780年视为工业革命的起点。两种不同的观点主要是由于看问题的角度不同而造成的，前者注重经济结构的变化，而后者更重视经济增长率上的表现。差异只是强调的重点不同，因此后来的许多学者干脆采用更为模糊的形式，把18世纪50年代视为起点。笔者认为这

---

① 〔英〕斯蒂芬·布劳德伯利、〔爱尔兰〕凯文·H. 奥罗克编著：《剑桥现代欧洲经济史：1700—1870》第一卷，第143页。
② 〔美〕W. W. 罗斯托：《经济增长的阶段：非共产党宣言》，郭熙保、王松茂译，第55页。

种方法更为合理一些，因为整体经济的变化要包括比经济增长率更广泛的内容。以1851年伦敦"大博览会"作为工业革命的结束，争议并不太多。

菲利斯·迪恩和W. A. 科尔是较早对英国的经济增长进行全面估算的学者，他们20世纪60年代初的研究成果至今仍极具参考价值。据估算1745—1785年的国民实际产出年均增长率为0.9%，年人均产出增长率为0.3%，到1780—1800年的平均增长率为1.8%，人均产出增长率为0.9%。[1]通过对这半个世纪增长的估算，我们可以看出1780—1800年的经济以2倍于此前的速度增长，同时人均产出更是达到过去的3倍。这一估算实际上支持了罗斯托的理论，即18世纪最后20年是英国经济的"起飞"阶段。所谓"起飞"，其语义本身就指明了经济增长的变化是以迅速及明显为特征的。迪恩认为，进入19世纪无论是总产出还是人均产出的增长都较18世纪更为迅速。19世纪前30年的总产出年均增长率估计为2.9%，人均产出增长率为1.5%，但到19世纪中期经济增长有所下滑，估计在2%—2.5%之间。[2]然而，罗斯托的"起飞"阶段论自一开始就引起了学术界的一些质疑。随着对工业革命时期经济增长状况研究的深化，"起飞"的观点遇到了越来越多的挑战。问题在于是否真的存在"起飞"阶段？也就是说18世纪最后20年的增长是否如过去估计得那么快。在迪恩和科尔研究的基础上，N. F. R.克拉夫茨对18—19世纪的经济增长估计作了修正。按照克拉夫茨的修正，平均的经济增长率普遍比迪恩和科尔的数字要低，人均产出的增长率则更低。据估计1760—1780年的年均增长率为0.7%，1780—1801年为1.32%，1801—1831年为1.97%，同时期人均国民生产总值（GNP）的年均增长率分别为0.01%、0.35%、0.52%。[3]较后的研究表明工业革命

① Phyllis Deane and W. A. Cole, *British Economic Growth, 1688-1959: Trends and Structure*, Cambridge: Cambridge University Press, 1969, p. 280.

② Ibid., p. 283.

③ N. F. R. Crafts, *British Economic Growth during the Industrial Revolution*, p. 45.

时期的经济增长变化并不如原先认为的那样剧烈，而是更为平稳。所谓"工业革命"，从词义上讲就是在强调发生了一种"急剧的变化"。但从目前的研究结果来看，这场"革命"已经显得不那么剧烈了，而是更多地体现出渐进的经济变化趋势。从整体经济状况变化看，渐进趋势的增长很可能更符合历史原貌。虽说工业革命已经开始，但进入19世纪之前英国社会的工业特征并不突出。无论是在乡村还是城镇，厂房、烟囱之类的工业景观都是罕见之物，只雇用几人到十几人的小作坊式生产还是常见的规模。以往研究工业革命所关注的工厂制出现、工业中机器生产代替手工生产等标志性的变化，并不是明确地在某一个时期出现的，特别不是在18世纪工业革命开始时一下子就涌现出来的。工厂制代替家庭生产制就是一个相当漫长的过程，直到19世纪前期这两种生产制度依然是共存的，机器生产出现的过程也大致相似。只有到了19世纪20年代以后现代工业的某些面貌才开始清晰地显现出来。

尽管我们认为工业革命时经济是以渐进、平稳的速度在发展，但我们同时也应看到的确有"革命"发生。从克拉夫茨的估计可知，工业的增长速度明显快于整体经济的平均水平。尤其在1760—1780年间，工业的年均增长率为1.51%，是全部经济的两倍多。[1] 可见"革命"的确在工业中发生了。然而，即使在工业中也不是所有部门都出现了明显的扩张，各产业部门的发展速度是很不一致的。快速的增长主要出现在纺织业，以及其后的冶铁、采煤及交通建设这四个行业中，正是这四个部门构成了经济增长的发动机。这些部门因此被称为经济增长的主导部门。"革命"就首先表现在这少数的"主要增长部门"，"在这些部门中，创新或利用新的有利可图或至今尚未开发资源的可能性，将造成很高的增长率并带动经济中其他部门的扩张"。[2] 主导部门的规模一开始都不大，产出份额也有限，但却

---

[1] N. F. R. Crafts, *British Economic Growth during the Industrial Revolution*, p. 32.

[2] 〔美〕W. W. 罗斯托：《经济增长的阶段：非共产党宣言》，郭熙保、王松茂译，第54页。

是最具革命性的产业，现代的经济增长正是从这里发端。这些部门不仅自身具有高增长率而且还带动其他相关部门的增长。如棉纺织业产出的年均增长率1780—1801年为9.7%，1801—1831年为5.6%，同期冶铁业分别为5.1%和4.6%。[1] 相对而言，工业中的其余部门则并没有表现出突出的"革命性"特征。

在这里，我们将在总产出中占有最大份额的部门称为增长的主要贡献部门。虽然现代经济增长发自前述的主导部门，但在工业革命的大部分时间里对增长做出最大贡献的部门却不是工业，而是农业。英国农业以一种独特的方式发展，对经济增长做出了重要贡献。到19世纪初，英国的农业劳动生产率比法国高三分之一，每个英国农场工人的产量是俄罗斯的两倍以上。[2] 1811年农业产出在国民收入中的份额占到35.7%，而同时工业仅为20.8%。[3]直到19世纪20年代，工业产出的份额才超过农业，成为产出比例最大的产业。换而言之，19世纪20年代以前农业为经济增长贡献了最大的份额，即使在1851年时其份额还要占到20.3%。[4]从生产率的变化看，农业的重要性则显得更为突出。据克拉夫茨估计，农业中的全部要素生产率增长在1760—1800年之间为年均0.2%，1801—1831为0.9%，1831—1860为1%。同时期制造业的全部要素生产率增长1760—1800年平均为0.2%，1800—1830为0.3%，1830—1860为0.8%。[5]可见整个工业革命中除了少数主导产业外，农业生产率的增长是全部经济中最快的。在将近一个世纪的工业化历程中，农业中就业的劳动力份额是不断下降的，同时，农业的产出还要养活日益扩大的工业、服务业就业人口并提供原材料，农业还为工业生产提供大部

①　N. F. R. Crafts, "The Industrial Revolution: Economic Growth in Britain, 1700-1860", in Anne Digby and Charles Feinstein, eds., *New Directions in Economic and Social History*, p. 67.

②　R. C. Allen, "Economic Structure and Agricultural Productivity in Europe, 1300-1800", *European Review of Economic History*, Vol.4, No.1 (2006), pp.1-25.

③　Phyllis Deane and W. A. Cole, *British Economic Growth 1688-1959: Trends and Structure*, p. 166.

④　Ibid.

⑤　Ibid., p. 84.

分的原材料：生产布料所用的纤维，生产皮革所用的兽皮，建房、造船以及冶炼金属所用的木炭。简直没有哪一项经济活动最终不是取决于农业生产——即使服务业的职员所用的鹅毛笔和墨水也不例外。[①] 因此，如果没有农业生产率的持续增长，工业和服务业的扩张也就不可能，从而也就不会有工业革命。

生产的革命性变革既不是在整个经济中同时出现，也不是在所有工业部门中同时出现，只是少数几个行业起到了经济增长发动机的作用。

纺织业是英国的传统产业，工业革命开始以前，毛纺织业一直是纺织业中的主力。18世纪的大部分时间内棉纺织业都是一个小行业，无法与毛纺织业的地位相匹敌。1770年时棉纺织业的净产出只有60万英镑，是棉、毛、亚麻、丝四个行业中规模最小的，相比之下，毛纺织业的净产值为700万英镑。[②]在18世纪70年代之前，英国的棉纺织业占纺织品生产附加值的比例不到6%。[③]然而棉纺织业是工业中最具"革命性"的行业，工业生产最初的快速扩张就出现在棉纺织业中。从1779年开始，不到30年的时间棉纺织业就由纺织业中的一个微不足道的行业一跃成为仅次于毛纺织业的第二大行业。1821年时净产值为17 500万英镑，[④]超过毛纺织业成为纺织业中的第一大行业，此后直到第一次世界大战前都保持着这种领头地位。长期以来，国内学术界一谈及工业革命，大多从纺织业中的技术革新开始，这种论证起点强烈地暗示读者，工业革命起始于技术上的革新，但事实远非如此。棉纺织业出现如此迅猛扩张的直接原因是国内与国外市场需求的激增，而不是技术创新。多数技术上的革新是

---

① 〔英〕斯蒂芬·布劳德伯利、〔爱尔兰〕凯文·H. 奥罗克编著：《剑桥现代欧洲经济史：1700—1870》第一卷，第123页。

② Phyllis Deane and W. A. Cole, *British Economic Growth 1688-1959: Trends and Structure*, p. 212.

③ N. F. R. Crafts, *British Economic Growth during the Industrial Revolution*, p. 22.

④ Phyllis Deane and W. A. Cole, *British Economic Growth 1688-1959: Trends and Structure*, p. 212.

在需求压力下为提高生产率才出现的，而且进入19世纪以前这些技术革新并没有在行业内广泛应用。行业内普遍使用的技术仍是18世纪前期甚至更早所使用的传统技术，动力织机的使用也是在19世纪20年代后才逐渐推广。工业革命初始时棉纺织业对整体经济增长的贡献几可忽略，而1802年时其产生的增加值就占到了国民收入的约4%—5%，1812年上升到7%—8%。[1]尽管毛纺织业的地位随着棉纺织业的迅速崛起而相对衰落，但其产出总量仍维持持续上涨势头。在纺织业的四个行业中棉、毛生产通常占到整个行业的70%以上。1805年纺织业的增加值占到国民收入的10%，1821年占14%，1845年占11%。[2]纺织业，尤其是棉纺织业的快速增长，贯穿整个工业化的始终，将其称为经济增长的发动机恰如其分。工业革命发端于纺织业有其独有的意义。纺织业是一个大众消费品生产行业而不是一个奢侈品生产行业，这就使它面对的是一个由普通大众组成的社会性大市场。这一方面形成了其快速扩张的基础，另一方面它的扩张又形成对原料、食品、机械等生产的刺激，对其他行业起到了带动作用。

1814年，乔治·史蒂文森发明了火车机车，但铁路并不是因火车机车才出现。恰恰相反，火车机车是因为铁路的存在才诞生。铺设路轨以运输矿石在英国矿山早已有之，只不过拖动车厢的是马而不是蒸汽机车。19世纪初已开始有较长的铁路用于矿山外的运输，其动力依然是马匹。蒸汽机车是因为可提供更低廉的运输成本才代替了马匹，也正是因为这一优势铁路才在与运河的竞争中胜出，成为运输业的主角。铁路建设的狂潮在工业革命的后期才出现，因此可以说它与工业化开始时的经济增长无关。铁路建设时代开始于1825年，30年代中期增长速度明显加快，1847年达到工业革命结束前的顶峰。1838—1840年平均每年铁路建设支出约900万英镑。

---

[1] Phyllis Deane and W. A. Cole, *British Economic Growth 1688-1959: Trends and Structure*, p. 184.

[2] Ibid., p. 212.

1844—1846年则高达年均1 650万镑，这个数字大约相当于当时国民收入的3%，出口值的28%。① 仅巅峰期1847年就建设铁路6 455英里，雇用25.6万人以上，相当于男性劳动力的4%。② 铁路时代出现在工业革命的后期，作为新的增长源对现代的经济增长起到了推波助澜的作用。首先，铁路建设的扩张意味着产品能以更低廉的成本、更短的时间、更简便的程序运达市场，从而引发了市场的进一步扩大，增加的需求进而再刺激生产的增长。其次，铁路建设本身所产生的后向联系又为其他部门提供了更大的发展空间。其后向联系主要涉及冶铁、采煤、机械制造等行业。铁路建设大大增加了对铁的需求，1844—1851年间铁路建设所消费的生铁占联合王国生铁生产的约15%，占国内市场消费的24%。③ 建设阶段以后，铁路的运营对煤炭、机械形成了持续的需求从而又为这些行业开拓了新的市场。

冶铁业的转变开始于18世纪，19世纪初英国的用铁还要部分依赖进口，然而生产的转变是迅猛的。1805年的产出为25万吨，1825年以后受铁路发展的刺激增长开始加速，在两次铁路投资高峰时冶铁也都出现相应的快速扩展，1835—1839年年均产出为115万吨，1845—1849年为200万吨。④ 1805年总产出占到国民生产总值的5.9%，拿破仑战争结束后冶铁业出现了显著的滑坡，19世纪二三十年代约占国民生产总值的3.6%。⑤ 不仅在占国民生产总值的份额上冶铁业是制造业中仅次于棉纺织业的产业，其增长速度同样表现不凡，1820—1850年的平均增长率达到5.2%。冶铁业的重要性还体现在它产生的前向和后向联系上。从前向联系来看，它的产出成为机

---

① Phyllis Deane and W. A. Cole, *British Economic Growth 1688-1959: Trends and Structure*, p. 231.

② T. R. Gourvish, *Railways and the British Economy: 1830-1914*, London: Macmillan, 1980, p. 20.

③ Ibid., p. 23.

④ Phyllis Deane and W. A. Cole, *British Economic Growth,1688-1959: Trends and Structure*, p. 225.

⑤ Ibid., p. 226.

械制造、铁路建设等行业的投入，它的扩张能力的大小直接影响到这些行业。只有当冶铁业的生产能力能够满足这些行业日益扩大的需要时，它们的发展才能得到保证，否则这些行业就只能依赖进口。冶铁业最直接的后向联系是采煤业，其对煤的需求构成了煤产出相当大的一个比例。1800 年时采煤业还算不上英国重要的基础工业，其产出的主要目的不是作为工业燃料而是用作家庭取暖。刺激煤矿工业增长的因素不在于它本身，而在于大量消费煤的行业，如冶铁、铁路运输及一些使用蒸汽动力的行业。进入 19 世纪后，采煤工业表现出了明显的高增长，1801—1805 年的总产出约为年均 1 300 万吨，到 1846—1850 年为 5 100 万吨，19 世纪 20 年代中期到 19 世纪中期的平均年增长率达到 3.7% 以上，最高时超过 4%。[1] 工业中除了上述少数行业外，多数行业的发展都是缓慢的，保持着传统的生产方式，生产率没有明显的增长，而多数工业劳工都是在这些行业中就业，如建筑业。

工业化起步之前英国各地的工业水平就颇为不同。从就业结构来说，在国内大多数地区仍基本上以农业生产为主时，一些北部纺织业集中的地区，工业化程度就已相当高了。因此工业化并不是在英国国内同时发生，而是经历了一个扩散的过程。工业化过程中各个生产部门的增长率是很不一致的，革命性的增长主要出现在前述的少数主导部门中。少数主导部门的高增长导致劳动和资本等要素从发展缓慢的部门流向高增长部门，不过工业革命中最容易流动的主要是劳动力。这样，工业化过程中各部门的增长差异就导致了整体经济的产业结构最终发生了根本性的变化。工业化以前的英国是一个以农业为主要产业的经济体，工业与服务业只占相对很小的份额。因为工业革命前工业和服务业的就业人员往往是亦农亦工或亦农亦商，所以准确地划分三个产业是不可能的。但我们从格里高

---

① B. R. Mitchell, *Economic Development of the British Coal Industry: 1800-1914*, Cambridge: Cambridge University Press, 1984, p. 3.

利·金（Gregory King）的描述中可以推知，17世纪后期到18世纪前期农业劳动力可能要占全部劳动力的60%—80%。维持人均产出的持续增长需要有更多的劳动和资本的投入，但历史经验告诉我们最重要的是生产率的增长，某个部门的高增长通常主要是由该部门生产率的高增长带来的。生产率的增长先出现在农业中，农业革命先于工业革命发生并且伴随其始终。农业中的生产率的增长使得劳动力可以脱离农业进入其他产业。工业中生产率的增长首先出现在最具革命性的部门中，如纺织业，这些部门也就成了对劳动力最具吸引力的部门。农业和工业人均产出的增加必然要求相应的商品交易、金融、法律等服务业的扩张，产业结构的转变由此开始。所谓工业化，就是指一个社会由以农业生产为主的经济体过渡到以工业生产为主的经济体的过程。工业革命开始前英国农业的产出份额可能占到国民产出的40%—45%，工业为20%—25%。到1801年是农业的产出份额为32.5%，劳动力就业份额为35.9%，同时工业的产出份额为23.4%，就业为29.7%。1851年工业革命结束时农业产出缩减到20.3%，就业为21.7%，相对地，工业产出占国民收入的份额上升到34.3%，就业上升到42.9%。[①] 至此，工业无论在产出还是在就业上都取代农业成为了主要产业。工业化完成的标志就是产业结构完成了这种根本性的转变。

---

① Phyllis Deane and W. A. Cole, *British Economic Growth 1688-1959: Trends and Structure*, pp. 142, 290-291.

第六章　工业化的现代理念

一、经济和社会的新发展观

欧洲工业化不仅呈现了日益革新的经济面貌，还不断影响了人们对社会和世界的理解方式。新观念经常先在个别人那里形成，进而传播到更广的人群。新观念可能先于工业化出现，也可能在工业化中形成，而无论如何新观念都在影响和改变旧有的认识。古典经济学理论由研究工业革命时代的现实问题而形成，因此有关经济发展的理论也是针对当时的实际问题提出的。亚当·斯密、马尔萨斯、李嘉图等经济学家在一些关键的发展问题上都做出了系统的阐述，并对当时的经济社会政策产生了巨大的影响，此处仅就三个最重要的方面进行探讨。

第一，也是最重要的问题，自由与经济发展的关系。

亚当·斯密是公认的古典政治经济学的开创者，也是工业革命的亲历者。1723年6月5日，亚当·斯密出生于苏格兰的柯科迪，是遗腹子。1737年，14岁的斯密进入格拉斯哥大学学习，对数学和自然哲学颇有兴趣。1740年他获得了牛津大学的一笔研究生奖学金，在贝里奥尔学院（Balliol College）继续深造了6年。从格拉斯哥到牛津，他骑乘旅行了差不多一周，领略了从苏格兰到英格兰的风光及农业与工业的变化。[①]

[①]　Ian Simpson Ross, *The Life of Adam Smith*, Oxford: Oxford University Press, 2010, pp. 1-3, 28-35, 57-59.

尽管亚当·斯密从未使用过"经济增长"或"经济发展"的概念，但经济发展问题的确是斯密所关注的最重要的主题。对他来说，增长就是"国民财富"的增长。斯密认为增进生产的主要原因在于劳动分工。由于劳动分工提高了劳动生产率，从而导致规模收益递增，这构成了斯密式发展理论的重要内容。[1]不过他显然对技术性之外的因素给予了更多的关注，这就是国民财富增长的道路问题。他将政治经济学定义为"政治家或立法家的一门科学"。[2]这就意味着经济发展并不仅仅是一个经济问题，而且是一个与政治密切相关的问题。在他看来，实现国民财富增长唯一的和最有效的道路就是自由。斯密认为如果每个人都可以按自己的意志自由行事，不仅有利于最好地实现个人利益，而且还有助于促进公共利益。增加国民财富的具体办法则是增加投资和劳动，资本和劳动的合理使用必然要求二者之间保持一定的均衡比例，而这种均衡的实现必须通过自由来达到。斯密的理论是在自然法哲学的影响下形成的。但他之所以将自由作为经济发展之路却绝非是单纯的理论演绎，而更重要的是从英国的经济现实得出的结论。重商主义至少在斯密时代以前都是英国主流的经济思想。重商主义不仅以与邻为壑的商业顺差论为核心，而且崇尚君主强权，通过专制君主维护特定群体的商业垄断地位，如行会、特许公司等。同时，家长制的统治思维在政府经济社会政策的制定上也有根深蒂固的影响。二者相结合就形成了政府维护特定群体经济垄断地位的理论根基。1555年的《织工法》、1563年的《工匠法》和1662年的《居住法》等直到工业革命时代都是有效的法律。这些法律要么维护某些利益集团的垄断地位、禁止自由从业和投资，要么限制资本和劳动自由流动。斯密对这类法律提出了严厉的批判，他说：它们"妨碍劳动的自由移动……贫民除了在

---

① Ayhan Ucak, "Adam Smith: The Inspirer of Modern Growth Theories", *Procedia: Social and Behavioral Sciences*, Vol. 195 (2015), pp. 665-669.

② 〔英〕亚当·斯密：《国民财富的性质和原因的研究》下卷，郭大力、王亚南译，第1页。

所属的教区内，就不易取得居住权，甚至不易得到工作的机会……而且使贫民不能转地劳作"。它造成的直接经济恶果就是"妨碍劳动和资本的自由活动……从而使劳动和资本不同用途的所有利害，有时候出现令人非常不愉快的不均等"。①压制投资和劳动自然就成了阻碍国民财富实现增长的最大的障碍，因此对斯密而言，道路问题远比技术问题来得更迫切、更重要。倡导经济自由就成为了斯密增长理论的核心。实现经济自由的关键在于，国家不能为维护某些群体的垄断利益而限制全社会经济活动的自由。因此，他主张政府对于经济活动应采取自由放任政策，听凭"一只看不见的手"来自动调节经济运行。确切地说，亚当·斯密的经济自由观就是自由放任，就是政府不应对经济实施管制。当然，为了确保经济发展有一个和平、有序的外在环境，政府仍要发挥其不可替代的作用："第一，保护社会，使不受其他独立社会的侵犯。第二，……设立严正的司法机关。第三，建设并维持某些公共事业及某些公共设施。"②但除此之外，政府就不应再有其他作为，政府的作用就是充当好经济发展的"守夜人"。

亚当·斯密的自由放任理论非常切中18世纪英国的经济问题，重商主义和家长制理念下的英国经济正需要一种新理论体系的指导将其自身的潜能释放出来。当然，并非是斯密开启了经济自由之门。实际上从17世纪以来，地方自治利益、劳动力就业需要等诸多因素都导致了经济管制的不断放松，经济自由度从而逐渐增长。越尝试自由，人们就越渴望自由。然而，至少在整个18世纪中，经济垄断和管制政策仍是当时经济发展的主要障碍。斯密的理论为改变立法者的习惯思维提供了一种新的思想，从这种意义上说，斯密的理论为经济自由之路开启了思想自由之门。整个工业革命过程中获得自

① 〔英〕亚当·斯密:《国民财富的性质和原因的研究》上卷，郭大力、王亚南译，第129、128页。
② 〔英〕亚当·斯密:《国民财富的性质和原因的研究》下卷，郭大力、王亚南译，第252页。

由、打破垄断一直都是时代俊杰们不断追求的目标。这一点正是斯密等古典经济学家所关注的，这也就成为他们反对垄断与管制、倡导自由的原因。自由对于当时的经济来说就是剔除垄断与管制，代之以竞争与经济活动的自由。当然，要想使一种新的思想为时代所接受绝非易事，亚当·斯密是通过"说服了他自己的一代人并支配了下一代人"，①才使自由放任思想成为主流的经济理论。从18世纪末开始，许多政治家已开始成为自由放任理论的追随者，如首相威廉·皮特以及议会议员弗雷德里克·艾登、纳索·西尼尔、艾德温·查德威克等。昔日维护特殊群体垄断地位的法律也相继被废除，1813年议会废除《工匠法》时就承认："它是一个权宜之计，……应当被废除。"②尽管古典经济学家在许多经济理论上都有不尽相同的见解，但从斯密开始，自由放任理论就成为了古典经济学的共同特征。古典经济学的总结者约翰·穆勒也同意："一般应实行自由放任政策原则，除非某种巨大利益要求违背这一原则，否则违背这一原则必然会带来弊害。"③斯密、李嘉图、马尔萨斯、穆勒等代表学者无不是经济自由主义者，倡导自由的理念渗透在他们对诸多具体问题的看法中。正是亚当·斯密最先为他的时代指明了经济发展的自由之路，这一点的确是无人可超越的，后世有学者甚至将斯密的《国富论》誉为"工业革命的《圣经》"④。

第二，人口增长与经济发展的关系。

人口在经济活动中同时充当着生产者和消费者的双重角色，是经济发展中一个非常重要的因素。适宜的人口增长将为经济发展提

---

① 〔法〕夏尔·季德、夏尔·利斯特：《经济学说史》上册，徐卓英、李炳焕、李履端译，商务印书馆1986年版，第116页。

② "Act to Repeal the Statute of Artificers, 15 April 1813 (53 Geo.3, c.40)", J.H. Wiener, ed., *Great Britain: The Lion at Home; A Documentary History of Domestic Policy 1689-1973,* Vol. I , Chelsea House Publishers 1974, p. 913.

③ 〔英〕约翰·穆勒：《政治经济学原理及其在社会哲学上的若干应用》下卷，胡企林、朱泱译，商务印书馆1997年版，第539页。

④ 〔英〕约翰·米尔斯：《一种批判的经济学说史》，高湘泽译，商务印书馆2005年版，第124页。

供充足的劳动力，相反，不适宜的人口结构和增长也将阻碍经济发展的步伐。对于人口与经济发展的研究源自古典经济学的另一位大师——托马斯·马尔萨斯。马尔萨斯的理论首先受到亚当·斯密的启迪，斯密认为人口会随着财富的增长而增长。他的另一个理论来源是杜尔阁的"收益递减规律"。所谓"收益递减规律"是指当生产的投入达到某个数量以后，每增加一单位的投入其所得到的产量会不断下降而最终趋近于零。在上述观点的基础上，马尔萨斯形成自己的人口理论，其基本观点为："人口的增值力无限大于土地为人类生产生活资料的能力。人口若不抑制，便会以几何级数增加，而生活资料却仅仅以算术比率增加。"[①] 该理论的基本逻辑是这样的，人口的增长势必快于生活资料或生产的增长，如果不能设法使人口与生产资料保持适当的比例，未来的人均收入就会日益减少，社会就会陷入日益贫穷之中。实际上，马尔萨斯提出了一个人口与经济发展的结构性问题。生产的增长受自然资源的限制，如果人口增长过快，就可能造成现有的生产水平不能维持未来的生活需要。中世纪以来的西欧社会的确存在着这种人口灾难的潜在威胁。然而，中世纪频发的战乱以及黑死病的大流行，不仅遏制了人口增长过快的趋势，而且还一度造成人口锐减。因此，马尔萨斯认为战争和瘟疫可以有效地抵消人口过快增长的趋势。但在18世纪的英国，战争和瘟疫对人口增长的限制已基本消失，人口增长超过生产增长的趋势似乎变得无可避免了。

英国在工业革命时期的人口增长是有史以来最快的。单就英格兰与威尔士而言，18世纪中期的人口估计在620万以上，1801年约为890万，1851年将近1 800万。[②] 整个不列颠王国的人口在1750年是722万，1800年是1 061万，1850年是2 065万，1870年是

---

① 〔英〕马尔萨斯：《人口原理》，朱泱、胡企林、朱和中等译，商务印书馆2001年版，第7页。

② B. R. Mitchell, ed., *British Historical Statistics,* Cambridge: Cambridge University Press, 1988, pp. 8-9.

2 584万。人口增长率在1700—1769年为年均0.34%，1760—1789年为年均0.74%，1780—1810年为年均1.09%，1801—1839年为年均1.44%。[①] 这个人口增长速度明显高于欧洲的平均水平。[②] 马尔萨斯无疑已观察到了当时人口快速增长的状况，并针对此提出了自己的理论。马尔萨斯的人口理论不久就在英国社会产生了广泛的影响，经济学家李嘉图和许多议会议员都是马尔萨斯主义者。这说明这一理论至少在当时的人看来能够正确解释和反映英国经济发展中的人口问题。从18世纪90年代中期到1820年是工业革命中一个比较特殊的时期，一方面，人口增长依然明显。另一方面，从18世纪90年代前期开始，出现了多次粮食歉收，致使谷物价格上升。以小麦价格为例，1771年英格兰和威尔士每帝国夸特的平均价格为48先令7便士，1795年为75先令2便士，1812年的最高峰为126先令6便士。[③] 同期的劳工货币工资虽也有所上升，但由于粮食价格上涨过快造成实际工资水平普遍下降。这种情况在以农业生产为主的南部尤为明显，许多贫困劳工的实际工资低到连基本的食品开支都无法应付。这一时期的经济发展特征似乎证明了马尔萨斯预言的人口灾难的确正在迫近人们，马尔萨斯理论的流行也正反映出人们对当时人口与经济发展问题的关注。为了防止人口灾难的发生，保证经济发展与人口的合理结构，马尔萨斯提出人们应进行有道德的节育以限制人口的过快增长，尤其是穷人，在他们具备一定的经济能力之前不应当贸然结婚生子。

古典经济学家同时还看到劳动收入在人口与经济发展之间发挥着重要作用。亚当·斯密、李嘉图等都认为一个社会中所需的劳动

① Stephen Broaderry, Bruce M. S. Campbell, Alexander Klein, Mark Overton and Bas van Leeuwen, *British Economic Growth: 1270-1870*, Cambridge: Cambridge University Press, 2015, pp. 29-31.

② Stephen Broadberry and Kevin H. O'Rourke, eds., *The Cambridge Economic History of Modern Europe*, Vol. 1, Cambridge: Cambridge University Press, 2010, pp. 52-53.

③ G. E. Mingay, ed., *The Agrarian History of England and Wales*, Vol. Ⅵ:1750-1850, Cambridge: Cambridge University Press, 1989, p. 974.

量是由资本量决定的，工资也是由资本预付的。李嘉图指出："资本的数量……增加。……市场工资率都会提高，因为资本增加后，对劳动的需求就会成比例地增加。……所以社会每有改进，其资本每有增加时，劳动市场工资就会上升。"①而工资上升肯定会带来生活状况的改善，长期内将导致人口增加，从而使劳动供给大于需求，致使工资率回落。只有保持资本数量增加快于人口增加，劳动需求才能比供给增加得更快，劳动价格才不会降低。由该理论自然会产生一个推论，即要想经济发展能够持续，就必须使劳动工资维持在某一特定水平，这样才能满足人口增长不会超过生产增长的要求。李嘉图将这一工资水平定义为"让劳动者大体上能够生活下去并不增不减地延续其后裔所必需的价格"②，即劳动的自然价格。因此，古典经济学家大多反对人为地提高劳工工资的措施，如向贫困劳工发放补贴等。因为这种政策既破坏了自由竞争所确定的劳动价格，又会刺激人口的过快增长从而阻碍经济增长。这一理论也同时涉及古典理论对于社会公平问题的看法。

第三，社会公平与经济发展的关系。

工业革命带来了整个社会财富的不断增长，理论上，财富的增长最终将使全社会受惠，但这一过程却远比理论复杂得多。工业革命中出现了两个似乎是截然相反的特征。一方面，随着工业革命的深入，不仅社会中上阶层的而且工人的生活水平总体都有所提高，特别在19世纪20年代以后这一改善趋势就更为明显。③早在工业革

---

① 〔英〕彼罗·斯拉法主编：《李嘉图著作和通信集》第一卷《政治经济学及赋税原理》，郭大力、王亚南译，商务印书馆1997年版，第79—80页。

② 〔英〕彼罗·斯拉法主编：《李嘉图著作和通信集》第一卷《政治经济学及赋税原理》，郭大力、王亚南译，第77页。

③ 关于工业革命中的劳工生活水平问题，在20世纪英国学术界曾引发了一场激烈而持久的争论。"悲观派"学者认为整个工业革命过程中工人的生活水平是每况愈下的，而"乐观派"则认为总体上生活水平有所提高。笔者认为工业革命时期的工人生活水平从整体上看是不断改善的，尽管这种改善并不平衡。有关论述参见徐滨"英国工业革命中劳工生活标准的争论与辩驳"，《历史教学》2004年第12期，以及"18—19世纪英国劳工生活标准的变化"，《世界历史》2005年第2期。

命初期，亚当·斯密就已指出了这一发展趋势："劳动报酬优厚是国民财富增进的必然结果，同时又是国民财富增进的自然征候。"[①]不过，经济发展的好处明显更倾向于中上阶层。由此导致另一方面，经济发展的同时贫富分化、社会贫困问题也变得日益突出。据后来的一些英国学者估计，1759年英格兰和威尔士占总人口5%的最高收入群体占有国民收入的31.2%，而占总人口40%的最低收入群体仅占有国民收入的13.7%。到1867年这两组数字分别为46%和13.2%。据此估计的基尼系数1759年为0.509，1867年为0.577。[②]工业革命的过程中贫富分化程度有所加剧。这就引发了一个发展与社会公平的问题，古典经济学家的观点主要通过对贫困救济的态度体现出来。

18世纪90年代由于连年的农业歉收导致粮食价格普遍上涨，农业工人的实际收入明显降低，失业和低收入导致的贫困成为贫困问题的重要特征。对此，英格兰至少有一半的地区开始向低收入的劳工家庭提供工资补贴，这就是旧济贫法体系中的斯频汉姆兰制度。制定这种政策很大程度上是出于长期以来形成的政府的家长制思想。基于自由放任理论，古典经济学家对这种贫困救济政策极为反对。在他们看来，劳动的市场价格是依据劳动市场的供求比例决定的。市场价格按照供求的变化围绕自然价格上下波动，这就是所谓的"工资规律"。因而工资"应当由市场上公平而自由的竞争决定，而决不应当用立法机关的干涉加以统制"。[③]然而，由于斯频汉姆兰制度的工资补贴等各种救济方法的存在，使劳动者的工资不是由"工资规律"决定。马尔萨斯就强烈地反对这种贫困救济措施，他认为在斯频汉姆兰制度下贫困劳工可以得到工资补贴，这样，贫民是

---

① 〔英〕亚当·斯密：《国民财富的性质和原因研究》上卷，郭大力、王亚南译，第67页。

② C. H. Lee, *The British Economy since 1700*, Cambridge: Cambridge University Press, 1986, p. 29.

③ 〔英〕彼罗·斯拉法主编：《李嘉图著作和通信集》第一卷《政治经济学及赋税原理》，郭大力、王亚南译，第88页。

靠救济生活而不是靠工作自立谋生。这种工资补贴的制度，不仅不能解决贫困问题反而会滋生懒惰、使贫困劳工甘心靠救济度日，而且还会使劳工在贫困的状态下不顾后果地结婚生子，这样便造成了贫民数量的增加，因而"济贫法确实是建立在完全错误的基础之上的"。[①]大卫·李嘉图对马尔萨斯的观点也颇为赞同，认为贫困劳工由于可得到工资外补贴和儿童津贴，就使他们毫无顾忌地早婚、生子，从而使贫民数量不但不因救济减少反而增加。李嘉图在成为议员后，更是不遗余力地在议会中推广他的思想。减少社会贫困无疑可以促进社会公平。但在马尔萨斯等古典经济学家看来，工资补贴不仅不能减轻贫困反而会加剧贫困，因而与社会公平背道而驰。同时，由此造成的人口增长也不利于经济发展。19世纪前期自由放任理论已为英国上、中层社会广泛接受，包括相当多的议会议员在内的许多政治家都成为这一理论的信徒。从18世纪末开始英国社会关于改革旧有的贫困救济体制的呼声就越来越高，到19世纪30年代初时古典经济学理论就成为了改革旧济贫法最重要的思想指导原则。1834年关于贫困救济状况的《济贫法报告》是由西尼尔和查德威克二人负责撰写的，他们都是马尔萨斯和李嘉图观点的热诚拥护者。报告认为"应该毫不犹豫地建议完全废除"斯频汉姆兰制度。[②]报告提交不久，一项新的济贫法令即于当年通过了，这就是《济贫法修正案》。修正案最重要的一条原则就是严格禁止对有工作能力的人提供济贫院之外的救济，对于申请救济的贫困劳工要求他们必须从事教区安排的工作以获得救济。新济贫法的通过昭示了在对待贫困和社会公平问题上一种新的理念代替了过去的家长制思想。为了确保社会公平，一定的贫困救济是必要的，但只能提供给那些确有必要救助的，如孤老病残之人。而对于有工作能力的人，按照自由和竞

---

① 〔英〕马尔萨斯：《人口原理》，马箕等译，商务印书馆1961版，第359页。

② "First Report of the Poor Law Commissioners, 1834", in J.H. Wiener, ed., *Great Britain: The Lion at Home; A Documentary History of Domestic Policy 1689-1973,* Vol. Ⅱ, New York: Chelsea House Publishers, 1974, p. 1559.

争的原则就必须通过个人努力来获得生存的机会。古典经济学家反对旧济贫法的最根本原因在于，工资补贴等救助破坏了按自由竞争原则来确立的市场秩序。对于古典经济思想的信奉者，只有自由和竞争才是真正实现社会公平和经济发展的道路。

二、理论与社会变迁

自由放任是古典经济学家普遍认可的经济发展之路。对于18世纪的状况，C.希尔一语道破垄断与自由对发展的不同影响，他说："如果管制和控制体系是有效的，英格兰的工业发展应该已经被无可挽回地摧毁了。"[①] 经济自由是对经济垄断的颠覆，也就是以竞争替代垄断。自由意味着任何人都有权利从事自己喜欢的事业，意味着任何人都可以通过比他人做得好来获得成功。正是这种时代潮流让欧文、阿克赖特这类无名之辈成为杰出的工业家，而此类案例在工业革命中可谓随处可见。自由的基本理念渗透到古典经济学家对许多现实问题的态度上，不仅经济发展必由自由方能实现，而且在人口、社会公平等问题上自由也是他们的基本出发点。

自由放任对于工业革命有着无可替代的价值，但这一理论也有其倡导者所未认识到的缺陷。自由放任是从自由出发，为打破垄断和管制而设计发展道路，但工业革命后期的状况却开始显现出这种自由可以滋生出新形式的垄断。工厂主们联合起来确定工资水平、产品价格，从而控制市场，而且，工厂主完全可以说我们联合是我们的自由。生产者和消费者、雇主和工人为了自己的利益在交易时都希望自己获利更多，按斯密的理论，由于双方都利己，最终就会得到一个公平的交易结果。但实际情况却很可能与理论不一致。生产者的利益与消费者的利益有冲突，产品的质量不是总能有保证。由于消费者不太可能比生产者对产品了解得更清楚，所以生产者更

---

① Christopher Hill, *The Pelican Economic History of Britain*, Vol. 2, 1530-1780, Reformation to Industrial Revolution, London: Penguin Books Ltd., 1980, p. 95.

容易欺诈消费者。工业革命中掺假行为成为当时社会的一个流弊，食品、纺织物均可掺假。当时流行的话是，购买者要自己当心，货一售出概不负责。纺纱厂中大量使用童工、女工，这些人作为弱小群体很难在雇主面前维护自己的利益，他们往往成为工伤、超时工作、营养不良的受害者。这些情况如果社会以自由之名而放任不管，将不可能实现这些人的个人利益，促进公众利益的理想也将不可能，社会公平也更无从谈起。对此，老汤因比的见解非常发人深省："工业革命的结果证明，自由竞争可能产生财富而不产生幸福。"[①] 随着工业革命的深化，人均的社会财富增加了，但社会的贫富差距不仅没有缩小，反而有所扩大。不列颠王国1759年基尼系数为0.45，1801年为0.48。[②] 造成古典经济学经济自由观这种缺陷的原因主要有两点。首先，当时经济发展的最迫切的现实问题就是有无自由的问题，因而古典经济学家的关注点主要集中在如何实现自由上。在他们看来，创造自由就意味着开创了经济发展之路，而其他问题自然也就会迎刃而解。其次，许多弊端都是在它成为主流经济思想以及行为和法律依据之后才逐渐显示出来，如工厂制成为主要的生产制度后工厂工人的遭遇才会成为明显的社会问题。换言之，自由放任的拥护者只看到了它的现实优势，而未能预料到它可能引起的负面影响。然而，自由放任并未能解决所有问题。自由似乎成了一把不太容易控制的双刃剑，既能为开拓发展之路披荆斩棘，也可能割伤自己。不过，从历史现实来看，自由放任虽为19世纪的思想主流，但政府也从未对社会完全地放任不管。一些其他的甚至相当传统的思想仍对政府的经济社会政策有影响。19世纪的《工厂法》运动就是为了匡正自由经济下产生的工厂弊端。这一运动最终导致了一系列《工厂法》的诞生，工厂工人的利益初步有了一定的法律保

---

① Arnold Toynbee, *Lectures on the Industrial Revolution of the 18th Century in England*, London: Rivingtens 1884, pp. 92-93.

② Stephen Broaderry, Bruce M. S. Campbell, Alexander Klein, Mark Overton and Bas van Leeuwen, *British Economic Growth: 1270-1870*, pp. 328-240.

障。这场运动的倡导者主要是工厂主、商人、牧师、贵族等社会中上阶层人士，指导思想并非自由放任理论而一定程度上却是传统的家长制观念。

古典经济学在经济发展问题上最大的一个谬误是其人口与发展关系的理论。该理论虽揭示了一个极其重要的发展问题，但几乎完全错误地解释了当时的现实。首先，马尔萨斯的人口观已为历史所证伪。工业革命时代的人口增长并没有超过生产的增长，据克拉夫茨估计1760年的实际人均消费指数是57.2，1801年是63，1851年则是100，[①]这样，工业革命的结果是带来了人均财富的显著增长。再者，在联系经济和人口增长关系的工资理论上，许多古典经学家都没能找到合理的解释。一方面，李嘉图等经济学家都认同工业革命时代国民财富增长的事实。但另一方面，李嘉图又认为劳动工资只能符合其自然价格。这就意味着经济增长的同时，劳动工资只能停留在某一水平上。但迄今为止的经济史却证明从来不存在工资必然符合维持生存必需水平的趋势。尽管工业革命时期许多行业的工人仅能得到勉强糊口甚至更低的工资，但并不能说明工资的趋势必然如此。实际上19世纪工人收入的整体改善也证伪了李嘉图的观点。在马尔萨斯和李嘉图的理论获得高度赞誉的时候，已经有人认识到其理论的谬误。约翰·巴顿就不同意这种人口理论，他说："人口的增长可以用财富的增加来衡量这一学说在事实面前……站不住脚，……人口的增长并不总是受劳动的实际工资所支配。"[②]但巴顿的批评显然并未引起世人的关注。当然，马尔萨斯预言的人口灾难并非没有可能发生。对于许多后来的发展中国家，人口增长过快、经济增长乏力的确是一个很现实的问题。人口增长与经济发展之间应保持一个合理的比率，在这一点上马尔萨斯的启示仍是不可忽视的。

自由是包含于古典经济学许多理论深处的一根思想主线，但这

---

① N. F. R. Crafts, *British Economic Growth during the Industrial Revolution*, 1985, p. 95.

② 〔英〕约翰·巴顿：《论影响社会上劳动阶级状况的环境》，薛蕃康译，商务印书馆1997年版，第26、34页。

一思想本身即存在着疏漏。人们更多考虑的是如何实现自由的问题，而忽视了如何确保，尤其是如何确保弱势群体自由的问题。仅凭"一只看不见的手"并不能解决好所有经济、社会发展问题，"市场失灵"就在所难免。以自由实现发展的大方向古典经济学家并没有选择错，产生问题的根源在于自由可以打破垄断，但放任的自由则完全可能只实现一部分人的利益而不实现另一部分人的利益。要想个人利益和公共利益同时得到促进，"一只看得见的手"是完全有必要的。实际上，20世纪西方的政府经济调控、福利制度建设等探索都是在用一只看得见的手去帮助那只看不见的手做好其难以做好的事情。

三、欧洲大陆的经济理念

法国在18世纪更多地展现出经济垄断和政府管制的特征。垄断主要来自两方面，一是商业组织自发形成的，二是缘自政府的生产和商业组织。

商业组织的垄断在操控价格和生产数量方面具有一致的特征。18世纪巴黎的肉类供应即垄断于一群商人之手，他们与各地的肉品批发商建立统一的约定，垄断交易、抬高价格。他们的垄断交易网络覆盖广泛，诺曼底、布列塔尼、普瓦图、利木赞、布尔博内、奥弗涅等地的商贩都与之相勾结。据悉，1724年他们在普瓦西集市一地垄断的交易量就有一多半。波尔多的油脂商在1701年曾买下港口所有船只运来奶油、奶酪等商品，囤积居奇，致使这类商品的价格居高不下。1723年旺多姆瓦的葡萄酒经纪人就试图垄断酒桶收购。1707年，几名商人计划垄断比耶姆河的玻璃瓶贸易，在通往巴黎的运输路线上排挤其他承运商。18世纪70年代，阿戈讷河谷的所有玻璃厂的酒瓶由一家商业公司垄断，抬高酒瓶价格。甚至在葡萄收成不好，酒瓶需求下降的情况下，仍维持高价。17世纪后期到18世纪，巴黎的铁商垄断了全国很大比例的生铁生产。他们联合压低生产者的价格，抬高售价，并与国外生铁供应商串通一气，集体采购，迫使国内供应商就范。当然，这类商业垄断也经常遭到竞争者的反对，当地政府有时也可能在多方压力之下禁止此类垄断行为。但无论如何，商业垄断仍广泛存在。[①]

法国国王资助和支持为政府服务的企业，并授予特权，这类企业因此享有巨大利益。18世纪这种政府鼓励的经济组织形式遍及法国。企业凭借王室的特许状能够得到贷款和补贴，以及税收减免和某些垄断特权。许多工业经营都需得到王室许可，行政赋予特权成为经济垄断的一大特点。凭借垄断优势，王室的厚玻璃板公司在1750年成为了世界上最大的工厂，雇用劳工约1 000人，销售额超过100万里弗尔。这类企业的经营由于依赖政府生存，实际上很难体现出效率。[②] 在英国，公路的修建和维护通常由私人企业投资支持，投资者可以从这种"收费公路"中获利，运输者支付通行费。而在1800年的法国，超过一半的公路是由政府投资建设和管理的，总长4.3万公里。法国缺乏英国那样的私人道路投资，同时公路密度也与英国有明显差距。[③] 尽管法国政府在工业上的垄断政策旨在建立国家的经济实力，但实际效果常是事与愿违的。到18世纪后期，政府在经济活动上的垄断特权也越来越受到批评。

18世纪，对这种重商主义式的经济政策的批判主要来自重农主义学说，其核心代表人物是弗朗索瓦·魁奈（1694—1774）。魁奈是一位王室御医，在宫廷和贵族中交往甚广。他的许多著作都发表于18世纪五六十年代。重农主义思想的基本特征是将农业生产视为唯一创造财富的来源，也就说，只有农业是生产性行业。魁奈将该观点表述为："农业是最丰富的，占我国贸易最贵重的部分，是王国

---

① 〔法〕费尔南·布罗代尔：《15至18世纪的物质文明、经济和资本主义》第二卷，顾良译，第445—447页。

② E. E. Rich and C. H. Wilson, eds, *The Cambridge Economic History of Europe*, Vol. V: The Economic Organization of Early Modern Europe, Cambridge: Cambridge University Press, 1977, p. 430.

③ Stephen Broadberry and Kevin H. O'Rourke, eds., *The Cambridge Economic History of Modern Europe*, Vol. 1, pp. 88-90.

收入的源泉。……君主和人民绝不能忘记土地是财富的唯一源泉，只有农业能够增加财富。"①

魁奈认为，商业垄断是法国经济衰落的根本原因。这些垄断一方面来自商人的垄断组织和行为，对此，"必须废除地方和城市，以及公共团体用以谋取狭隘利益的垄断特权，不必说也是很重要的"。②再有，来自于国家政策的法律也应废除，"禁止和妨害国内商业以及相互对外贸易的许多措施，应该废除"。他尤其提到额外的河道税和通行税，因为这些破坏了农产品的长途运输交易。③按照他的理论，经济发达来自两方面。一方面，保障贸易自由。"但是一切交易必须自由，使商人能够为自己的利益，自由挑选最可靠和最有利的国外贸易部门，"这样，"法国可以丰富地生产主要农产物。"④农业生产是一切财富的根源，自由交易从根本上繁荣农业，从而繁荣所有行业。但在当时，法国的政策和各地的垄断势力对农产品交易设置了诸多限制，尤其是税收和价格方面。对此，他论证道："小麦的价格不仅决定于收成的好坏，左右小麦价格的，主要的还有对农产品的交易的自由或限制。如果在丰收时对小麦的交易加以限制或束缚，就会损害农业生产，结果使国家陷入困境，土地所有者收入减少，辅助农业的人员怠惰，不重视自己的工作，使耕作者破产，农村人口稀缺。……因此，我国谷物对外贩卖的自由，是复兴王国农业的重要而不可缺的手段。……但除此之外，还必须不对耕作者任意课税，以免引起不安。……自然的贸易政策在于建立自由的和不受限制的竞争，这种竞争能保证国家有尽可能多的购买者和出售者，从而保证它在买卖交易时达成最有利的价格。"⑤能够繁荣经济的另一方面，就是保障国民的财产权。"因为所有权的安全是社会经济秩序的主要基础。如果所有权没有保障，土地就放弃而不被耕种。

---

① 吴斐丹、张草纫选译：《魁奈经济著作选集》，商务印书馆2007年版，第39、333页。
② 同上书，第93页。
③ 同上。
④ 同上书，第92页。
⑤ 同上书，第27—28、415页。

如果资本和产品，不能够保证归于为耕种而租进土地和预付支出的人的手中，那就不会有提供支出的土地所有者和租地农场主。只有保证永久的所有权，才能导致劳动和财富使用在土地的改良和耕种上，以及工商业上。只有在财富唯一源泉的土地果实的分配上，保有基本权利的最高主权，才能够保证国民的所有权。"[1]

基于上述两点，他认为国家政策"必须维持商业的完全自由。因为最完全、最确实，对于国民和国家最有利的国内商业和对外贸易的政策，在于保持竞争的完全自由"。[2]然而，与亚当·斯密的思想遭遇不同，重农主义的自由经济理念至少在当时并没有表现出多少生命力。熊彼特给出了这样的总结："1750年还没有重农主义。从1760到1770年全巴黎的上层人物都谈论它，而在凡尔赛则谈得更多。到了1780年，每一个人（除了自命为经济学家的人以外）都把它忘了。"[3]魁奈的自由经济思想在现实中遇到的阻力远大于亚当·斯密所遇到的。

打破垄断的思想当时已经开始付诸实践。杜尔阁不仅是理论上的倡导者，更是措施的实施者。杜尔阁在18世纪50年代开始从政，曾于1761年至1774年间任利摩日省长，1774年至1776年任路易十六的财政大臣。他与英国思想家大卫·休谟相识，并在1766年结识了亚当·斯密。他的基本观点认为，土地上的农业生产是财富的唯一源泉。土地的产出提供了劳动者的工资、工商业的利润和利息、地主的收入、国家的税收，甚至积累下来的资本。[4]他将商业垄断、政府管制视为法国经济的最大阻碍，将自由视为繁荣的必由之路。

担任利摩日省长期间，他推行了一系列改革，将他的思想付诸行动。首先，是改革土地税（Taille）。在他到任之前，土地税评估

---

[1] 吴斐丹、张草纫选译：《魁奈经济著作选集》，第333页。
[2] 同上书，第338页。
[3] 〔美〕约瑟夫·熊彼特：《经济分析史》第一卷，朱泱等译，商务印书馆2001年版，第354页。
[4] 参见〔法〕杜阁《关于财富的形成和分配的考察》，南开大学经济系、经济学说史教研组译，商务印书馆1997年版，第22、83—85页。

困难且不合理。杜尔阁建立了一个新部门处理土地税问题。减轻了当地道路保养的负担。过去，道路养护变成了穷苦劳动者的负担，他们出工、提供畜力，但没有报酬，完全是一种劳役负担。劳工家庭怨声载道。杜尔阁废除了这种劳役制度，改为从土地上征收维修费用，雇用劳工修缮道路。提供修缮费用的地方可获得土地税减免。当然，新方式难免会引起怀疑，但最终人们接受了改革。[1]另一项改革，是废除面包价格的垄断特权。按照习惯，当地城镇的面包价格由面包师垄断，名义上是保证公平的价格。但杜尔阁认为烘焙店主利用这一特权维持面包的高价，于是"他终止了他们的特权经营，而许可他们在任何地方以任何愿意的价格出售面包的自由"。[2]

1774年杜尔阁担任大臣的时候，法国正深陷危机之中。《杜尔阁传记》中所说的状况是，"财政混乱，且据知这种混乱无可挽救。资源良好且充足，但信用被毁掉了。这个国家因积弊甚深而恐惧和疲惫，需要一位改革的大臣"。[3]这似乎给了杜尔阁大展宏图的机会。于是他将自己在利摩日省的政策在全国推行。其中两项政策最为卓著。其一，废除行会等的商业垄断，给予所有人自由经营的权利。由他起草的《废除工艺行会法》宣称：

> 在本王国几乎所有城市中，各类工艺和行业的经营集中于少量组成行会的师傅之手。……所有阶层的公民被剥夺了选择他们雇佣劳动力的权利，同时也被剥夺了竞争给他们带来低价和优质劳动的优势。……因此，这些行会在本国那些地方的影响是明显地减少了行业和产业劳动。[4]

基于这一理由，"为了确保商业和工业应享有的全部自由和完全竞

[1] The Marqouis of Condorcet, *The Life of M. Turgot,* London: J. Johnson, 1782, pp. 43-56.
[2] Ibid., pp. 63-64.
[3] Ibid., pp. 77-78.
[4] "Edict of the King: Decreeing the Suppression of Craft-Guilds", in David Gordon, ed., *The Turgot Collection*, Auburn, Alabama: Ludwig von Mises Institute, 2011, pp. 274-275.

争，我们将采取这样的措施……给予所有人自由。……我们将废除和禁止所有商人和工匠的组织和行会，以及师傅资格和工匠行会。取消曾赋予上述组织和行会的所有特权、法律和规章"。[①]其二，他起草《废除巴黎的小麦等谷物的全部税》，赋予农产品交易的自由。法律宣布：

> 追求富庶的最可靠方式是保持自由的流通，这样，商品可以从多余的地方供给到缺乏和需要的地方。保护和鼓励这样贸易，通向具有最大消费和更确定市场地方的大道就一定更畅通。为了使我们的人民了解这些，我们渴望这些原则应该得到清晰和细致的揭示。[②]

杜尔阁改革的目的在于挽救政府的财政困境，振兴国家经济。但是，实践上的阻力并不比思想上的阻力小。杜尔阁的改革政策并没有有效实施，法国也没有从此摆脱困境。18世纪中期，英国开始了工业革命，经济优势开始在欧洲展现出来。几十年后，法国却迎来了另一场革命。

法国没有走英国式的渐进变革道路，而是走上了急剧变革的道路。革命摧毁了旧制度，自由变成了革命的旗号，至少是一个标志。勒费弗尔将1789年大革命的原则总结为两条。"首先，'人生来是和始终是自由的，并应享有平等的权利'：人是自身的主人，在尊重他人自由的条件下，人应该不受任何阻拦地从事其体力活动和脑力活动。人可以说话、写作、劳动、创造以及取得和拥有财产。法律对所有人同样有效。不论出身如何，所有人都可以担任公职。其次，国家本身不是目的，国家的存在是因为它负有保障公民享有其公民权的使

---

① "Edict of the King: Decreeing the Suppression of Craft-Guilds", in David Gordon, ed., *The Turgot Collection*, p. 283.

② "Declaration of the King: Which Repeals Certain Rules Concerning", in David Gordon, ed., *The Turgot Collection*, p. 291.

命。主权属于全体公民；国民把他们的权利委托给一个负责的政府；如果国家不履行自己的义务，公民将反抗国家的压迫。"[1]

重农思想将农业作为唯一创造财富的产业，将经济自由作为实现财富增长的道路。前者只被论证并空谈了几十年，但后者则历经大革命而实施了。仅视农业为生产性行业的想法在18世纪末已失去了影响力。让-巴蒂斯特·萨伊谈到了财富，但抛弃了唯农业论。他将物品满足人类需要的性质称为效用，而"创造具有任何效用的物品，就等于创造财富"。劳动通过创造效用，进而创造财富。根据劳动的目的，行业被划分为农业、工业和商业。[2]他是身处这个大变革时代的经济学家，他对发展道路的理解深受英国思想的影响。但他并非只是亚当·斯密思想的推广者和宣传者，而是如熊彼特所言，他的著作"纯粹是以法国来源为根基的，……他所继承的乃是坎梯隆和杜尔阁的传统，正是从这种传统，他才能够发展"。[3]

萨伊陈述他的时代的状况，"现时几乎一切欧洲国家，没有一国人民能够按照自己所喜欢的方式安排自己的劳动和资本。在多数地方，他们连更换职业和住所也不自由"。[4]这些特征至少是大革命之前的普遍景象。在他的对比之下，唯一例外的是英国。萨伊认为，英国产业发达的原因是商业自由、不受约束；"财产神圣完全不受侵犯，不但不受私人的侵犯，而且不受政府的侵犯"；节俭而积累资本；慎重和精明。[5]

商业垄断，从魁奈到杜尔阁都曾深恶痛绝。萨伊对此也一定深有感触。民族国家之中，垄断经常是商业利益与国家强权相勾结的

---

① 〔法〕乔治·勒费弗尔：《法国革命史》，顾良等译，商务印书馆2012年版，第152—153页。

② 〔法〕萨伊：《政治经济学概论——财富的生产、分配和消费》，陈福生、陈振骅译，商务印书馆1997年版，第59页。

③ 〔美〕约瑟夫·熊彼特：《经济分析史》第二卷，杨敬年译，商务印书馆2001年版，第184页。

④ 〔法〕萨伊：《政治经济学概论——财富的生产、分配和消费》，陈福生、陈振骅译，第192页。

⑤ 同上书，第195页。

产物。"由于政府的力量，有特权的商人没有竞争者，因此能提高价格，超过在自由贸易下能够维持的水平。……无论如何，消费者得付较高于产品价值的价格，而政府通常设法分沾一部分独占利益。"① 垄断的实质就是垄断者和政府的不当得利，其代价则是消费者的巨大损失。这一点萨伊有着清醒的认识，他进而说："大部分的干涉都是以限制生产者人数为目的，其方法或规定他们不得经营一种以上的行业，或规定他们必须遵守的营业条件。这种制度，产生了特许公司和行业联合组织。……专利或垄断继之而起，消费者给付这些特权的代价，而享受特权的人获得全部利益。垄断者能够很容易联合进行利己的计划，他们有合法会议，有正式组织。在这些会议中，他们把公司繁荣曲解为商业繁荣和国家繁荣，他们最不考虑的事体，就是所提出的利益，到底是新的实际生产活动的结果，或不过是移转的利益，即由一个钱袋移转到另一个钱袋、由消费者移转到有特权的人的利益。这就是工商业各部门的经营者极想使自己成为管理对象的真正原因。至于政府方面，通常很乐意于满足这些人的愿望，因为可从中捞一大把。"② 因而，对于整个社会的福利来说，"如果干涉是个坏事，一个仁慈的政府便应该尽量减少干涉"。③

能够使全社会受益的经济原则是允许市场自由，因为自由竞争之下的价格才能够让劳动和资本流向最有效和最需要的地方。对此，他论证道："社会的自然需要及其暂时环境，使某些货物的需求在一定程度上比较活跃。结果，投在这些生产部门的服务，就比其他服务得到较高报酬，就是说，这些生产部门所使用的土地、资本和劳力所得的收入，比其他生产部门所使用的土地、资本和劳力所得的收入大一些。这种较高利润，自然会把生产者吸引到这些生产事业。所以，产品的性质，总是决定于社会的需要。"④ 社会需要是自由市

---

① 〔法〕萨伊：《政治经济学概论——财富的生产、分配和消费》，陈福生、陈振骅译，第201页。
② 同上书，第192页。
③ 同上书，第199页。
④ 同上书，第154—155页。

场的根本和理性所在。萨伊不仅主张国内市场的自由，同样也主张国际贸易的自由。其理由是一致的，交易不应只使商人获利，消费者也同样要获得利益。"政府如果对某些外国产品加以绝对的排斥，势必引起一种独占权利的建立，有利于制造这些物品的国内制造商，而不利于国内消费者。"①

对于政府所应承担的经济责任，萨伊和重农主义者与亚当·斯密具有高度的一致性。"但在政府所能使用以鼓励生产的一切方法中，最有效的是保证人身和财产的安全，特别是保证不受专横权力蹂躏的安全。这种保证本身就是国家繁荣的一个源泉，不仅仅抵销（消）迄今为止所曾经发明的一切阻碍国家繁荣的拘束的影响。拘束会压缩生产的弹性，但没有安全就会导致生产的绝对毁灭。"②

19世纪前期，英国已开始进入工厂制和铁路时代，法国清除了旧制度，而德国还在为成为德国而努力。今天意义上的德国尚不存在，也不是一个统一的经济体。各邦国经济封闭，自设关卡。普鲁士关税同盟的建立成为了德国迈向统一市场的开始，但此后的路仍很长。对于经济发展的理念，思想家们得到了英法的启发，也体现出自己的理解。

19世纪40年代，自由贸易的思想已在西欧获得了很大的市场。但弗里德里希·李斯特却对这种广为流行的经济理论提出了很大的质疑。在他看来，德国要想发展，应该走不同的道路。李斯特认为世界主义的政治经济学不切实际，而他的理论是以"事物本质、历史教训和国家需要为依据的。……作为我的学说体系中的一个主要特征是国家。国家的性质是处于个人与整个人类之间的中介体，我的理论体系的整个结构就是以这一点为基础的"③。

然而，必须注意到，李斯特并非反对经济自由本身。对于当时

---

① 〔法〕萨伊：《政治经济学概论——财富的生产、分配和消费》，陈福生、陈振骅译，第174页。

② 同上书，第221—222页。

③ 〔德〕弗里德里希·李斯特：《政治经济学的国民体系》，陈万煦译，商务印书馆1997年版，第7页。

德国的状况，他首先"认为德国必须取消国内关税，采取统一的对外商业政策，由此来努力达到别的国家凭了他们的商业政策在工商业上所达到的标准。"① 经济自由是发展的必需条件。他梳理欧洲的历史，总结道："在意大利与汉撒城市、荷兰与英国、法国与美国，我们所看到的是个人生产力，因此也就是个人财富，随着所享受到的自由以及政治与社会制度的完善程度作比例的增长；而另一方面，自由与政治社会制度，反过来又从个人的物质财富与生产力取得了进一步进展时所需的要素与动力。英国工业与权力的增长，只是从英国的国家自由奠定实际基础的时候才真正开始的；威尼斯、汉撒城市、西班牙和葡萄牙的工业与权力的崩溃，是与自由的丧失同时发生的。缺少了自由制度以后，公民个人方面无论怎样地勤奋、俭约、富于创造能力和智慧，也不能有所弥补。历史还教导我们，个人的生产力大部分是从他所处的社会制度和环境中得来的。……在一切事业的经营中，最需要活动力、个人勇敢精神、进取心和忍耐精神的就是航海事业，而这些条件只有在自由气氛下才能滋长。……一个富裕的、工商业发达的国家，而同时它却并不享有自由，像这样的情况，历史上还未见过。"②

然而，不同的国家发展程度不同，自由贸易理论不能无条件地适用于所有国家。李斯特认为，自魁奈开始，到斯密、萨伊的普遍贸易自由理论，是错的，是世界主义的，没有考虑到国家的存在和经济发展程度的差异。只有在世界保持持久和平的情况下，国际自由贸易原则才是完全正确的。③

李斯特提出了发展阶段论，认为各国必须根据自身的情况选择适合自己的经济策略，而普遍的经济自由是最高的阶段。他认为各国必须"按照它们自己的发展程度来改进它们的制度。改进的第一个阶段是，对比较先进的国家实行自由贸易，以此为手段，使自己

① 〔德〕弗里德里希·李斯特：《政治经济学的国民体系》，陈万煦译，第5页。
② 同上书，第98、100页。
③ 同上书，第106—109页。

脱离未开化状态，在农业上求得发展；第二个阶段是，用商业限制政策，促进工业、渔业、海运事业和国外贸易的发展；最后一个阶段是，当财富和力量已经达到了最高度以后，再行逐步恢复到自由贸易原则，在国内外市场进行无所限制的竞争，使从事于农工商业的人们在精神上不致松懈，并且可以鼓励他们不断努力于保持既得的优势地位。我们看到处于第一个阶段的是西班牙、葡萄牙和那不勒斯王国；处于第二个阶段的是德国和美国；法国显然是紧紧地靠在最后一个阶段的边缘；但在目前只有英国是实际达到了这个最后阶段的"。[1]

而针对德国当时市场不统一、经济落后的状况，他主张首先需要的是贸易保护，而不是自由贸易。因为，"现代德国，既缺乏一个有力的、统一的商业政策，在国内市场又有一个处处胜过它的工业强国跟它进行竞争，它在这个竞争力量之前毫无掩护"。[2] 德国的生产在外国商品优势的冲击下将没有竞争力，工业生产将被摧毁。"因此获得了教训，认识到在目前世界形势下，任何大国要获得恒久的独立与富强的保障，首先要做到的就是使自己的力量与资源能够获得独立的、全面的发展。"[3] 所以，德国处于必须实施贸易保护的阶段。对此，他提出了可行的措施："欧洲的那些国家，对于自己道德、智力、社会和政治情况作了衡量以后，如果感觉到自己有能力发展成为一个工业强国，就必须采用保护制度，作为达到这个目的的最有效手段。在这个目标下实行这个制度有两个步骤：首先是把外国工业品逐渐从我们市场排除出去，这样工人、才能和资本在外国将发生过剩，它们必须找寻出路；其次是在我们的保护制度下，国外工人、才能和资本流入时应受到鼓励，获得利益，这样国外的剩余生产力才可以在这里获得出路，而不必迁徙到世界上较远地区

---

① 〔德〕弗里德里希·李斯特：《政治经济学的国民体系》，陈万煦译，第105页。
② 同上书，第103页。
③ 同上书，第104页。

或殖民地去。"①这种选择对于处在这个阶段上的德国至关重要。"在与国家环境相配合的情况下采用保护制度，就可以使国内工业获得发展，国外贸易与海运事业获得增长，国内交通运输设备获得改进，农业获得繁荣，并且可以巩固国家的独立自主，扩张国家的对外权力；如果有任何国家实行了这样的制度以后，可以认为有权利预期获得这样的效果，那个国家就是德国。……德国国家的生存、独立和它的前途所依靠的，就是它的保护制度的发展。"②

对于经济自由和贸易保护的关系，李斯特认为，贸易保护政策的有效性依赖于经济自由的制度，及内部的自由与外部的保护相结合。"我们看到了威尼斯、西班牙和葡萄牙的衰落，看到了法国在《南特敕令》废除以后的退化，也看到了英国的经历，在这个国家，自由总是同工商业与国家财富的进展齐头并进的。这些历史事实使我们认识到，要使商业的限制政策永远有效，只有在文化进展和自由制度的支持下才能实现。"③

---

①　〔德〕弗里德里希·李斯特：《政治经济学的国民体系》，陈万煦译，第117页。
②　同上书，第354页。
③　同上书，第103页。

第七章　欧洲的工业化进程

一、欧洲工业化的基本状况

欧洲大陆工业化的起步时间与英国相比要更为模糊。英国工业化开始于18世纪中期，或更晚，可能开始于1780年。欧洲开始的时间普遍迟至19世纪初期，而且学者们也大多不倾向于不给出一个确定的时间点。克鲁泽给出的起点是比较早的，他认为欧洲大陆的工业革命大约开始于1800年。[①]欧洲大陆工业化表现出许多与英国不同的特征，包括国家的作用明显突出得多，金融业与制造业的关系更为密切等。

欧洲各国工业化的直接成果是工业生产能力的显著提升。生铁产量的增长是一个典型例子。1850—1854年，英国的生铁年产量为300万吨，德国的年产量为24.5万吨；而到了1910—1913年，英国每年能生产生铁1 000万吨，德国则达到了1 500万吨。纺织业的生产能力同样有了提升。在1840年，英国每年能纺棉19.2万吨，法国为5.4万吨，德国为1.1万吨；到了1905—1913年，英国每年能加工原棉86.9万吨，法国为23.1万吨，德国为43.5万吨。[②]伴随着工业生产能力的提升，欧洲各国对工业动力的需求也愈发旺盛。蒸汽机

---

① François Crouzet, *A History of the European Economy, 1000-2000*, Charlottsville and London: University Press of Virginia, 2001, p. 130.

② Robert C. Allen, *Global Economic History: A Very Short Introduction*, Oxford: Oxford University Press, 2011, pp. 43, 45.

的发明及不断改良，为欧洲各国解决工业动力问题提供了一种有效方案，随之而来的是欧洲各国蒸汽动力使用量的不断增加。1840年，欧洲使用的蒸汽动力为86万马力；到1870年时，欧洲的蒸汽动力使用量达到了1157万马力；到1896年时，这一数字更是增加到了4 030万马力（详见表7-1）。[1]伴随着蒸汽动力使用量的持续增加，煤的开采量不断扩大。在1810年时，比利时人均煤炭产量达到了英国的四分之三，其中大部分的煤炭用于出口；到1831年时，比利时煤炭年产量达到了230万吨，其中近50万吨用于出口；到了1861年，煤炭产量增加到了1 000万吨，出口量也增加到了340万吨。[2]德国的鲁尔地区在1850年时的煤炭年产量为160万吨，到1870年时就增加到了1 200万吨。[3]在蒸汽动力使用量逐渐增加的同时，传统动力（如水力等）的使用量也有所增加。法国的蒸汽动力发展比较缓慢，但在传统的水力技术上，法国取得了突破，水车和涡轮机技术的改进，使得法国增加水力供应成为可能。1830年，法国安装了1万马力的水力，1848年安装了6万马力，1860年为20.5马力。[4]

表7-1　1840—1896年蒸汽机的总功率（单位：千马力）

年份\国家	1840	1850	1860	1870	1880	1888	1896
大不列颠	620	1 290	2 450	4 040	7 600	9 200	13 700
德国	40	260	850	2 480	5 120	6 200	8 080
法国	90	370	1 120	1 850	3 070	4 520	5 920
奥地利	20	100	330	800	1 560	2 150	2 520
比利时	40	70	160	350	610	810	1 180

[1]　Antonio Di Vittorio, ed., *An Economic History of Europe: From Expansion to Development*, London and New York: Routledge, 2006, p. 182.

[2]　Sidney Pollard, *Typology of Industrialization Processes in the Nineteenth Century*, Boca Raton: CRC Press, 2019, p. 24.

[3]　Antonio Di Vittorio, ed., *An Economic History of Europe: From Expansion to Development*, p. 184.

[4]　Sidney Pollard, *Typology of Industrialization Processes in the Nineteenth Century*, p. 37.

年份 国家	1840	1850	1860	1870	1880	1888	1896
俄罗斯	20	70	200	920	1 740	2 240	3 100
意大利	10	40	50	330	500	830	1 520
西班牙	10	20	100	210	470	740	1 180
瑞典	—	—	20	100	220	300	510
荷兰	—	10	30	130	250	340	600
欧洲	860	2 240	5 540	11 570	22 000	28 630	40 300
美国	760	1 680	3 470	5 590	9 110	14 400	18 060
世界	1 650	3 980	9 380	18 460	34 150	50 150	66 100

资料来源：Antonio Di Vittorio, eds., *An Economic History of Europe: From Expansion to Development*, p. 182。

  受工业化进程的影响，19世纪欧洲各国的经济增长速度明显快于18世纪。在18世纪，英国保持了0.3%的人均GDP（国内生产总值）年增长率，这在当时的欧洲国家中已经属于高水准；而到了19世纪30—70年代，不仅英国的人均GDP年增长率已经达到了1.5%，而且欧洲大陆诸国也有提升：比利时已经达到了1.7%，俄罗斯、波兰等外围国家的年增长率也达到了0.5%以上。[1]更直观地说，到1870年时，比利时和德国的人均GDP几乎相当于1700年水平的两倍，法国和荷兰也增长了70%—75%。[2]可以说，伴随着工业能力的提升，欧洲经济进入了一个长期稳定的发展期（参见表7-2）。

---

  [1] Stephen Broadberry and Kevin H. O'Rourke, eds., *The Cambridge Economic History of Modern Europe*, Vol. 1, p. 220.

  [2] Stephen Broadberry and Kyoji Fukao, eds., *The Cambridge Economic History of the Modern World*, Vol. 1, p. 48.

表7-2　1500—1870年欧洲各地区的人均GDP（单位：1990年国际美元）

年份 国家	1500	1600	1700	1750	1800	1870
大不列颠	1041	1037	1513	1695	2097	3657
荷兰	1119	2049	1620	1812	2008	2744
比利时	1467	1589	1375	1361	1479	2692
瑞典	1086	761	1340	973	857	1345
西北欧	1149	1201	1471	1487	1684	2953
法国	1063	1010	1063	1052	1126	1876
意大利	1533	1363	1476	1533	1363	1542
西班牙	846	892	814	783	916	1207
葡萄牙	724	665	957	1331	775	809
南欧	1154	1096	1142	1161	1144	1590
德国	1146	807	939	1050	986	1839
波兰	702	810	569	602	634	946
中欧	880	809	728	786	795	1333
欧洲	1050	996	1040	1060	1087	1741

资料来源：Stephen Broadberry and Kyoji Fukao eds., *The Cambridge Economic History of the Modern World*, Vol. 1, p. 4。

　　就工业化的水平而言，最早开始工业化进程的英国长期保持了领先地位。到19世纪后期，德国和法国的工业化取得了巨大的成就，已开始接近英国的水平。不过，有关英国衰落的观点至少到1870年仍是不成立的。就蒸汽动力的使用量而言，在1870年时，比利时的人均蒸汽马力仅有英国的40%，法国和普鲁士更是仅有英国的20%。[①] 如果再参考工业产出份额，英国的优势就更为明显。1870年时英国的工业产出份额仍占全欧洲的30%多，而德国不到

---

　　① Stephen Broadberry and Kyoji Fukao, eds., *The Cambridge Economic History of the Modern World*, Vol. 1, p. 53.

20%，法国则更低一些。考虑到英国的人口和国土面积，这意味着英国的影响显然更大。比利时和尼德兰尽管经历了17世纪的辉煌，但在工业时代则表现得没有那么突出，尽管这些地方依然是欧洲的富庶地区（参见表7-3）。

表7-3　1870年欧洲工业概况（%）

		工业占国家GDP的比例	该国工业占欧洲工业的份额	该国GDP占欧洲GDP的份额
西北欧	比利时	30	3.9	3.4
	丹麦	20	0.6	0.8
	芬兰	17	0.3	0.6
	尼德兰	24	1.8	2.1
	挪威	12	—	—
	瑞典	21	1.0	1.3
	联合王国	34	30.3	25.5
南欧	法国	34	18.9	15.8
	意大利	24	10.0	11.6
	西班牙	22	3.6	4.7
	葡萄牙	17	0.7	1.1
中东欧	奥匈帝国	19	9.0	13.1
	奥地利	23	7.2	8.8
	匈牙利	12	1.8	4.4
	德国	28	19.8	20.0
	瑞士	36	—	—

资料来源：Stephen Broadberry and Kevin H. O'Rourke, *The Cambridge Economic History of Modern Europe*, Vol. 1, p. 170。

19世纪的最后30年中，欧洲大陆工业化取得了更大的进展，德国和法国地位尤为凸显出来。到20世纪初，英国的优势已经没有以往那么大了。工业化的后发国家使得英国衰落的观点变得越来越现实。这种衰落是相对的，来自于其差距的缩小，而不是直接被超越。从工业化水平来看，直到1913年英国依然有明显的优势。对于1870年后英国工业是否衰落的问题，有学者认为这实际上是由于其他国家进步更快造成的，直到1913年英国工业在许多方面仍具有优势。1913年，制造品出口上，英国占到全世界的31%，德国占27%，美国占13%，法国占12%。"一战"前，英国仍在西方国家中占有技术优势。在劳动生产率方面，一直到1911年英国仍高于德国，但此时被美国超过。[①]

英国之外欧洲其他工业化水平较高的首先是德国、比利时，其次是法国、瑞士、瑞典等。德国是欧洲大陆国家工业化发展的典范。自19世纪50年代起，德国工业进入了一个快速发展时期，其特点是重工业发展迅速，轻工业则相对缓慢。1850年至1913年间，德国硬煤开采业年产量的增长率为5.3%，钢铁工业为6.6%，金属加工业为5.6%，而纺织业仅为3%，服装业为2.6%，食品业为2.7%。就劳动生产率而言，金属行业的劳动生产率上升了270%，采矿业上升了67%，纺织业上升了115%，食品行业上升了30%。伴随着重工业的发展，德国的鲁尔区形成了以煤炭和钢铁行业为主体的产业体系，其产量和生产效率在进入20世纪后逐渐超越了英国。此外，随着科技的发展，一些新兴产业也成为了德国的优势产业。在19世纪末，德国是一些特定化学品（如染料和药品等）的主要生产国，某些部门的产量占世界总产量的85%—90%；而在电气工程领域，德国的两大工业联合体西门子和通用电气公司（AEG）也占据了大部分市场。[②] 不过，值得注意的是，直到1913年，德国仍有一个效益不高的农业部门，农业在德国经济中的份额依然有23.4%，且吸收

---

① Ivan Berend, *An Economic History of Nineteenth-Century Europe: Diversity and Industrialization*, Cambridge: Cambridge University Press, 2013, pp. 193-194.

② Sidney Pollard, *Typology of Industrialization Processes in the Nineteenth Century*, pp. 50-51.

了35.1%的就业人口。这在一定程度上表明，到1913年时，德国仍然不是一个完全工业化的国家。[①] 比利时、瑞士等国虽已达到很高的工业化水平，但却是资源有限的小国，国力水平其实远逊于德、法两国。意大利、西班牙等外围国家，在19世纪下半叶也开始了工业化的进程，这些外围国家的工业化特点是地区不平衡性明显。1861—1913年，意大利工业总产值（以及在总产值占主导地位的制造业）增长了3.3倍，年均增长率为2.3%。就具体部门而言，冶金业和化学工业的产值增长了近15倍，造纸业和印刷业的产值增长了近10倍，非金属矿产品、工程和纺织业产值的增长率较低，但仍高于平均水平，分别增长了近6倍、5倍和4倍。[②] 随着工业发展，意大利地区发展不平衡的状况加剧。意大利工业集中于西北部的米兰—都灵—热那亚的工业三角区，并由该区域扩散到邻近的威尼托、艾米利亚、托斯卡纳和翁布里亚，而意大利南部的工业水平则逐渐落伍。[③] 西班牙也出现了与意大利类似的工业集中状况，其工业主要集中于加泰罗尼亚和巴斯克地区。这两个地区的制造业就业人数在西班牙全国的制造业就业人数中的比重不断上升：1797年占17%，1860年增加到了22%，1910年又增加到33%。到20世纪初，在冶金、工程、化工和纺织业，加泰罗尼亚和巴斯克地区的就业人数占总就业人数的比例超过61%。[④] 当然，意大利、西班牙和东欧等外围国家的工业化水平不可高估，这些国家基本仍处于农业国状态。参照英国的经济标准，表7-4列出了到1913年为止欧洲工业化的程度。法国、德国等国家尽管进步速度很快，但实际上与英国相比仍有较为明显的差距。

① Sidney Pollard, *Typology of Industrialization Processes in the Nineteenth Century*, p. 47.

② Stefano Fenoaltea, "Notes on the Rate of Industrial Growth in Italy, 1861-1913", *The Journal of Economic History*, Vol. 63, No. 3 (2003), p. 709.

③ Emanuele Felice and Giovanni Vecchi, "Italy's Modern Economic Growth, 1861-2011", *Enterprise & Society*, Vol. 16, No. 2 (2015), pp. 234-235.

④ Joan R. Rosés, "Why Isn't the Whole of Spain Industrialized? New Economic Geography and Early Industrialization, 1797-1910", *The Journal of Economic History*, Vol. 63, No. 4 (2003), p. 996.

表7-4　1913年欧洲工业化水平（英国=100）

国家	人均GDP	相对工业化水平	国家	人均GDP	相对工业化水平
英国	100	100	爱尔兰	60	—
比利时	83	77	意大利	52	23
法国	81	51	西班牙	48	19
瑞士	81	75	芬兰	46	18
丹麦	80	29	匈牙利	41	—
德国	77	74	希腊	38	9
尼德兰	75	23	葡萄牙	35	12
瑞典	71	58	保加利亚	32	9
挪威	68	26	俄国	29	17
奥地利	62	29			

资料来源：François Crouzet, *A History of the European Economy, 1000-2000*, p. 148。

二、欧洲各国工业化起因的差异

工业化初始于不列颠岛而不是欧洲大陆，这一点一直以来都引发了学术界浓厚的兴趣。20世纪以来有关的探索持续不断。W.O.亨德森指出，欧洲没有与英国同时开始工业化是令人惊讶的。他指出欧洲大陆也有煤、铁、羊毛等资源，而且在一些方面并不比英国逊色。在采矿和金属冶炼方面，18世纪中期欧洲的技术还领先于英国。一些新机械也是在大陆先发明出来的，如提花织机（Jacquard loom）、多管蒸汽动力机（Seguin multitubular locomotive boiler）、埃尔曼梳毛机（Heilmann comb）。荷兰和瑞士的银行业发展也不比英国逊色。大陆国家工业机构和公共设施方面提供了金融等支持，对私营企业也有帮助，而这些英国并不具备。当然，欧洲大陆落后的原因也并不难找到。战争和内乱造成社会动荡，阻碍了经济发

221

展。欧洲大陆的很多地方都缺乏资本，而且政府没能将资本需求方与闲置的个人资本联系起来。一些地方交通状况差、关卡林立、通行税过多。一些地方行会限制仍很严格，阻碍了制造业的扩张。直到1789年，农业生产还未产生英国那样的变化。这些构成了差异的原因。[①] 近年来学术界对欧洲工业化的发端更多地从产业结构、资本、制度、文化等方面加以分析。弗兰索瓦·克鲁泽就认为："经济学大家西蒙·库兹涅茨（Simon Kuznets）定义了'现代经济增长'，意为人均产出的连续和自我持续增长，与此相对照的是前工业经济的缓慢和徘徊进步特征。而工业革命代表了现代增长的开始，且伴随着深刻的结构变化。"[②] 他解释工业革命的观点是，工业革命来自供给侧和技术驱动。"因此，人力资本和自由制度，再加之煤和新动力，是解释工业革命的关键。"[③] 克莱齐和费舍尔强调了经济整合和工业化的作用。他们认为，如果没有技术和金融体系的整合，已经积累下的知识和储蓄就难以得到利用。到20世纪初期，欧洲工业化先是经历了铁、煤、铁路以及纺织业的时代，再是经历钢、化工、电力的时代。技术变迁和外贸在现代经济增长中起到了重要的作用。[④]

杰克·戈德斯通提出增长和繁荣并非西方世界所独有，历史上许多地方、许多时段都曾产生过这样的机会，进步和衰落相交替在各个文明都是正常和普通的过程，具有周期性特征。"过渡到自我持续和加速增长的主要瓶颈在可用于商业运作的能源数量和集中度。……该瓶颈的重大突破仅来自于蒸汽机的创造。在18世纪的英格兰，它特别为将化石能源转化为可用燃料而设计。……这一突破的重大意义……在可操控动力方面为英格兰和欧洲提供了巨大优势，

① W. O. Henderson, *Britain and Industrial Europe 1750-1870: Studies in British Influence on the Industrial Revolution in Western Europe*, Leicester: Leicester University Press, 1965, pp. 2-3.

② François Crouzet, *A History of the European Economy, 1000-2000*, p. 104.

③ Ibid., pp. 105, 114.

④ Lee A. Craig and Douglas Fisher, *The Integration of the European Economy, 1850-1913*, Suffolk: The Ipswich Book Ltd., 1997, pp. 61, 273.

创造了西方全面兴起的图景。"①尼克·沃伊哥特兰德等运用统合增长理论回答为什么英格兰第一个开始工业革命的问题。他们认为："欧洲整体上都有机会经历经济转型，但英格兰的机会则更大。这是因为英格兰有高的初始起点收入水平和有利的人口体系。……我们的模型中，工业化的发生是或然的，但初始收入、不平等和人口体系都是关键决定因素。1700年时，英格兰与法国和中国相比，有更高的人均收入、更适宜的人口增长率、更高的城市比率和更高的制造业劳动力比率。欧洲的独特人口体系确保了起始地位，致使工业发展更有可能出现。……技术进步的最大单一决定因素是……人口繁育体系和差异化资本投入的利用。"②

E. A. 里格利对产业结构的影响也给予了关注。他认为17—18世纪英国的农业和工业都有很大发展，第一、二产业产量的上升也产生了对交通服务的需求。"英国每英亩农业产量的上升使它与大部分欧洲大陆区别开来，但它的情况不是唯一的。"低地地区也有相似的情况。如果没有农业的人力生产率的巨大收益，工业革命就很难产生。英国农业为越来越多非农劳动力提供了食物。③这种产业变化对英国领先于欧洲大陆开始工业化有很重要的意义。

达伦·阿西莫格鲁等学者对英国与欧洲大陆工业化起步的先后做出了制度性的解释。为什么这些国家在16世纪走上了不同的发展道路？阿西莫格鲁等认为，这些国家对16世纪大西洋贸易机会做出了不同的反应，这导致上述各国走上了不同的发展道路。在英格兰和尼德兰，当时的海外贸易是以个人和小公司的形式进行的，而葡萄牙和西班牙大西洋贸易则由王室垄断。进入15

---

①　Jack A. Goldstone, "Effloresceenes and Economic Growth in World History: Rethinking the 'Rise of the West' and the Industrial Revolution", pp. 377-379.

②　Nico Voigtländer, Hans-Joachim Voth, "Why England? Demographic Factors, Struvtural Change and Physical Capital Accumulation during the Industrial Revolution", *Journal of Economic Growth*, Vol. 11 (2006), pp. 320, 325, 343-348.

③　E. A. Wrigley, *Energy and the English Industrial Revolution*, pp. 28-34.

世纪，法国、西班牙、葡萄牙的王室比不列颠和尼德兰更为强大，这成为了影响海外贸易组织形式的最重要因素。结果，16、17世纪世界贸易的扩张在这些国家产生了不同的影响。英格兰和尼德兰的商人由于从事海外贸易而变富，而在法国、西班牙、葡萄牙，得到好处的只是王室和相关的群体。在英格兰和尼德兰，新的商人阶层开始形成，并具备了经济上和政治上的影响力，而其他国家却没有。英格兰内战和光荣革命期间，大部分商人和要求限制君主强权的乡绅站在了国王的对立面，共同缔造了政治制度的改变。这个逻辑是，商人和乡绅阶层的壮大，增强了他们的事实性政治权力，使得具备了改变现有制度的力量。只有英格兰和尼德兰发生了这种政治权力、政治制度、经济制度上的变化，法国、西班牙、葡萄牙则没有。结果，只有在尼德兰和英格兰宪政规则得以出现，也仅在这两个国家，财产权得到保障。最终，同样是这两个国家走向了繁荣。[1] 菲利普·霍夫曼主张，西欧优势的形成是由于中世纪的碎化政治导致国家间竞争，从而使火药技术得到发展。这一特征是世界其他地区没有的。[2] 克鲁泽强调，由于英国工业化在不同消费品上的低成本和高效率，使得欧洲大陆难以与之竞争。而欧洲大陆则利用廉价和有技术的劳动力生产了劳动密集型的消费品，特别是纺织品中的奢侈品，如里昂生产丝绸。而且其上游产业也得到发展，如机器纺纱和初级冶铁工业。但在斯堪的纳维亚和地中海地区工业化模式又不相同。瑞典首先是出口初级产品，如木材。然后开始加工和出口半成品。最后才过渡到高技术的工程产品。[3]

尽管英国工业化过程中政府并没有像大陆国家一样发挥那么大

---

[1] Daron Acemoglu, Simon Johnson and James A. Robinson, "Institutions as a Fundamental Cause of Long-Run Growth", in P. Aghion and S. Durlauf, eds., *Handbook of Economic Growth*, pp. 454-455.

[2] Philip T. Hoffman, *Why did Europe Conquer the World?* Princeton: Princeton University Press, 2015, pp. 104-153.

[3] François Crouzet, *A History of the European Economy, 1000-2000*, pp. 118-119.

的作用，但英国政府也从未完全置身于经济发展之外。这一点同样不可忽视。最近的一些研究值得我们去关注。威廉·艾施沃斯就提出，解开英国工业力量的秘密在于英国不自由而不是自由的政策。他实际上不同意主流的观点，认为英国的工业走上不同道路不是由于启蒙的新科学或不列颠与众不同的倾向、技术、知识，也不是由于劳动力的高成本，或自由文化的胜利，而毫无疑问的是国家对工业革命的作用。当时大陆，特别是法国的认识都观察到英国在财政税收体制上政策的独特之处，这些使得英国的生产和国家力量强大。[①]

在艾施沃斯看来，一系列的战争使得英国形成了特殊的财政金融系统，包括税收、英格兰银行等。国家的财政和管理改革与一系列整治措施同时发生，培育了贸易、海军力量、殖民地，尤其是受关税保护的国内制造业。由于战争需要有力的财政支持，土地阶级不愿承担太多的土地税压力，于是提高货物税的比例。[②]银行家蔡尔德（Josiah Child）就主张公共税收加在产品上比加在土地上更好、更公平。安妮女王时期政府开始征收多种货物税。沃波尔（Walpole）政府在18世纪20年代废除了国内产品的出口税，使之更有国际竞争力。也废除了进口原材料税。可以看到英国政府开拓收入来源和保护本国工业的思路很清楚。因此，艾施沃斯认为，18世纪后期英国很多原本落后的工业已经达到了比较强大的状态。这主要是国家保护和管制的结果，再加之全球贸易增长和殖民扩张。[③]

从17世纪末到整个18世纪，英国政府在立法和政策方面总体上为经济发展提供了有利的制度。据朱利安·霍皮特研究，从1688年到1800年，有超过7 000个议会立法是涉及经济问题的，另有超过

---

① William J. Ashworth, *The Industrial Revolution: The State, Knowledge and Global Trade*, London: Bloomsbury, 2017, p. 4.

② Ibid., pp. 33, 107.

③ Ibid., pp. 107-108, 114, 129.

3 000个这类议案未获通过。从1689年到1800年，立法的53%是经济性的，有7 545个。如果包括私人地产法，比例达到72%。1760—1800年有184个公共金融法案、171个外贸法案，1660—1800年有73个《谷物法》。1760年后特别经济法案增长迅速，复辟时期平均每年两个，而1760—1800年平均每年在94个以上，比例从30%上升到72%。法案涉及圈地、收费道路、水路建设等。羊毛产品生产是英国经济的重要领域，为了保护这一产业，政府制定了一系列法律。从1660年到1824年共有24个法律禁止原毛出口。这些禁令不仅获得立法，而且得到执行，直到1824年才废除。废除的原因主要有两点：一是此前半个世纪的育种使英国羊产肉更好，但毛的质量下降。二是工厂生产逐渐采用进口羊毛——德意志和西班牙羊毛。英国政府18世纪为某些行业提供奖励金，此事亚当·斯密曾严厉批驳。1764年支付给谷物出口的奖励金达600万英镑，1705—1775年奖励航海用品出口150万英镑，1733—1800年奖励捕鲸业200万英镑，1771—1796年奖励捕鱼业80万英镑。[1] 霍皮特指出，提供奖励金不仅有经济目的，也有军事和政治目的，如削弱法国。经济目的是最主要的，主要是为了创造国内就业、支持产品出口、稳定国内谷物价格。1689年的《谷物法》规定当国内谷物价格太低时，就应出口。[2] 1770年，出口货物享受英国政府奖励金的有谷物、鱼、捕鱼业、捕鲸业、亚麻、帆布、丝织品、细糖等，进口享受奖励金的有大麻和亚麻、靛蓝、航海物资、生丝、破损烟草、破损葡萄酒、木材等。[3] 奖金来源主要是海关关税收入，18世纪后期这类支出增加幅度很大，且占海关收入的比例也增加不少。参见表7-5。

---

① Julian Hoppit, *Britain's Political Economies: Parliament and Economic Life, 1660-1800*, pp. 4, 66, 76, 91, 94, 219, 241, 251.

② Ibid., pp. 252-253.

③ Samuel Baldwin, *A Survey of the British Customs*, London: J. Nourse, 1770, pp. 19-20.

表7-5 1712—1800年英国进出口奖励金状况

奖励金状况 年份	年均额度（英镑）	占政府民事和军事 开支的比例（%）	占海关收入的 比例（%）
1712—1714	81 424	2.0	5.4
1746—1748	181 703	2.2	14.6
1786—1788	—	6.5	11.2
1799—1800	621 156	1.9	13.5

资料来源：Julian Hoppit, *Britain's Political Economies: Parliament and Economic Life, 1660-1800*, pp. 256, 258。

　　工业化率先开始于英国，这是一个基本的事实判断。各种观点围绕着这个基本事实力求做出一个合理的解释。

　　传统观点认为，不列颠工业革命是范例，大陆的工业化是模仿的过程。克鲁泽认为，这种观点虽受到批评，但仍是有用的。比利时和法国都曾引进英国的技术和技术人才，此后，这些早期的效仿者开始出现独立的技术创新，也发展科学和技术教育。[①] 大陆通过多种方式获得英国发展的知识和技术。通过一些出版物可以直接得到工程技术的信息。一些人来到英国学习生产方式和机械技术，甚至将英国的机器模型和图纸带回大陆，也会高薪聘请英国工程师。英国市政当局试图阻止技术传播，有些人的确因此被处以罚金和坐牢。1824—1825年和1841年英国议会有两次咨询，讨论是否有必要禁止技术和技术工人出口。这种阻碍技术传播的做法效果并不理想，实际上英国人最终不得不接受现实，不再费力封锁了。

　　亨德森总结了英国人影响欧洲工业化的三种方式。一、英国技术工人指导欧洲大陆人安装和使用新机器，包括教法国人使用飞梭和骡机等，由英国技师驾驶火车机车。二、英国的工程和管理人员在大陆帮助建设铁路、开办工厂。三、英国的投资人向欧洲大陆投

[①]　François Crouzet, *A History of the European Economy, 1000-2000*, p. 116.

资，包括铁路、河流航运工程、棉纺厂等各类纺织厂。[①]里克·绍斯塔克在比较了英国和法国的情况后认为，英国能够最先开始工业革命是因为其在当时拥有了世界上最好的交通系统。收费公路和通航运河网都是在工业革命开始前就具备了优势，尽管铁路和蒸汽船是工业革命的结果。18世纪早期英国在可通航河流方面已明显超过法国。可以说，"在英格兰所遵循的道路上，现代交通系统对于达成熊彼特式的增长是必需的"。[②]交通状况改善的影响是多方面的，包括增加市场规模、改变分配模式、获得更低廉的原料、技术创新等。绍斯塔克的观点比较有独到性，目前持此类观点的学者并不多。克鲁泽也看重技术创新的影响，他指出："严格地说，工业革命首先是一个制造业的技术和组织的剧烈变革。"核心特征是技术，他将技术变化总结为三个方面，第一，最明显的变化是机械化，即机器的使用在工业生产的各阶段替代了人的体力和技术；第二是新的生产工序，尤其是冶铁业和化工业，新矿物和燃料替代旧有的；第三，随蒸汽机发明而引发的新能源利用形式。所谓组织变革，就是工厂制的出现。[③]没有这些技术创新，工业革命是不可能持续发展的。

表7-6　1725—1750年和1860—1861年欧洲各国铁产量占比

国家＼铁产量占比	1725—1750年铸铁（%）	1860—1861年生铁（%）
联合王国	8.1	59.5
法国	27.0	13.7
瑞典	25.4	2.6
德意志	8.7	8.1
西班牙	8.0	0.6

① W. O. Henderson, *Britain and Industrial Europe 1750-1870: Studies in British Influence on the Industrial Revolution in Western Europe*, pp. 7-8.
② Rick Szostak, *The Role of Transportation in the Industrial Revolution: A Comparison of England and France*, Montrel & Kindston: McGill-Queen's University Press, 1991, pp. 84-84, 5.
③ François Crouzet, *A History of the European Economy, 1000-2000*, pp. 99, 101-102.

铁产量占比 国家	1725—1750年铸铁（%）	1860—1861年生铁（%）
奥地利/匈牙利	8.7	4.8
意大利	2.5	0.4
俄国	6.2	4.9
比利时	—	4.9
欧洲其他地区	5.3	0.5
欧洲总量（千吨）	165—214	6539

资料来源：Stephen Broadberry and Kevin H. O'Rourke, *The Cambridge Economic History of Modern Europe*, Vol. 1, p. 181。

到18世纪中期工业化开始之前，英国在冶铁业上不仅没有优势，甚至还可以说是一个落后的国家，在产量和技术上都不如法国和瑞典。到英国的工业革命完成时，生产能力和技术发生了完全的逆转，欧洲产量中很大比例是来自英国这一个国家的。同时，东欧的劣势则变得更为突出了。

三、欧洲工业化的道路差异

大致来说，英国在工业化方面主要依靠的是市场和个人经济行为，国家所起的作用比较有限。而在欧洲大陆，国家则在哺育工业化方面发挥了远比英国积极得多的作用。大陆许多国家的政府在建设道路、桥梁、运河，开发煤矿、建立工厂等方面要积极得多，还鼓励银行给企业投资、贷款建立技术学院、从国外引进先进技术等。在铁路建设上，大陆与英国更有明显区别。在英国，铁路建设由私人投资的股份公司实施；在大陆，政府则发挥了显著作用，法国和德国尤其如此。铁路建设在这两个国家中成为了工业化过程中最重要的产业推动力。因此，从国家的作用方面来看，英国与大陆国家显然存在着不同，这也就构成了所谓的道路差异问题。

17世纪是荷兰的黄金时代，但这一状态并没有持续下去，没有率先开始向工业化的过渡。尼德兰的经济发展从17世纪末开始放缓，现代工业生产并没有出现。对此，学术界基本上是认同的。但尼德兰开始工业化的时间在欧洲大陆并不算晚。早在1787年尼德兰就开始引入蒸汽泵用于围海造田，19世纪20年代蒸汽泵开始在农业上替代风车房。19世纪20年代，蒸汽机也开始引入到棉纺、羊毛织造业中。不过，直到1837年，荷兰总共也只有37台蒸汽机，且大多用于排水。纺织技术的引进在19世纪前期一直很缓慢，四五十年代后才开始较快地引进新技术。[①] 这些表明荷兰的工业化速度缓慢。19世纪前期，尼德兰政府对经济的态度曾被称为"重商主义"式的。政府管制到19世纪四五十年代才开始逐渐放松，工商业由此获得了扩张机会。荷兰政府直到1845年都控制着茜草工业（madder industry），但在与法国竞争中反而不利，只能取消了管制。19世纪三四十年代，榨糖、造船、酿酒、蒸馏酒也都接受补助和管制。前两者在保护下发展良好，但后两者却逐渐萎缩。尼德兰贸易公司（Nederlandsche Handel-Maatschappij，NHM）在19世纪30年代培养棉工业的发展，试图与印度的产品竞争，但其经营效率低下，成为了雇用受救济贫民的地方。[②] 尼德兰政府在1823年至1830年间提供低息贷款给棉制造工业，共计266 500弗罗林。其中38 000支持建立或扩建纺纱厂，同时89 500用于垫付纺纱机的款项。[③] 现有的研究成果显示，从人均国民产出角度看，19世纪荷兰仍然是世界经济中最富有的国家，与英国、法国、德国、比利时同处于最前列。然而，这并不意味着它的工业化水平居于前列。温特尔将此特征评

① Michael Wintle, *An Economic and Social History of the Netherlands, 1800-1920: Demographic, Economic and Social Transition*, Cambridge: Cambridge University Press, 2000, pp.130-131, 134.

② Ibid., p.153.

③ Richard T. Griffiths, *Industrial Retardation in the Netherlands, 1830-1850*, Den Haag: Martinus Nijhoff, 1979, p. 140.

价为："到17世纪中期，荷兰经济是世界的领导者，此后仍保持在这一档次。……但没有典型的工业化，充其量只有无力的、滞后的工业化。"[1] 1849年，荷兰制造业劳动力的占比还不到五分之一，而比利时已有差不多三分之一。制造业企业的规模也很小，大多都不到10个人。[2] 直到第一次世界大战，尼德兰也很难说完成工业化了。

与尼德兰相比，比利时的工业化进程无疑更为迅速，也更为成功。比利时拥有丰富的煤铁资源，悠久的贸易传统以及与英国相邻的地理位置，使得比利时得以比较迅速地吸收英国的技术成果。出于开采煤炭的需要，比利时很早就引入了蒸汽机。第一台纽科门蒸汽机的安装时间与英国几乎同时，1785年比利时又安装了第一台博尔顿和瓦特的改良蒸汽机。比利时的铁矿资源集中于煤炭附近，储量也相当丰富。直到1860年比利时在铁矿石上仍是自给自足的。19世纪20、30年代，英国的焦炭冶炼法也已经在比利时得到应用，它是欧洲大陆最早应用这一技术的国家。[3] 与英国不同的地方在于，国家对工业的扶持在比利时表现得更为明显。1794年比利时被并入法国。在拿破仑统治时期，法国政府鼓励工业发展的政策对比利时发生了影响。借助法国的庞大市场，比利时的工业得以快速发展。1815—1830年荷比合并期间，比利时又得益于荷兰政府发展南部工业的政策。1830年独立后，比利时政府继续推行支持工业发展的政策。在1834—1850年间比利时政府投资铁路建设，此后转由私人公司承担；推行保护主义政策，同时与邻国达成贸易协定，以促进比利时的工业品出口；制定一系列有利于企业的法律，等等。[4] 此外，比利时金融系统也为工业发展提供了支持。在王室的支持下，兴业银行（Société générale pour favoriser l'industrie nationale des Pay

---

[1] Michael Wintle, *An Economic and Social History of the Netherlands, 1800-1920: Demographic, Economic and Social Transition*, pp. 71-72, 75.

[2] Ibid., p. 77.

[3] Sidney Pollard, *Typology of Industrialization Processes in the Nineteenth Century*, p. 24.

[4] Ibid., p. 25.

Bas）在1822年得以创立，1830年改名比利时兴业银行（Société générale de Belgique）。这是一家投资银行，它参与创办企业并持有股份。1835年，比利时银行（The Banque de Belgique）也得以建立。在不到四年时间里，比利时银行参与创办或接管的工业企业就达到了24家。政府扶持和金融资本的投入促进了比利时工业的发展。到1840年时，比利时已经是欧洲大陆工业化程度最高的国家。[①]

北欧丹麦、挪威、瑞典、芬兰四国的工业化进程同样与积极引进外国技术关系密切。从1750年到1850年，这些国家在各经济部门均引入了大量外国技术。采矿业是北欧各国的传统优势行业。在瑞典和挪威，铁矿和有色金属开采的核心技术均来自国外，包括抽水机、爆炸物和通用采矿设备等。[②]北欧各国政府采取了一系列措施保障技术引进。首先，所有北欧国家都相继成立了一系列的技术协会，这些协会由政府和企业家联合创办，定期举办会议并出版杂志以传播外国先进技术。其次，各国政府大力资助出国考察和工业间谍活动。此外，进入19世纪中叶后，各国政府不仅积极参与工业展览会，还在本国开展一系列工业展览，以促进技术的传播。[③]正是在这种鼓励技术引入的政策引导下，各国的工业化进程从19世纪中叶开始明显加快。

法国政府对经济的介入远在开始工业化之前。从17到18世纪，在英国的政府经济管制变得越来越少时，法国的政府作用却变得更大。自18世纪中叶起，重农主义思想在法国兴起，这一理论不仅强调竞争的必要性和科学在工业中的应用，还认为政府在经济发展中有着相当重要的作用。在重农主义思想的影响下，法国政府决定有

---

① Antonio Di Vittorio, ed., *An Economic History of Europe: From Expansion to Development*, p. 198.

② Kristine Bruland, "Reconceptualizing Industrialization in Scandinavia", in Jeff Horn, Leonard N. Rosenband and Merritt Roe Smith, eds., *Reconceptualizing the Industrial Revolution*, Massachusetts: The MIT Press, 2010, pp. 128-133.

③ Kristine Bruland, "Reconceptualizing Industrialization in Scandinavia", in Jeff Horn, Leonard N. Rosenband and Merritt Roe Smith, eds., *Reconceptualizing the Industrial Revolution*, pp. 136-144.

选择地采用英国的经验来发展经济。① 法国政府的第一个改革目标
是法国的行会。

在18世纪，法国的行业垄断仍保持着很大的势力。按照菲茨西
蒙的观点，行会监督和管理工匠师傅和帮工，这在警察体制不完备
的时代起到了警察辅助体系的作用。每个行会的基本功能是促进经
济和社会稳定。② 也就是说，管制既来自政府，也来自行业，行业
管制起到了类似警察权的作用。不过，在18世纪时法国行会内部和
外部都遭到削弱。一些工匠师傅违背行会规则，追求自身利益，损
害了行会团结。外部因素是行会的财政状况困难，这一定程度上是
由于法律成本和向王室购买官职。1776年杜尔阁担任财政大臣，颁
布法令废除行会特权。这构成了对行会势力的最大打击。然而，人
们习惯于稳定的等级社会，无法接受这一变化，巴黎出现了骚乱。
路易十六因此解除了杜尔阁的职务，改革由此失败，行会得以重建。
但重建后的行会影响明显减小了，行业进入比以前开放，行会的数
量也减少了。由于一些行会在被废除时财产已经出售，重建时又要
获得新的法令，所以使之陷入虚弱状态。一些行会重建后，成员多
达几百人，包括多个行业，调整时间长。不过，此后行会确实又重
新回到人们视野，在城市中仍有很大影响。

在杜尔阁之后，法国政府学习英国模式进行改革。1779年至
1781年，接替杜尔阁的雅克·内克尔（Jacques Necker）对法国的
工业系统进行了改革。1786年法国与英国签署了《伊登-韦尔热纳
条约》（Eden-Vergennes Treaty），以促进两国间贸易，因而加快了
生产的商业化。1786年在卢维耶（Louviers），一位生产商开始机械
化生产。王室分配基金和设备支持新的生产方式。法国工匠此时也
反对机器生产，出现砸毁机器的行为，尽管没有英国那么厉害。由

---

① Jeff Horn, "Avoiding Revolution: The French Path to Industrialization", in Jeff Horn, Leonard N. Rosenband and Merritt Roe Smith, eds., *Reconceptualizing the Industrial Revolution*, pp. 88-89.

② Michael P. Fitzsimmons, *From Artisan to Worker: Guilds, the French State and the Organization of Labor, 1776-1821*, Cambridge: Cambridge University Press, 2010, p. 8.

机器生产造成的行会与新生产之间的冲突在巴黎特别明显。①总的来看，大革命前法国政府模仿英国模式的改革取得了相当不错的成果。到1789年时，法国不仅在对外贸易规模上超过了英国，而且在工业产量上也达到了英国的三倍以上。在工业技术、企业经营管理、工人生产规范方面，法国与英国之间的差距正逐步缩小。②

法国大革命的爆发打断了原有的发展道路。首先，大革命的政治局势使法国在国家管制经济上得到了进一步发展。大革命招致外国入侵，为了应付紧急局势，1793年4月8日，国民大会组成了十二人的公共安全委员会。5月，政府建立谷物和面包的价格控制，对哄抬价格者甚至处于死刑。后来又强行规定工资水平。1791年建立新的专利制度，保护发明人的权利。其次，大革命时期出现的"来自下层的威胁"逐渐冲击了法国工业的发展信心。1789年夏天，法国出现了一场机器破坏运动。几乎与此同时，大革命在农村和城市引发了群众性骚乱，让法国企业家认为法国工人缺乏足够的纪律性，这摧毁了他们的信心。③正是在这样的背景下，原有的学习英国模式的道路已经难以为继，法国政府逐渐加强了自身在经济发展中的作用。

尼古拉·路易·弗朗索瓦（Nicolas Louis François de Neufchâteau）是重农主义者，但他在担任内政部长时期采取了更多国家主义的政策。政府鼓励企业家追求利润、保护国内市场、培育与英国的竞争力。这派政治家相信自由市场的重要性，但认为需要国家培育市场。他们鼓励发明。1798年这位内政部长组织了法国工业品博览会，从中央政府到地方政府，鼓励工业家和工匠报名参加，由政府组织多个机构进行选拔。博览会在巴黎西南修建展馆，展出的产品从钢制

① Michael P. Fitzsimmons, *From Artisan to Worker: Guilds, the French State and the Organization of Labor, 1776-1821*, pp. 11-18.

② Jeff Horn, "Avoiding Revolution: The French Path to Industrialization", in Jeff Horn, Leonard N. Rosenband and Merritt Roe Smith, eds., *Reconceptualizing the Industrial Revolution*, p. 89.

③ Ibid., pp. 89-90.

剃刀、陶瓷、挂毯到棉衬衫，各色产品都有。选拔更注重机器纺织品、优质的金属器件、新技术等。[①] 以后各时期的政府又多次组织类似的博览会。可见，自18世纪以来，政府管制经济的做法已经形成了习惯性制度，且社会认可的程度也较高。因此，杰夫·霍恩认为，大革命对形成法国式的工业化道路产生了很大影响。1793—1794年出现的国家指令经济为工业发展提供了一种替代性尝试，对法国长期的工业发展模式构成影响。[②]

1800—1804年，化学家兼实业家让-安托万·沙普塔尔（Jean-Antoine Chaptal）出任拿破仑政府的内政部长。这一时期是法国工业模式正式形成时期。沙普塔尔十分重视技术在工业中的应用。为了加强技术的传播，他首先对教育系统进行了改革，增加技术教育的比重。沙普塔尔希望通过教育改革，增加新技术的传播程度，从而使得法国具备英国那般的技术创新能力。1801年时沙普塔尔就提出在小学教育中重点教授数学、设计和力学，但遭到立法机关否决。1802年工艺博物馆（Musée des arts et métiers）建立，为各产业提供大量机器的实际操作指导。1804年沙普塔尔又恢复了旧制度时期就存在的自由纺纱学校（Écoles gratuit de filature），以传授英国新机器的使用方法。[③]

沙普塔尔十分注重政府与企业家和科学界建立联系，希望技术专家能够为行政官僚提供建议，从而加速技术的传播。1801年，沙普塔尔在各部建立了农业、工艺和商业委员会（The Conseils d'agriculture, des arts et commerce），并在此基础上于1802年成立了高级贸易委员会（Conseil supérieur du commerce），用以处理

---

① Ivan Berend, *An Economic History of Nineteenth-Century Europe: Diversity and Industrialization*, pp. 189-190.

② Jeff Horn, *The Path Not Taken: French Industrialization in the Age of Revolution 1750-1830*, pp. 8-9.

③ Jeff Horn, "Avoiding Revolution: The French Path to Industrialization", in Jeff Horn, Leonard N. Rosenband and Merritt Roe Smith, eds., *Reconceptualizing the Industrial Revolution*, pp. 94-95.

大量的改革建议。同年，23个城市商会（municipal Chambers of Commerce）在除巴黎外的大城市建立。此外，150个制造业和工艺咨询协会（Chambres consultatives de manufactures, fabriques, arts et métiers）在中小城市建立。鼓励民族工业协会最具代表性，该协会于1801年成立，具有一定的官方性质。它的成员包括官员、科学家、商人、制造商、工匠、发明家等各类人士，目的在于推动法国的技术进步。1808年丝绸提花技术的改进就有该协会的贡献。该协会还资助了一批研究者，其中有路易斯·巴斯德、卢米埃尔兄弟等。沙普塔尔还延续了前人的做法，继续举办工业博览会以传播先进技术。1800年、1801年和1806年，法国均成功举办了工业博览会。沙普塔尔还加强了对工人的管制，于1803年制定了报告书制度（livret），试图以此来规范工人的行动。此外，1802—1803年，在沙普塔尔的干预下，法国多次提高关税，以保护国内市场。①

总的来看，在沙普塔尔时期，法国政府对经济的干预程度大大加强。法国工业发展模式与英国已经明显不同，具有了更多的本国特色。诚如霍恩所说："与美国内战之前的英语国家相比，法国政府必须更系统、更直接地影响法国的工业生产。沙普塔尔创立的指令模式融合了理论和实践，进一步推动了受自由主义强烈影响的经济议程，使中央政府在经济中处于关键地位。这种方式是整个19世纪乃至以后法国工业景观的特点。"②

沙普塔尔的后继者们继承了他的经济模式和理念，继续发挥政府的作用。七月王朝在道路和运河建设上投入了大量资金，铁路建设兴起后，政府又将注意力放在了铁路上。1842年，政府通过了一项铁路建设计划，铁路线路规划和轨道铺设由国家进行，私营公司则负责铁路的上层建筑及运营工作。1848年时，法国已建成2000公

---

① Jeff Horn, "Avoiding Revolution: The French Path to Industrialization", in Jeff Horn, Leonard N. Rosenband and Merritt Roe Smith, eds., *Reconceptualizing the Industrial Revolution*, pp. 95-99.

② Ibid., p. 91.

里的铁路。但是，1848年革命扰乱了正常的经济活动，铁路建设中断。到了第二帝国时期，政府通过了一项新的特许权，鼓励继续开工建设。1857年金融危机后，政府承诺保证根据"弗朗克维尔协议"（Franqueville convention）向铁路公司支付利息，以确保先建成一个主要线路系统，然后再建成地方线路系统；铁路公司合并成六个主要的铁路网络，每个网络覆盖法国的一部分领土。第二帝国的政策有效推动了铁路建设，到1870年时，已经有17 400公里的铁路投入运营。[①] 铁路建设在法国的工业化过程中发挥了很大作用。铁路不仅将市场联系在一起，还带来了巨大的投资，到1913年法国每10万人的平均铁路里程已在欧洲变得首屈一指。

　　伴随着工业化的进行，法国金融界对工业发展的支持也随之增多。在法国工业化的早期，银行主要投资于国际贸易和政府债务，尽管有部分投资于工业的案例，如自1795年起，巴黎的一个私人银行家财团持有了昂赞煤矿公司（The Anzin coalmining company）一半的股份，1811年铁器制造商弗朗索瓦·德·温德尔向南希的塞利埃银行（the Seillière bank in Nancy）借贷了30万法郎，其中一部分贷款成为了该银行的投资组合。[②] 不过总的说来，在法国工业化初期，工业投资的主要来源并不是银行。与银行相比，抵押贷款是更好的选择，尤其是对法国地方的工业企业来说更是如此。1840年，亚眠的工厂主占借贷者总数的28%，借贷数额占25%；特鲁瓦的工厂主承担了17%的抵押贷款份额和25%的抵押贷款债务；里昂工厂主占借贷者总数的比例较小，但也达到了10%，借贷数额也占到了总数的13%。[③] 进入19世纪50年代后，银行对法国工业的投资力度开始加大。1852年动产信贷银行（Crédit Mobilier）在拿破仑三世

---

① Sidney Pollard, *Typology of Industrialization Processes in the Nineteenth Century*, p. 37.

② Colin Heywood, *The Development of the French Economy, 1750-1914*, London: The Macmillan Press LTD, 1992, p. 36.

③ Philip T. Hoffman, Gilles Postel-Vinay and Jean-Laurent Rosenthal, "Capitalism and Financial Development: The Case of Mortgage Markets in France, 1807-1899", *Social Science History* , Vol. 38, No. 1-2 (2014), pp. 24-31.

的支持下成立，该银行广泛投资于法国国内外的铁路建设。1859年成立的工商信贷通用银行（Crédit Industriel et Commercial）、1863年成立的储蓄银行（Société de Depots et de Comptes Courants）和里昂信贷银行（Crédit Lyonnais）也具有为工业提供信贷的职能。[1]

就发展成果而言，法国的工业化模式是成功的。尽管在1800年时法国的工业水平落后于英国，但对于这种落后霍恩指出："英国中心论者忽视了这个事实，至少就总产出而言，直到1820年法国仍是世界上最大的工业国。"[2] 这一判断依据于法国有两倍于英国的人口和大得多的国土面积，因此具有总量上的优势。近年来一些学者认为，19世纪的法国经济增长并非像过去认为得那样缓慢。从19世纪20年代到1860年，工业产出增长年均1.9%。国内生产总值年均增长也可达到1.3%到2%。但的确从19世纪60年代到90年代，工业产出增长下降到年均1.2%。在工业化开始时，劳动力不算缺乏，受教育水平也不过低。乡村地区的家庭工业普遍存在，为制造上提供了大量的有技术的劳动力。1840—1880年，乡村人口的生活水平也有所提高，与英国相比，人均实际收入的差距并没有扩大。[3] 19世纪后期法国的发展速度加快，缩小了与英国的差距。经济增长呈现出周期性，1856年和1882年分别称为两个经济巅峰，围绕着这两个年份都有二十多年的增长起落。[4] 故而，杰夫·霍恩有这样的总结："法国的经验显示，存在不止一种工业化路径。偏离英国的国家与社会相互作用的模式并不一定会排斥长期的经济增长。……工业道路的真正分歧开始于法国大革命的激进阶段。"[5]

不过，法国的一些特有国情也对法国的工业发展产生了消极影

---

[1] Sidney Pollard, *Typology of Industrialization Processes in the Nineteenth Century*, p. 38.

[2] Jeff Horn, *The Path Not Taken: French Industrialization in the Age of Revolution 1750-1830*, p. 3.

[3] Maurice Lévy-Leboyer and Michel Lescure, "France", in Richard Sylla and Gianni Toniolo, eds., *Patterns of European Industrialization*, London: Routledge, 1991, pp. 154-155.

[4] Ibid., p. 156.

[5] Jeff Horn, *The Path Not Taken: French Industrialization in the Age of Revolution 1750-1830*, pp. 3, 8.

响。首先，法国在19世纪长期处于战争状态。为了结束战争，法国付出了惨重的代价。1815年滑铁卢战役后，法国支付了巨额的赔偿金；1870年普法战争后，法国又失去了阿尔萨斯和洛林，这意味着法国损失了8%的工业产能和高质量的发展潜力。其次，19世纪法国的人口增长极为缓慢。尽管人口增长的缓慢使得法国人保持了生活水准，但它不仅带来了国内市场的萎靡，还带了劳动力短缺以及随之而来的工资上涨。[①] 人口增长缓慢和高工资给法国的产品出口带来了不利影响。由表7-7可知，法国的人口增长率在19世纪欧洲各国中是最低的。

表7-7　1750—1900 年欧洲各国的人口增长率与自然增长率（%）

国家	人口增长率（每年每千人）			1850—1900年的自然增长率
	1750—1800	1800—1850	1850—1900	
英格兰	7.9	13.2	12.1	12.8
挪威	6.4	9.4	9.3	13.9
芬兰		8.9	9.4	10.1
俄国	8.9	8.6	12.1	
丹麦		8.6	10.5	12.2
罗马尼亚		8.1	9.3	
瑞典	5.6	7.9	7.8	11.5
欧洲	5.8	7.8	7.6	
荷兰	2.0	7.8	10.0	13.0
比利时		7.6	8.5	9.0
希腊		7.4	11.1	7.5
德国	7.3	7.4	9.3	11.3
西班牙	4.2	6.7	4.6	6.0

---

① François Crouzet, "The Historiography of French Economic Growth in the Nineteenth Century", *The Economic History Review*, Vol. 56, No. 2 (2003), pp. 235, 237-238.

国家	人口增长率（每年每千人）			1850—1900年的自然增长率
	1750—1800	1800—1850	1850—1900	
塞尔维亚		6.6	13.8	
瑞士		6.3	6.5	7.2
奥匈帝国		6.1	7.4	8.1
意大利	2.9	6.0	6.3	8.9
爱尔兰	10.1	4.4	−7.7	6.9
法国	3.5	4.3	2.2	2.0
保加利亚		4.1	6.5	
葡萄牙		4.1	7.1	9.6

资料来源：Stephen Broadberry and Kevin H. O'Rourke, eds., *The Cambridge Economic History of Modern Europe*, Vol. 1, p. 53。

法国大革命不仅改变了法国的工业化道路，而且对欧洲未来的工业化产生了重大影响。这在学术界有着相当的共识。布伦德就主张，法国大革命对欧洲大陆产生了长期的正面影响。《拿破仑法典》是第一个现代法律秩序的体现，它为西欧的经济与社会建立了游戏规则。财产变成了神圣和自由的，受法律保障，商业不受管制。拿破仑法典成为了19世纪欧洲的法律基础。[①] 但也应该看到，法国革命本身阻碍了一定时期内的经济发展。18世纪八九十年代，法国的企业家已经开始引进英国的技术和生产方式。大陆工业化最初遇到一个重大的阻碍，就是18世纪90年代初期到1815年的法国革命和拿破仑战争。战争虽然对英国经济也有不利影响，但对大陆更为严重。英国和大陆之间的差距在此期间进一步拉大。直到1815年以后，欧洲大陆才进入一个总体比较和平的时期。法国革命和拿破仑战争带来的另一方面影响对经济发展却是正面的。拿破仑帝国在欧

[①] Ivan Berend, *An Economic History of Nineteenth-Century Europe: Diversity and Industrialization*, p. 90.

洲废除了很多旧制度，如行会、庄园义务、内部关税、垄断。也建立了有现代意义的新制度，如明确的财产权利、统一的法律等。德意志地区是受法国大革命影响较多的地区。阿西莫格鲁等认为，如果以城市化率和工业就业人数比例作为衡量经济和工业发展的指标，那么，法国占领的德意志地区在城市化率和工业就业人数上无疑占有优势。法国占领后强制推行了改革，其主要作用是创造一个有利于创新和创业活动的环境。在19世纪下半叶欧洲大陆的工业革命传播过程中，这种环境非常重要。在经历了更重大改革的地区，工业化速度更快。法国的入侵和占领对德国的工业化无疑有着推动作用。[①] 不过，也有学者反对这一观点。科普西迪斯和布罗姆利认为，德意志较早开始工业化的地区是莱茵兰、勃兰登堡和萨克森王国，在法国大革命前夕原本就是工业发达、煤炭资源丰富的地区。这些特征有利于工业化的启动，成为工业化的主导地区。所以，法国的占领对德国城市化和工业化并没有多少积极影响。[②] 总的来说，法国大革命对德意志地区的工业化进程更多地起一种催化剂的作用。

政府在工业化中发挥作用最大的应属德国。早在现代德国形成之前，这一特征已经相当明显。德意志诸邦国的经济和产业政策变化，直接影响到德意志工业的发展环境。作为德意志两大邦国之一，普鲁士是政府支持工业发展的典型，政府在工业化早期的作用表现得特别突出。从18世纪中期到19世纪初，普鲁士不断进行经济改革。1770年建立统一关税，多数工业行业可自由从业。1774年实施强制教育，有利于提高劳动者素养。同时，普鲁士政府还建立了一批国有工厂。在19世纪早期，柏林有一批国有工业机构，如一家瓷

[①]　Daron Acemoglu, Davide Cantoni, Simon Johnson and James A. Robinson, "The Consequences of Radical Reform: The French Revolution", *The American Economic Review*, Vol. 101, No. 7 (2011), pp. 3290-3291, 3294, 3297-3301.

[②]　Michael Kopsidis and Daniel W. Bromley, "The French Revolution and German Industrialization: Dubious Models and Doubtful Causality", *Journal of Institutional Economics*, Vol. 12, No. 1 (2016), p. 183.

器厂、一家火药厂、一家铁厂。此外，还有许多制造业作坊接受国家资助。拿破仑战争时期，为了应对法国的威胁，普鲁士政府推行了一些经济自由化改革。1807年废除了农奴制，1810年规范了农民土地所有权。1810—1811年又颁布了自由企业法令，取消了原有的重商主义政策。同时，废除了行会的法律特权。1815年战争结束后，普鲁士的产业政策一度出现反复。1818年，在支持行会的保守势力影响下，国王腓特烈·威廉三世废除了这些改革，行会的势力得以恢复。不过，由于自由企业对普鲁士财政的意义重大，这种复活行会的政策难以持久。到1828年，保守势力复活行会的努力最终宣告失败。① 尽管进行了一些经济自由化改革，但普鲁士政府仍然在工业领域有直接投资。铁路建设兴起后，普鲁士政府又投资铁路建设。1849—1851年的商务部报告显示，政府在5家铁路公司持有的股份超过500万塔勒（Thaler，一种银币）。同时，国有工矿企业的产量也仍然十分可观。政府所有的煤矿产量达400万吨，占总产量的五分之一。国有铁厂平均每年产出15万吨生铁，8万吨铸铁，9万吨锻铁。国家还经营锌矿和铅矿。国有盐厂生产普鲁士总产量的82%。在普鲁士政府的大力支持下，普鲁士的工业发展迅速。到19世纪60年代，普鲁士已生产德意志的几乎全部的钢和锌，90%的煤和生铁，77%的铅，66%的铁矿石。德意志三分之二的蒸汽机在普鲁士。纺织业除棉纺织外，其他如亚麻、毛等纺织业也很突出。②

德意志的另一大邦国是奥地利，在经济政策上表现得多有反复。从18世纪的玛丽亚·特里萨（Maria Theresa）和约瑟夫二世（Joseph II）时期，奥地利开始了一系列改革。通过自上而下的改革，到1848年最终废除了农奴制和贵族特权。不过，在工业政策

① Eric Dorn Brose, "The Political Economy of Early Industrialization in German Europe, 1800", in Jeff Horn, Leonard N. Rosenband and Merritt Roe Smith, eds., *Reconceptualizing the Industrial Revolution*, pp. 112-113.

② W. O. Henderson, *The State and the Industrial Revolution in Prussia 1740-1870*, Liverpool: Liverpool University Press, 1958, pp. xvi-xvii.

上，奥地利比普鲁士更为保守和反复。1794—1809年，奥地利禁止进口和使用亚麻纺纱机。同时，禁止在维也纳和其他城市开设新工厂，并鼓励将现有的工厂从城市转移到农村，以规避革命风险。1809年时，在奥地利政府内部支持工业发展的派系影响下，奥皇弗朗茨二世（Franz Ⅱ）取消了反工厂的法令。此后，奥地利推出了一些促进工业发展的措施，如维持关税壁垒、奖励发明创造、举办博览会等。但在19世纪10年代末至20年代初，传统的行会势力又卷土重来。在他们的游说下，弗朗茨二世于1824年再次颁布法令，禁止建设新工厂。该法令持续了三年，于1827年废除。此后，奥地利的工业取得了一些进展。到1830年时，帝国的生铁产量超过了普鲁士，拥有115家大型棉纺厂，纱锭数量比德意志其他地区多25%。[1] 不过，奥地利的经济自由化程度仍然明显不如普鲁士。

除奥地利外，德意志各邦国逐渐采取了经济自由化政策。这种变化与各国之间的竞争有关。1834年的德意志关税同盟建立，体现了各邦国在实施经济政策上的共同愿望。尽管德意志关税同盟并没有消除德意志各邦的对立，但各邦君主意识到，建立一个共同市场对他们的经济利益有利。[2] 共同市场对运输业提出了更高的要求，铁路建设逐渐兴起。

德国的铁路建设与政府的关系极为密切。在1866年之前的汉诺威，所有的铁路线路均由政府修建，巴登、符腾堡和巴伐利亚也是如此。政府投资在铁路资金中的占比很高。在不包括普鲁士在内的德意志各邦中，1850年时政府投资占到了铁路资金的73.3%；即使包括普鲁士，这一比例也达到了50%。非政府投资修筑铁路的情况只发生在少数地区。莱茵兰和萨克森的铁路主要由私有股份公司投

---

① Eric Dorn Brose, "The Political Economy of Early Industrialization in German Europe, 1800", in Jeff Horn, Leonard N. Rosenband and Merritt Roe Smith, eds., *Reconceptualizing the Industrial Revolution*, pp. 111-112.

② Gerhard Wegner, "Capitalist Transformation without Political Participation: German Capitalism in the First Half of the Nineteenth Century", *Constitutional Political Economy*, Vol. 26, No. 1 (2015), pp. 80-81.

资修建。处于工业化早期的普鲁士，其铁路也主要由私营公司修建，政府只持有部分股份和保证利息支付。① 政府对铁路的投资加速了铁路建设，促进了德国工业生产能力的提升。在铁路建设初期，德国还需要从英国和比利时进口铁路建设所需的钢铁和机械。为了满足铁路建设的需要，德国在20年的时间内发展起了轨梁轧制技术，到19世纪50年代又掌握了炼铁和机车制造技术。进入19世纪60年代后，德国已经成为了铁轨出口国，在1860—1865年间，德国出口了超过2.3万吨的铁轨。在1866—1871年，这一数字达到了15万吨。② 工业生产能力的提升吸引了更多的投资，工业部门的投资份额比重上升。到19世纪40年代，农业在净投资中的份额从57.8%下降到了28.6%，与此同时，工业部门的净投资份额从2%—3%上升到13%，重工业生产资料（如金属、燃料和工业皮革）的份额从8%上升到16%。③

银行业的作用在德意志工业化中非常显著，尤其体现在支持大规模工业的发展上。德意志银行在制度上包括私人银行和19世纪50年代出现的股份银行。最初成立的一批股份银行参考了法国动产信用公司的模式，如达姆施塔特银行（Darmstädter Bank）、贴现银行（Discount Bank）和柏林商业银行（Berliner Handelsgesellschaft）。这些银行利用自己的资本而不是客户的存款进行投资。它们愿意对工业企业进行长期投资，并为其发行股票。与英国和法国的银行业相比，德国股份银行与工业企业关系更为密切，甚至直接参与工业企业的管理。④ 德意志银行业最重要的创新是全能银行，这种银行同时具有商业银行和投资银行的功能。在1870—1873年和1895—

① Jeremy Edwards and Sheilagh Ogilvie, "Universal Banks and German Industrialization: A Reappraisal", *The Economic History Review*, Vol. 49, No. 3 (1996), p. 434.

② Sidney Pollard, *Typology of Industrialization Processes in the Nineteenth Century*, p. 52.

③ Eric Dorn Brose, "The Political Economy of Early Industrialization in German Europe, 1800", in Jeff Horn, Leonard N. Rosenband and Merritt Roe Smith, eds., *Reconceptualizing the Industrial Revolution*, p. 117.

④ Sidney Pollard, *Typology of Industrialization Processes in the Nineteenth Century*, p. 53.

1914年间，德国的工业企业通过全能银行发行股票，从而获得长期投资。在这两个时期之间，银行则为企业提供短期贷款。[1] 银行业还为工业提供风险投资，特别是大型的工业企业。这对工业行业组织、新企业的出现都至关重要。理查德·梯利指出，从1870年到1913年德国的金融体制对工业风险投资的资本市场化方面非常有效。[2]

对于德意志工业化开始的年代，学界共识较大的是19世纪40年代，并使用了"大喷涌"（big spurt）这个概念。[3] 国家在德意志工业化中的作用比英国大得多。政府直接支持企业创造社会分摊资本（social overhead capital），如铁路建设；农业改革，政府建立银行支持将封建权利转变为私人财产权；商业上的关税保护政策；等等。但另一方面，政府的政策有许多是不利的，如限制企业家进入银行业、交通业等。德意志工业化中政府的全面作用使之与经济落后和军事意向有间接联系。[4] 亨德森认为，普鲁士政府积极参与经济发展有几个理由。首先，公众见解与英格兰完全不同。英格兰主张经济进步应有私人企业推动，直到19世纪60年代普鲁士普遍认为这个国家的工农业扩张应由国家积极参与。相信公共设施应由国家和政府提供，并按社会整体利益而非私人利益来制定规则。道路、桥梁、运河应由国家或地方政府提供，19世纪四五十年代，如果国家有足够的资本，许多铁路也会国有化。[5] 德国在19世纪后期的经济成就是令人震惊的，钢铁、工程机械、化工等行业以及科技都在欧洲开始建立优势。统一后的德国经济保持了一个长期快速发展的势头，在1873—1913年，德国的GDP增长十分可观：19世纪70年代

---

[1]　Jeremy Edwards and Sheilagh Ogilvie, "Universal Banks and German Industrialization: A Reappraisal", p. 439.

[2]　Richard Tilly, "Germany", in Richard Sylla and Gianni Toniolo, eds., *Patterns of European Industrialization*, p. 181.

[3]　Ibid., p. 176.

[4]　Ibid., p. 191.

[5]　W. O. Henderson, *The State and the Industrial Revolution in Prussia 1740-1870*, p. xix.

的增长率为年均3.8%，80年代为3.4%，而在1908—1913年更是达到了年均5%，GDP总数则增长了三倍。这一时期德国工业的发展特征：出现了工厂集中化的趋势，从而加强了大型企业的作用；同一部门的企业通过卡特尔协议进行合作；科学与工业之间联系紧密。这些特征在重型工业机械、冶金和化工行业表现得最为明显。^①德国的工业化大有后来居上之势。1913年德国的制造业能力占到欧洲的32%，而英国是27%。但到1913年英国仍享有欧洲最高的生活水平，德国并未超越，其人均实际收入为英国的四分之三。^②德国的成功包括多种因素，克鲁泽将其总结为：19世纪德国人口增长很快，带来了廉价的劳动力。从而收入比例更有利于资本，并造成了高投资率。同时，一些劳动力具有高技术素质。这使得德国的产品在价格上有竞争力。普鲁士是欧洲第一个实行强制教育的国家，高等教育在技术、工程、科学方面都得到发展。^③

意大利是典型的后发型工业化国家，政府同样在其工业化过程中扮演了主要角色。在意大利统一之前，加富尔就在撒丁王国进行了一系列改革，包括发展农业，修建运河和铁路，鼓励纺织业、机械、造船业活动，以及发展银行业。统一后的意大利政府继续早先的经济政策，先后颁布了自由贸易法令和一系列的教育法令。政府还继续支持铁路、道路和港口等交通设施建设，扩建教育设施。^④对于工业生产，政府提供了直接支持。文琴佐·斯特凡诺·布雷达（Vincenzo Stefano Breda）是商人同时也是政治家。1879年他在特尔尼建设钢铁工业。1884年他与海军工程师和海军部长贝内代托·布林（Benedetto Brin）合作，在特尔尼建设了一个大型钢铁制造和军工企业。这个项目的主要支持力量来自于政府，尤其是得到

---

① Antonio Di Vittorio, ed., *An Economic History of Europe: From Expansion to Development*, p. 199.

② François Crouzet, *A History of the European Economy, 1000-2000*, p. 134.

③ Ibid., pp. 136-137.

④ Antonio Di Vittorio, ed., *An Economic History of Europe: From Expansion to Development*, p. 202.

了国王翁贝托一世的支持。翁贝托一世还于1887年造访了该项目。在1893年金融危机后，政府加强了对金融市场的干预。商业、金融和政治利益变得更为密切相关，一些大银行也成为了政治关注的对象。[①]意大利的银行也为工业发展提供了有力支持。流通信贷银行（Credito Mobiliare）成立于1863年，通用银行（Banca generali）成立于1870年。这两家银行都是法国式的投资银行，它们的一大职能就是为工业发展融资。[②]但在1893年金融危机的冲击下，两家银行均破产。在随后的金融业改革中，一批德国式的混合银行或全能银行成立，它们继续为工业筹措资金。[③]意大利的工业化取得了一些成果，1861—1896年，意大利工业年增长率为2%；到了1896—1913年间，增加到了3.6%，同时就业人数也增加了100万人。由于起步晚、基础薄弱，意大利的工业化程度有限，在世界工业生产中的地位并不高。1750年意大利工业生产在全世界工业生产中所占比重为2.5%，而到1914年这一比重仍未改变。[④]

19世纪欧洲贸易保护和贸易自由是同时存在的两股经济思潮和政策。在欧洲大陆1815年后贸易保护主义更为盛行流行。特别在德国，贸易保护成为了经济政策的主题内容。与传统印象不同，英国在19世纪前期维持了一个相当高的关税水平，比长期被看作实行保护关税的法国还要高出不少。不过，英法两国最终都逐渐开始削减关税，走向了自由贸易。英法在1848年签订了贸易协定，进行自由贸易。1860年又再次达成贸易协定，重申自由贸易原则。两国关税变化参见表7-8。对于贸易保护是否利于工业发展，特别是对后发

---

① Gianni Toniolo, ed., *The Oxford Handbook of the Italian Economy History since Unification*, Oxford: Oxford University Press, 2013, pp. 55-56.

② Antonio Di Vittorio, ed., *An Economic History of Europe: From Expansion to Development*, p. 202.

③ Gianni Toniolo, ed., *The Oxford Handbook of the Italian Economy History since Unification*, p. 52.

④ Matteo Gomellini and Gianni Toniolo, "The Industrialization of Italy, 1861-1971", in Kevin Hjortshøj O'Rourke and Jeffrey Gale Williamson, eds., *The Spread of Modern Industry to the Periphery since 1871*, Oxford: Oxford University Press, 2017, pp. 117-118.

展国家的意义,学术界历来争议不断。一项近期的计量研究给出这样的结论,欧洲19世纪制造业方面的关税与经济增长正相关,而农产品的关税与增长负相关。[①]不过,保护主义对不同国家制造业的影响尚不能一概而论。在19世纪后期,西班牙和意大利均实行了保护主义政策,但却产生了不一样的结果。西班牙保护主义政策偏向制造业且较为严格,结果却损害了西班牙制造业的竞争力。意大利的保护主义政策对其制造业竞争力则没有明显的影响。[②]

表7-8　1821—1913年英国和法国的平均关税率（％）

年份	英国	法国
1821—1825	53.1	20.3
1826—1830	47.2	22.6
1831—1835	40.5	21.5
1836—1840	30.9	18.0
1841—1845	32.2	17.9
1846—1850	25.3	17.2
1851—1855	19.5	13.2
1856—1860	15.0	10.0
1861—1865	11.5	5.9
1866—1870	8.9	3.8
1871—1875	6.7	5.3
1876—1880	6.1	6.6
1881—1885	5.9	7.5
1886—1890	6.1	8.3

① Sibylle H. Lehmann and Kevin H. O'Rourke, "The Structure of Protection and Growth in the Late Nineteenth Century", *The Review of Economics and Statistics*, Vol. 93, No. 2 (May, 2011), p. 615.

② Antonio Tena Junguito, "Tariff History Lessons from the European Periphery Protection Intensity and the Infant Industry Argument in Spain and Italy 1870-1930", *Historical Social Research / Historische Sozialforschung*, Vol. 35, No. 1 (2010), p. 358.

年份	英国	法国
1891—1895	5.5	10.6
1896—1900	5.3	10.2
1901—1905	7.0	8.8
1906—1910	5.9	8.0
1911—1913	5.4	8.8

资料来源：John Vincent Nye, "The Myth of Rree-trade Britain and Fortress France: Tariffs and Trade in the Nineteenth Century", in Jean-Pierre Dormois and Pedro Lanis, eds., *Classical Trade Protectionism, 1815-1914*, London and New York: Routledge, 2006, p.15。

注：关税率指净关税收入占净进口值的百分比，数量为每五年的年平均税率。

结　语

　　欧洲工业发展是欧洲文明变迁的一个侧面。笔者希望本书的内容能够简单且清晰地呈现其基本面貌。文明是形成和变迁的，她更像一条河流而非一个池塘。一条大河会不断迎接新的支流汇入，以及不同支流带来的土壤溶解物和生物。她可能会因为洪水而改道，也可能因山崩而淤塞。河流在她入海口的模样一定完全不同于其源头，但这仍旧是同一条河。相比之下，一个池塘总是静态的。欧洲文明在今天的面貌同样经历了千年变迁而成，这一趋势未来依然不会停止。一个拒绝接受外来因素的文明会像一条没有支流汇入的河流一样，很难汩汩不断、源远流长，恐怕也不会见到汪洋大海。

　　欧洲工业在文明变迁中的发展产生了工业化和现代经济。我们可以说，欧洲自古就有自己的工业，也可以说她自古就没有自己的工业。这取决于在哪个时间点上去判断。不过有一点是无疑的，欧洲人没有拒绝来自近东的水车、印度的棉纺织技术、古代中国的火药，也没有拒绝吹炉炼钢法和大马士革钢。否则的话，技术创新和工业革命就不可期待。欧洲文明中来自外部的因素远不止于物质层面。一种源自东方的思想理念在过去两千年中已经发展为这个文明不可忽视的重要构成——基督教信仰。

　　在欧洲工业的变迁中，我们可以得到一些结论和启示。

　　其一，欧洲不是因为经济有所发展而进入中世纪的，而是因为罗马帝国崩溃。

　　许多人相信罗马帝国崩溃后欧洲的经济水平上升了，奴隶制也随帝国而消亡。然而，这种看法却与基本史实相抵触。公元5世纪后城市衰败、罗马大道失于维护、远途贸易减少，如此等等绝不可能是经济进步的表征。古希腊罗马世界的人均产出曾有所提高，[①]但安古斯·麦迪逊的统计表明，从公元1世纪到10世纪全世界的人均产出水平总体上趋于恶化，其中欧洲的状况最为严重。[②]现代统计与长期以来历史学家从史料中得出的结论相一致。欧洲不是在经济进步中进入中世纪的，而是在倒退中。古罗马世界曾大规模使用奴隶，帝国灭亡之后奴隶也并未在欧洲消失。西欧贩卖和使用奴隶的情况直到10世纪依然很常见。[③]从5世纪到10世纪，欧洲工业作为其整体经济的一部分同样没有多少所谓进步可言。工业主要存在于乡村，服务于自给自足的生产和生活。

其二，在欧洲文明的环境中，中世纪的工业复苏发生并逐渐呈现出独特性。

欧洲的商业和城市在11世纪开始复苏。城市为工业提供了新的活动空间。此时的工业并不是罗马帝国时代生产的死灰复燃，而是一种新生。中世纪城市建立在领主的土地上，受领主的管辖，城市居民也因此饱受领主的盘剥。工商业与农业不同，需要更多的行动自由和经营空间。于是，城市开始通过赎买等各种手段从领主那里取得特许权，以实现城市自治。自13世纪开始，西欧城市大多成为了有特许权的自治城市，尽管自治的程度不尽相同。城市自治权是市民向贵族领主争取的政治权利，是市民独享的权利。换言之，自治城市是市民获得的政治、社会和经济生活空间，而市民则在某种意义上是这类空间的主人。手工业从业者是市民的重要成分。尽管中世纪晚期欧洲城市的政治权力主要掌握在富有商人手中，但在一

①　Walter Scheidel, Ian Morris and Richard Saller, eds., *The Cambridge Economic History of the Greco-Roman World*, Cambridge: Cambridge University Press, 2007, p. 11.

②　Angus Maddison, *The World Economy*, OECD Publishing, 2006, p. 30.

③　Craig Perry, David Eltis, Stanley L. Engerman & David Richardson, eds., *The Cambridge World History of Slavery*, Vol. 2: AD 500-AD 1420, Cambridge: Cambridge University Press, 2021, p. 5.

些地方，手工业者和他们的行会也获得了一定的参与资格。欧洲中世纪工业中出现的这种特征是过去和同时代的其他文明中所没有的。工匠的行会组织有能力垄断生产工艺和市场。尽管行会的势力范围一般只限于城墙之内，但这也意味着它们拥有了一定的政治权力并借此维护自身利益。到近代早期，工匠行会的垄断在许多地方都强化了，而在英格兰则遭到削弱。行会并不一定是新工艺、新技术的反对者，如果对自己有利的话行会成员同样乐于接受和利用。

其三，民族国家是欧洲中世纪后的新事物，它与工业乃至整个经济关系密切。

近代早期是欧洲民族国家形成的时代，以国家为范畴的生产和市场的概念开始出现。君主为了增强自身的实力而保护工业生产、授予垄断权，甚至给对手以贸易封锁和武力威胁。君主会主动吸引外部新技术人才和建立垄断性产业，同时也会尽力阻止本土的技术和人才外流。这与今天欧洲的经济理念大有不同。民族国家初建之国实际上被君主视为自己的私产，君主想要的富和强与国民关系不大，而与他自己关系密切。所以，君主以利己为目标的工业政策可能有利于本国的某些工业，但却可能以抑制其他工业的发展为代价。法国国王曾授予多个领域的商人垄断权力，让他们建立排他性的生产企业。这些垄断企业获得了一定的发展，但另一些行业却因之衰落。一部分工业生产者因君主的保护而获利，因而对君主的强权抱有好感。一部分生产者则不得不逃避经济上和政治上的压迫。南北尼德兰之间的纺织业区域变迁、英格兰新技术的输入等都与这个时代的政治、宗教因素相关。

其四，政治和社会环境是引发工业革命的关键，而非相反。

英国工业革命开启了世界工业化的历程。工业化意味着，一个以农业生产为主的社会转向以工业生产为主。在超过五千年的文明史中，农业一直是人类赖以生存的主要生产形式。工业化的结果带来了社会从生产、生活方式到观念的变化。正是因为如此，西方学界在过去的一百多年中一直持续关注这个主题。语言、文化、信仰、传统和政治上的相似性使欧洲具备了文明的共性。然而，工业化仅在英国率先出现而非在欧洲同时出现。这一点让我们必须关注英国在共性之外是否存在独特之处。英国是欧洲较早形成民族国家的地方中少有的驯服君主强权的国度。17世纪末英国的政治开始转到土地贵族手中，一个阶层操控的国家替代了一个人操控的国家。土地贵族尤其注重财产的安全和保护，因为这是他们最重要的财富来源。这种保障自身利益的行动同时也为工商业提供了比较宽松自由的环境，经济上的垄断在内战以后更为削弱。光荣革命之后国王财政转变为国家财政，而国家实际由土地贵族阶层控制。这种财政体系之下，政府无法不受约束的征用社会资源。相比之下，我们发现17世纪的法国投石党战争则带来了与英国截然不同的结果，法王的强权变得更为突出。卖官鬻爵经常是比商业经营更为有利的投资；垄断继续妨碍工商业的扩展；专制体制下的财政难以进入收支的良性循环。只需如此简要的比较，人们就可以发现生产者更愿意在哪里开业，资本更愿意流向哪里。工业革命最初在英格兰北部触发。这里缺乏行会对产业的控制和垄断，行业从业几乎没有阻碍。棉和棉纺织来自遥远的东方，在英国变成了一个新兴产业。英国人充分结合了本地已有的毛、亚麻等纺织工艺，并为了利润而主动开发新技术。这些有利于经济发展的因素几乎仅在英国同时存在，这就是它与世界绝大多数地方的差异。从这个角度去解读工业革命的起源也将有助于理解后发工业化国家的发展优势与困境。海外殖民掠夺可以获得非分之财，但与激励经营的热情和培育宽松的社会经济环境之间并无逻辑关系。西班牙坐拥巨额的美洲金银却从17世纪开始衰落。

其五，工业化可以通过不同的方式实现，先行者和后发者可以选择自己的优势路径。

工业化在欧洲的传播是快速的，这与同英国地理相邻不无关系。英国工业化模式一定程度上在欧洲大陆得以效仿，而同时两者间的差异性也显著存在。英国工业化的发生和推进几乎完全凭借私人主体和市场力量。政府不进行企业投资，即使是运河和铁路这样耗资

甚巨的建设项目也完全依赖私人投资完成。政府所做的仅是应投资
者要求授予其依法建设的法律。① 19世纪欧洲大陆从英国引入了资
本和技术，工业化通常也从纺织业起步，不久后铁路、钢铁生产很
快成为重点。这个过程中国家的政策和资本支持作用相当突出。尼
德兰政府向工业提供金融支持，普鲁士政府直接对工业生产进行投
资，法国政府更多地采取各种扶持政策，等等。欧洲大陆政府在工
业化中的角色明显与英国不同。18世纪到19世纪早期，英国的银行
业一般不会直接投资于工业企业，更不会支持它们的固定资产建设，
如厂房、设备等。银行业与工业的关系主要发生在流动资本领域，
如在原材料交易中提供汇票贴现等金融服务。欧洲大陆的银行业则
表现出相当积极的态度。尼德兰、法国、德国、意大利等的银行业
都主动为工业提供贷款，甚至直接投资工业企业或持有股份。政府
和银行业主动介入和支持是英国工业化所缺少的特征。欧洲的工业
化模式大致可以区分为英国模式和大陆模式。两种模式之下，它们
工业化的成效也有所差异。英国的市场更有效率，而大陆的发展速
度一度更快。英国与大陆也有一些相近之处。在工业化前和工业化
的过程中，各国政府普遍都采用过贸易保护政策，为本国工业提供
一个减少外部冲击的环境。

　　总之，五千多年以来，没有一个文明是孤立于其他文明的。交
流和互鉴是文明兴盛和延续的必要因素。任何一个文明也都会有自
身独特的东西，差异性构成了与其他文明相区别的特征。欧洲文明
有其独特性，这一点也体现在欧洲工业的历史中。

---

① 针对特定的某条运河或铁路，议会应建设公司的要求授予其一项专门的法律，被称
为特别法（private act）。

参考文献

一、史料

A Brief State of the Question Between the Printed and Painted Callicoes and the Woollen and Silk Manufacture, London: W. Boreham, 1719.

A Manufacturer of Northamptonshire, *Observation on British Wool and the Manufacturing of it in this Kingdom*, London: H. Kent, 1738.

A Merchant, *An Essay on the Improvement of the Woollen Manufacture,* London: T. Cooper, 1741.

Aikin, J. , *A Description of the Country from Thirty to Forty Miles round Manchester*, London: John Stockdale, 1795.

An Argument upon the Woollen Manufacture of Great Britain, Dublin: George Faulkner, 1737.

An Important Crisis in the Callico and Muslin Manufactory in Great Britain, London, 1788.

Baines, Edward, *History of the Cotton Manufacture in Great Britain*, London: H. Fisher, R. Fisher and P. Jackson, 1835.

Baldwin, Samuel, *A Survey of the British Customs*, London: J. Nourse, 1770.

Butterworth, James, *The Antiquities of the Town and a Complete History of the Trade of Manchester*, Manchester: C. W. Leake, 1822.

Carter, William, *The Usurpations of France upon the Trade of the Woollen Manufacture of England*, London: Richard Baldwin, 1695.

Case of the British Cotton Spinners and Manufacturers of Piece Goods, London, 1790.

Defoe, Daniel, *A Tour Through the Whole Island of Great Britain*, the third edition, Vol. Ⅲ, London: J. Osborn, S. Birt, D. Browne, J. Hodges, A. Millar, J. Whiston and J. Robinson, 1742.

French, Gilbert J., *The Life and Times Samuel Crompton*, London: Simpkin, Marshall & Co., 1859.

Gordon, David ed., *The Turgot Collection*, Auburn, Alabama: Ludwig von Mises Institute, 2011.

Guest, Richard, *A Compendious History of the Cotton-Manufacture*, Manchester: Joseph Pratt, 1823.

Kennedy, John, *A Brief Memoir of Samuel Crompton*, Manchester: Henry Smith, 1830.

Kennedy, John, *Observation on the Rise and Progress of the Cotton Trade in Great Britain*, Manchester: S. Russell, 1818.

Noble, Thomas, ed., *The History, Gazetteer and Directory of the County of Derby*, Derby: Henry Mozley and Son, 1829.

"Opening of the Stockton and Darlington Railway", *Morning Post*, Tuesday, October 4, 1825.

Owen, Robert, *The Life of Robert Owen*, London: G. Bell and Sons Ltd., 1920.

Radcliffe, William, *Origin of the New System of Manufacture, Commonly Called "Power-Loom Weaving"*, Stockport: James Lomax, 1828.

Report and Minutes of Evidence on the State of the Woolen Manufacture of England 1806, UK Parliamentary Papers.

Riley, Henry Thomas, ed., *Memorials of London and London Life in the XIIIth, XIVth and XVth Centuries*, London: Longmans, Green and Co., 1868.

Statutes of the Realm, Vol. IV, Part I, Buffalo, N.Y.: William S. Hein. & Co., Inc., 1993.

Taylor, W. C., *Life and Times of Sir Robert Peel*, London: P. Jackson, 1851.

Taylor, W. Cooke, *Factories and the Factory System*, London: Jeremiah How, 1844.

The Case of Mr. Richard Arkwright and Co., 1782.

The Charters and Letters Patent Granted by the Kings & Queens of England to the Clothworkers' Company, London: Wyman & Son, 1881.

The Marqouis of Condorcet, *The Life of M. Turgot*, London: J. Johnson, 1782.

Ure, Andrew, *The Cotton Manufacture of Great Britain*, Vol. I, London: Charles Knight, 1836.

Wiener, J. H. ed., *Great Britain: The Lion at Home; A Documentary History of Domestic Policy 1689-1973,* Vol. Ⅱ, New York: Chelsea House Publishers, 1974.

二、专著与论文

Acemoglu, Daron, Davide Cantoni, Simon Johnson and James A. Robinson, "The Consequences of Radical Reform: The French Revolution", *The American Economic Review,* Vol. 101, No. 7 (2011).

Aghion, P. and S. Durlauf, eds., *Handbook of Economic Growth,* Amsterdam: North-Holland, 2005.

Aghion, Philippe and Peter Howitt, *Endogenous Growth Theory,* Cambridge, Massachusetts: The MIT Press, 1998.

Aldcroft, Derek H. & Michael J. Freeman, eds., *Transport in the Industrial Revolution,* Manchester: Manchester University Press, 1983.

Allen, R. C., "Economic Structure and Agricultural Productivity in Europe, 1300-1800", *European Review of Economic History,* Vol.4, No.1 (2006).

Allen, R. C., "Why the Industrial Revolution Was British: Commerce, Induced Invention and the Scientific Revolution", *Economic History Review,* Vol. 64, Issue 2 (May, 2011).

Allen, Robert C., "The High Wage Economy and the Industrial Revolution: A Restatement", *Economic History Review,* Vol. 68, Issue 1 (Feb., 2015).

Allen, Robert C., *Global Economic History: A Very Short Introduction,* Oxford: Oxford University Press, 2011.

Ashton, T.S., *The Industrial Revolution: 1760-1830,* Oxford: Oxford University Press, 1980.

Ashworth, William J., *The Industrial Revolution: The State, Knowledge and Global Trade,* London: Bloomsbury, 2017.

Bagwell, Philip S., *The Transport Revolution 1700-1985,* London: Routledge, 2003.

Bailey, Mark, *Medieval Suffolk: An Economic and Social History, 1200-1500,* Woodbridge: The Boydell Press, 2007.

Baumann, Wolf-Rüdiger, *The Merchants Adventurers and the Continental Cloth-trade (1560s-1620s),* transl. by Timothy Slater, Berlin: Walter de Gruyter,

1990.

Beckett, J. V., "The Eighteenth-Century Origins of the Factory System: A Case Study From the 1740s", *Business History*, Vol. 19, Issue 1 (Jan., 1977).

Bell, Adrian R., Chris Brooks & Paul R. Dryburgh, *The English Wool Market, c. 1230-1327*, Cambridge: Cambridge University Press, 2007.

Bennett, Judith M., *Ale, Beer and Brewsters in England: Women's Work in a Changing World, 1300-1600*, Oxford & New York: Oxford University Press, 1996.

Berend, Ivan, *An Economic History of Nineteenth-Century Europe: Diversity and Industrialization*, Cambridge: Cambridge University Press, 2013.

Berg, Maxine, ed., *Markets and Manufacture in Early Industrial Europe*, London: Routlege, 1991.

Bogart, Dan, "The Transport Revolution in Industrializing Britain: A Survey", Working Papers 121306, University of California-Irvine, Department of Economics.

Boissonnade, P., *Life and Work in Medieval Europe*, London and New York: Routledge, 2010.

Boldorf, Marcel, "Socio-Economic Institutions and Transaction Costs: Merchant Guilds and Rural Trade in Eighteenth-Century Lower Silesia", *European Review of Economic History*, Vol. 13, No. 2 (Aug., 2009).

Broadberry, Stephen and Kevin H. O'Rourke, eds., *The Cambridge Economic History of Modern Europe*, Vol. 1, Cambridge: Cambridge University Press, 2010.

Broaderry, Stephen, Bruce M. S. Campbell, Alexander Klein, Mark Overton and Bas van Leeuwen, *British Economic Growth: 1270-1870*, Cambridge: Cambridge University Press, 2015.

Bulut, Mehet, "The Ottomans and Western Europeans during the Mercantilist Times: Neutrality, Competition and Conflict", *Journal of Al-Tamaddun*, Vol. 15. No. 1 (2020).

Burt, Roger, "The Transformation of the Non-Ferrous Metals Industries in the Seventeenth and Eighteenth Centuries", *The Economic History Review*, new series, Vol. 48, No. 1 (Feb., 1995).

Catling, H., *The Spinning Mule*, Manchester: Manchester University Press, 1970.

Chaloner, W. H., "Robert Owen, Peter Drinkwater, and the Early Factory System in Manchester 1788-1800", *Bulletin of the John Rylands University Library*, Vol. 37, No. 2 (1954).

Chapman, S. D., *Peel, Sir Robert, First Baronet,* Oxford Dictionary of National Biography, 2004.

Chapman, S. D., *The Cotton Industry and Trade*, London: Methuen & Co., 1905.

Chapman, S. D., *The Early Factory Masters: The Transition to the Factory System in the Midlands Textile Industry*, New York: Augustus M. Kelley, 1967.

Chapman, Stanley, *Merchant Enterprise in Britain*, Cambridge: Cambridge University Press, 1992.

Chapman, Stanley, *The Early Factory Masters: The Transition to the Factory System in the Midland Textile Industry*, London: Gregg Revivals, 1992.

Chapman, Stanley, *The Early Factory Masters: The Transition to the Factory System in the Midland Textile Industry*, Aldershot: Gregg Revivals, 1992.

Cipolla, Carlo M., "The Decline of Italy: The Case of Fully Matured Economy", *The Economic History Review*, New series, Vol. 5, No. 2 (1952).

Cipolla, Carlo M., *Before the Industrial Revolution: European Society and Economy, 1000-1700*, third edition, London: Routledge, 1993.

Clark, Gregory & Neil Cummins, "Urbanization, Mortality and Fertility in Malthusian England", *American Economic Review*, Vol. 99, No. 2 (2009).

Clark, Gregory, "Human Capital, Fertility and the Industrial Revolution", *Journal of the European Economic Association*, Vol. 3, Issue 2-3 (Apr.-May., 2005).

Clark, Gregory, "The Political Foundation of Modern Economic Growth: England, 1540-1800", *Journal of Interdisciplinary History*, Vol. XXVI, Issue 4 (Spring, 1996).

Cooper, J. P., "Economic Regulation and the Cloth Industry in Seventeenth-Century England", *Transactions of the Royal Historical Society*, Vol. 20 (1970).

Crafts, N. F. R., "Industrial Revolution in England and France: Some Thoughts on the Question, 'Why Was England First?'", *The Economic History Review*, Vol. 30, Issue 3 (Aug., 1977).

Crafts, N. F. R., "The Industrial Revolution: Economic Growth in Britain, 1700-1860", in Anne Digby and Charles Feinstein, eds., *New Directions in*

Economic and Social History, London: Macmillan, 1989.

Craig, Lee A. and Douglas Fisher, *The Integration of the European Economy, 1850-1913*, Suffolk: The Ipswich Book Ltd., 1997.

Crouzet, François, "The Historiography of French Economic Growth in the Nineteenth Century", *The Economic History Review*, Vol. 56, No. 2 (2003).

Crouzet, François, *A History of the European Economy, 1000-2000*, Charlottsville and London: University Press of Virginia, 2001.

Crouzet, François, ed., *Capital Formation in the Industrial Revolution*, Methuen & Co Ltd, 1972.

D'Amico, Stefano, "Crisis and Transformation Economic Organization and Social Structures in Milan, 1570-1610", *Social History*, Vol. 25. No. 1 (Jan., 2000).

Daunton, M. J., *Royal Mail: The Post Office since 1840*, New York: Bloomsbury, 2015.

Davies, Margaret Gay, *The Enforcement of English Apprenticeship: A Study in Applied Mercantilism 1563-1642*, Cambridge, Massachusetts: Harvard University Press, 1956.

de Bruyn Kops, Henriette, *A Spirited Exchange: The Wine and Brandy Trade between France and the Dutch Republic in its Atlantic Framework, 1600-1650*, Leiden: Brill, 2007.

de Zwart, Pim and Jan Luiten van Zanden, *The Origins of Globalization: World Trade in the Making of the Global Economy 1500-1800*, Cambridge: Cambridge University Press, 2018.

Deane, Phyllis and W. A. Cole, *British Economic Growth, 1688-1959: Trends and Structure*, Cambridge: Cambridge University Press, 1969.

Dennison, Tracy and Sheilagh Ogilvie, "Does the European Marriage Pattern Explain Economic Growth?",*Journal of Economic History*, Vol. 74, No. 3 (Sep., 2014).

Dennison, Tracy and Sheilagh Ogilvie, "Institutions, Demography and Economic Growth", *Journal of Economic History*, Vol. 76, No. 1 (Mar., 2016).

di Vittorio, Antonio ed., *An Economic History of Europe: From Expansion to Development*, London and New York: Routledge, 2006.

Donald, M. B., *Elizabeth Copper: The History of the Company of Mines Royal 1568-1605*, London: Pergamon Press Limited, 1955.

Doolittle, I. G., *The City of London and its Livery Companies*, Dorchester: the Gavin Press, 1982.

Duchesne, Ricardo, *The Uniqueness of Western Civilization*, Leiden: Brill, 2011.

DuPlessis, Robert S., *Transitions to Capitalism in Early Modern Europe Economies in the Era of Early Globalization, c. 1450-c. 1820,* Cambridge: Cambridge University Press, 2019.

Edwards, Jeremy and Sheilagh Ogilvie, "Universal Banks and German Industrialization: A Reappraisal", *The Economic History Review*, Vol. 49, No. 3 (1996).

Ehmer, Josef, "Rural Guilds and Urban-Rural Guild Relations in Early Modern Central Europe", *International Review of Social History*, Vol. 53, No. S16 (Dec., 2008).

Eisenstadt, S. N., *Comparative Civilizations and Multiple Modernities*, Leiden and Boston: Brill, 2003.

Eisenstadt, S. N., ed., *The Origins and Diversity of Axial Age Civilizations*, Albany: State University of New York Press, 1986.

Epstein, S. R. and Maarten Prak, eds., *Guilds, Innovation, and the European Economy, 1400-1800*, New York: Cambridge University Press, 2008.

Epstein, S. R., "Craft Guilds, Apprenticeship, and Technological Change in Preindustrial Europe", *The Journal of Economic History*, Vol. 58, No. 3 (Sept., 1998).

Felice, Emanuele and Giovanni Vecchi, "Italy's Modern Economic Growth, 1861-2011", *Enterprise & Society*, Vol. 16, No. 2 (2015).

Fenoaltea, Stefano, "Notes on the Rate of Industrial Growth in Italy, 1861-1913", *The Journal of Economic History*, Vol. 63, No. 3 (2003).

Fisher, F. J., "London's Export Trade in the Early Seventeenth Century", *The Economic History Review*, New series, Vol. 3, No. 2 (1950).

Fitton, R. S. & A. P. Wadsworth, *The Strutts and the Arkwrights, 1758-1830*, Manchester: Manchester University Press, 1958.

Fitzsimmons, Michael P., *From Artisan to Worker: Guilds, the French State and the Organization of Labor, 1776-1821*, Cambridge: Cambridge University Press, 2010.

Floud, Roderick and Paul Johnson, eds., *The Cambridge Economic History of Modern Britain*, Volume I: Industrialisation, 1700-1860, London: Cambridge University, 2008.

Floud, Roderick, Hane Humphries and Paul Johnson, eds., *The Cambridge Economic History Modern Britain*, Vol. I, Cambridge: Cambridge University Press, 2014.

Freeman, Charles, *Egypt, Greece and Rome: Civilizations of the Ancient Mediterranean*, third edition, Oxford: Oxford University Press, 2014.

Freeman, Michael J. and D. H. Aldcroft, eds., *Transport in Victorian Britain*, Manchester: Manchester University Press, 1988.

Gadd, Ian Anders and Patrick Wallis, eds., *Guilds, Society & Economy in London 1450-1800*, London: Centre for Metropolitan History, Institute of Historical Research in association with Guildhall Library, 2002.

Galor, Oded and Dacvid N. Weil, "From Malthusian Stagnation to Modern Growth", *The American Economic Review*, Vol. 89, No. 2 (May, 1999).

Gauthiez, Bernard, Richard Rodger and Susanne Rau, "What Mapping Reveals: Silk and the Reorganization of Urban Space in Lyons, c.1600-1900", *Urban History*, Vol. 47. No. 3 (Aug., 2020).

Gelderblom, Oscar, *Cities of Commerce: The Institutional Foundations of International Trade in the Low Countries, 1250-1650,* Princeton & Oxford: Princeton University Press, 2013.

Goddard, Richard, *Credit and Trade in Later Medieval England, 1353-1532*, London: Palgrave Macmillan, 2016.

Godfrey, Eleanor S., *The Development of English Glassmaking, 1560-1640,* Oxford: Oxford University Press, 1975.

Goffart, Walter, *Barbarian Tides: The Migration Age and the Later Roman Empire*, Philadelphia: University of Pennsylvania Press, 2006.

Goldstone, Jack A., "Efflorescenes and Economic Growth in World History: Rethinking the 'Rise of the West' and the Industrial Revolution", *Journal of World History*, Vol. 13, No. 2 (Fall, 2002).

Goldthwaite, Richard A., "An Entrepreneurial Silk Weaver in Renaissance Florence", *I Tatti Studies in the Italian Renaissance*, Vol. 10 (2005).

Gourvish, T. R., *Railways and the British Economy: 1830-1914*, London: Macmillan, 1980.

Gowing, Laura, "Girls on Forms: Apprenticing Young Women in Seventeenth-Century London", *Journal of British Studies*, Vol. 55, No. 3 (July, 2016).

Grafe, Regina and Oscar Gelderblom, "The Rise and Fall of the Merchant

Guilds: Re-thinking the Comparative Study of Commercial Institutions in Premodern Europe", *Journal of Interdisciplinary History*, Vol. XL, No. 4 (Spring, 2010).

Greenslade, M. W. & J. G. Jenkins, eds., *A History of the County of Stafford*, Vol. II , London: Oxford University Press, 1969.

Gregory, Derek, *Regional Transformation and Industrial Revolution: A Geography of the Yorkshire Woollen Industry*, London: The Macmillan Press LTD, 1982.

Greif, Avner, *Institutions and the Path to the Modern Economy: Lessons from Medieval Trade*, Cambridge: Cambridge University Press, 2006.

Griffiths, Richard T., *Industrial Retardation in the Netherlands, 1830-1850*, Den Haag: Martinus Nijhoff, 1979.

Guizot, M., *General History of Civilization in Europe from the Fall of the Roman Empire to the French Revolution*, Vol. I, New York: D. Appleton & Co., 1866.

Gullickson, Gay, *Spinners and Weavers*, Cambridge: Cambridge University Press, 2002.

Gutmann, Myron P., *Toward the Modern Economy: Early Industry in Europe 1500-1800*, Philadelphia: Temple University Press, 1988.

Habakkuk, H. J. & M. Poston, eds., *Cambridge Economic History of Europe*, Vol. VI, Cambridge: Cambridge University Press, 1965.

Habakkuk, H. J. & Phyllis Deane, "The Take-off in Britain", in W.W. Rostow, ed., *The Economics of Take-off into Sustained Growth*, London: Macmillan, 1974.

Hadfield, Charles, *British Canals: An Illustrated History*, London: Phoenix House, 1959.

Harreld, Donald J., ed., *A Companion to the Hanseatic League*, Leiden: Koninklijke Brill, 2015.

Harrison, John E. C., *The Birth and Growth of Industrial England, 1714-1867*, New York: Harcourt Brace Jovanovich, Inc., 1973.

Hartwell, R. M., "The Causes of the Industrial Revolution: An Essay in Methodology", *The Economic History Review*, Vol. 18, No. 1, (1965).

Hatcher, John, *The History of the British Coal Industry*, Volume 1, Before 1700: Towards the Age of Coal, Oxford: Oxford University Press, 1993.

Heather, Peter, *Empires and Barbarians: The Fall of Rome and the Birth of*

Europe, Oxford: Oxford University Press, 2010.

Heaton, H., "Industrial Revolution", in Julian Hoppit & E. A. Wrigley, eds., *The Industrial Revolution in Britain*, Vol. I, Oxford: Basil Blackwill Ltd., 1994.

Hellinga, Lotte and J. B. Trapp, eds., *The Cambridge History of the Book in Britain*, Vol, 3. Cambridge: Cambridge University Press, 2008.

Henderson, W. O., *The State and the Industrial Revolution in Prussia 1740-1870*, Liverpool: Liverpool University Press, 1958.

Henderson, W. O., *Britain and Industrial Europe 1750-1870: Studies in British Influence on the Industrial Revolution in Western Europe*, Leicester: Leicester University Press, 1965.

Heywood, Colin, *The Development of the French Economy, 1750-1914*, London: The Macmillan Press LTD, 1992.

Hill, C. P., *British Economic and Social History 1700-1982*, London: Edward Arnold, 1985.

Hill, Christopher, *The Pelican Economic History of Britain, Vol. 2, 1530-1780, Reformation to Industrial Revolution*, London: Penguin Books Ltd., 1980.

Hinton, David A., *Archaeology, Economy and Society: England from the Fifth to the Fifteenth Century*, London: Routledge, 2002.

Hobsbawm, E. J., *Industry and Empire*, Harmondsworth: Penguin Books, 1968.

Hobsbawm, E. J., *The Age of Revolution, 1789-1848*, Cleveland, Ohio: The World Publishing Company, 1962.

Hoffman, Philip T., Gilles Postel-Vinay and Jean-Laurent Rosenthal, "Private Credit Markets in Paris, 1690-1840", *The Journal of Economic History*, Vol. 52, No. 2 (Jun., 1992).

Hoffman, Philip T., *Why did Europe Conquer the World?* Princeton: Princeton University Press, 2015.

Hohenberg, Paul, *A Primer on the Economic History of Europe*, New York: Random House, 1968.

Hoppit, Julian, *Britain's Political Economies: Parliament and Economic Life, 1660-1800*, Cambridge: Cambridge University Press, 2017.

Horn, Jeff, *Economic Development in Early Modern France: The Privilege of Liberty, 1650-1820*, Cambridge: Cambridge University Press, 2015.

Horn, Jeff, Leonard N. Rosenband and Merritt Roe Smith, eds., *Reconceptualizing the Industrial Revolution*, Massachusetts: The MIT Press, 2010.

Horn, Jeff, *The Path Not Taken: French Industrialization in the Age of Revolution, 1750-1830*, Cambridge, MA: The MIT Press, 2006.

Howell, Martha C., *Commerce before Capitalism in Europe, 1300-1600*, Cambridge: Cambridge University Press, 2010.

Huang, Angela Ling & Carsten Jahnke, eds., *Textiles and the Medieval Economy*, Oxford & Philadelphia: Oxbow Books, 2015.

Hudson, Pat, *The Genesis of Industrial Capital: A Study of the West Riding Wool Textile Industry c.1750-1850*, Cambridge: Cambridge University Press, 1986.

Hutton, Shennan, *Women and Economic Activities in Late Medieval Ghent*, Basingstoke: Palgrave Macmillan, 2011.

Iida, Miki, "Florentine Textiles for the Ottoman Empire in the Seventeenth Century", *Mediterranean World*, Vol. 21 (May, 2012).

Jacobsen, Mogens Chrom, "Pursuing 'the Subjective' in 'Subjective Rights': A Contribution to the Conceptual History of Subjective Rights", *Danish Yearbook of Philosophy*, Vol. 55, No.1 (May, 2020).

Junguito, Antonio Tena, "Tariff History Lessons from the European Periphery Protection Intensity and the Infant Industry Argument in Spain and Italy 1870-1930", *Historical Social Research/Historische Sozialforschung*, Vol. 35, No.1 (2010).

Karayalcin, Cem, "Property Rights and The First Great Divergence: Europe 1500-1800", *International Review of Economics & Finance*, Vol. 42 (Mar., 2016).

Kidd, Alan J., *Drinkwater, Peter(1750-1801), cotton manufaturer*, Oxford Dictionary of National Biography, 2004.

Kopsidis, Michael and Daniel W. Bromley, "The French Revolution and German Industrialization: Dubious Models and Doubtful Causality", *Journal of Institutional Economics*, Vol. 12, No. 1 (2016).

Krenzke, John R., *Chang is Brewing: The Industrialization of the London Beer-Brewing Trade, 1400-1750*, Chicago: Loyola University Chicago, 2014.

Lane, Peter, *The Industrial Revolution: The Birth of the Modern Age*, London: Book Club Associate, 1978.

Lee, C. H., *The British Economy since 1700*, Cambridge: Cambridge University Press, 1986.

Lehmann, Sibylle H. and Kevin H. O'Rourke, "The Structure of Protection and

Growth in the Late Nineteenth Century", *The Review of Economics and Statistics*, Vol. 93, No. 2(May, 2011).

Lehning, James, *Peasants of Marlhes*, Carolina: The University of North Carolina Press, 1980.

Lemire, Beverly, *Cotton*, London: Bloomsbury Publishing, 2011.

Lewin, H. G., *Early British Railways*, London: Routledge/Thoemmes Press, 1998.

Lewis, Gwynne, "Proto-Industrialization in France", *The Economic History Review*, New series, Vol. 47, No. 1 (Feb., 1994).

Lewis, W. A., "Economic Development with Unlimited Supplies of Labour", *The Manchester School,* Vol. XXII, No. 2 (May, 1954).

Lloyd, T.H., *The English Wool Trade in the Middle Ages,* Cambridge: Cambridge University Press, 1977.

Luu, Liên, *Immigrants and the Industries of London, 1500-1700*, Aldershot: Ashgate Publishing Company, 2005.

Madsen, Jakob B., James B. Ang, Rajabrata Banerjee, "Four Centuries of British Economic Growth: The Roles of Technology and Population", *Journal of Economic Growth*, Vol. 15, Issue 4 (Dec., 2010).

Marfany, Julie, "Is it Still Helpful to Talk about Proto-industrialization? Some Suggestions from a Catalan Case Study", *The Economic History Review,* Vol. 63, No. 4 (Nov., 2010).

Marx, Karl, *Capital*, Vol. I, London: Swan Sonnenschein & Co., Ltd., 1904.

Marx, Karl, *Das Kapital*, Erster Band, Hamburg: Otto Meissner, 1867.

Mathias, Peter & M. Poston, eds., *Cambridge Economic History of Europe*, Vol.Ⅶ, Cambridge: Cambridge University Press, 1978.

Michie, Ranald, *The London Stock Exchange: A History,* Oxford: Oxford University Press, 1999.

Mingay, G. E., ed., *The Agrarian History of England and Wales, Vol.* Ⅵ*: 1750-1850*, Cambridge: Cambridge University Press, 1989.

Minns, Chris and Patrick Wallis, "Rules and Reality: Quantifying the Practice of Apprenticeship in Early Modern England", *Economic History Review*, Vol. 65, No. 2 (May, 2012).

Mitchell, B. R., *Economic Development of the British Coal Industry: 1800-1914*, Cambridge: Cambridge University Press, 1984.

Mitchell, B. R., ed., *British Historical Statistics,* Cambridge: Cambridge University Press, 1988.

Moffit, L. W., *England on the Eve of the Industrial Revolution*, London: Frank Cass, 1963.

Mokyr, J., *The Lever of Riches: Technological Creativity and Economic Progress*, New York: Oxford University Press, 1990.

Mokyr, Joel and John V. C. Nye, "Distributional Coalition, the Industrial Revolution and the Origins of Economic Growth in Britain", *South Economic Journal*, Vol. 74, Issue 1 (2007).

Mokyr, Joel, "Intellectual Property Rights, the Industrial Revolution and the Beginnings of Modern Growth", *American Economic Review*, Vol. 99, Issue 2 (May, 2009).

Molà, Luca, *The Silk Industry of Renaissance Venice*, Baltimore: The Johns Hopkins University Press, 2000.

More, Charles, *The Industrial Age: Economy and Society in Britain, 1750-1985*, London: Longman, 1989.

Munro, John H., "The Rise, Expansion, and Decline of the Italian Wool-Based Cloth Industries, 1100-1730: A Study in International Competition, Transaction Costs, and Comparative Advantage", *Studies in Medieval and Renaissance History*, 3rd Series, Vol. 9 (2012).

Murray-Miller, Gavin, "Civilization, Modernity and Europe: The Making and Unmaking of a Conceptual Unity", *History*, Vol. 103, Issue 356 (July, 2018).

Neal, Larry and Jeffrey G. Williamson, eds., *The Cambridge History of Capitalism*, Vol. I: The Rise of Capitalism: From Ancient Origins to 1848, Cambridge: Cambridge University Press, 2014.

Nedennan, Cary J., "Property and Protest: Political Theory and Subjective Rights in Fourteenth-Century England", *The Review of Politics*, Vol. 58, Issue 2 (Spring, 1996).

Nef, J. U., *The Rise of the British Coal Industry*, Vol. I, London: Frank Cass, 1966.

Netherton, Robin & Galer Owen-Crocker, eds., *Medieval Clothing and Textiles*, Vol. 2, Woodbridge: The Boydell Press, 2006.

Nicholas, David, *The Later Medieval City 1300-1500*, Abingdon: Routledge, 2014.

North, Douglass C. and Barry Weingast, "Constitutions and Commitment: The Evolution of Institutions Governing Public Choice in Seventeenth Century England", *Journal of Economic History*, Vol. 49, No. 4 (Dec., 1989).

North, Douglass, *Understanding the Process of Economic Change*, Princeton: Princeton University Press, 2005.

O'Rourke, Kevin Hjortshøj and Jeffrey Gale Williamson, eds., *The Spread of Modern Industry to the Periphery since 1871*, Oxford: Oxford University Press, 2017.

O'Brien, Patrick, "Mercantilism and Imperialism in the Rise and Decline of the Dutch and British Economies 1585-1815", *De Economist,* Vol. 148, No.4 (2000).

Ogilvie, Sheilagh, "Guilds, Efficiency and Social Capital: Evidence from German Proto-Industry", *The Economic History Review*, Vol. 57. No. 2 (May, 2004).

Ogilvie, Sheilagh, "The Economy of Guilds", *The Journal of Economic Perspectives*, Vol. 28, No. 4 (Fall, 2014).

Ogilvie, Sheilagh, "Thinking Carefully about Inclusiveness: Evidence from European Guilds", *Journal of Institutional Economics*, Vol. 17, No.2 (Apr., 2021）.

Ogilvie, Sheilagh, *The European Guilds: An Economic Analysis*, Princeton: Princeton University Press, 2019.

Oldland, John, "The Allocation of Merchant Capital in Early Tudor London", *The Economic History Review*, new series, Vol. 63, No. 4 (Nov., 2010).

Oldland, John, "The Clothier's Century, 1450-1550", *Rural History-Economy Society Culture*, Vol. 29. No.1 (Apr., 2018).

Ortega, Stephen, *Negotiating Transcultural Relations in the Early Modern Mediterranean: Ottoman-Venetian Encounters*, Farnham: Ashgate Publishing Limited, 2014.

Padgett, John F. and Paul D. Mclean, "Economic Credit in Renaissance Florence", *The Journal of Modern History*, Vol. 83, No. 1 (Mar., 2011).

Page, William ed. *The Victoria History of the County of Nottingham*, Vol.Ⅱ, London: Dawsons of Pall Mall, 1970.

Palliser, D. M., ed., *The Cambridge Urban History of Britain*, Vol. I, Cambridge: Cambridge University Press, 2000.

Pawson, Eric, *The Early Industrial Revolution: Britain in the Eighteenth Century*, Harper & Row Publishers, Inc., 1979.

Perkin, Harold, *The Origins of Modern English Society*, London: Routledge, 2002.

Pindedo Nadia Fernandez de et al., "Distribution of English Textiles in the Spanish Market at the Beginning of the 18th Century", *Journal of Iberian and Latin American Economic History*, Vol. 31, No. 2 (2013).

Pollard, S., *Peaceful Conquest: The Industrialization of Europe, 1760-1970*, Oxford: Oxford University Press, 1981.

Pollard, Sidney & David W. Crossley, *The Wealth of Britain, 1085-1966*, London: B. T. Batsford Ltd, 1968.

Pollard, Sidney, "Fixed Capital in the Industrial Revolution in Britain", *The Journal of Economic History*, Vol. 24, No. 3 (Sep., 1964).

Pollard, Sidney, *Typology of Industrialization Processes in the Nineteenth Century*, Boca Raton: CRC Press, 2019.

Postan, M. M. & Edward Miller, eds., *The Cambridge Economic History of Europe*, Vol. II, second edition, Cambridge: Cambridge University Press, 1987.

Postan, M. M., E. E. Rich & Edward Miller, Eds., *The Cambridge Economic History of Europe*, Vol. III, Cambridge: Cambridge University Press, 1965.

Postan, M. M., *Medieval Trade and Finance*, New York and London: Cambridge University Press, 1973.

Postma, Johannes and Victor Enthoven, eds., *Riches from Atlantic Commerce: Dutch Transatlantic Trade and Shipping, 1585-1817*, Leiden: Brill, 2003.

Pounds, N. J. G., *An Historical Geography of Europe, 1500-1840*, Cambridge: Cambridge University Press, 2009.

Prak, Maarten, Catharnia Lis, Jan Lucassen and Hugo Soly, eds., *Craft Guilds in the Early Modern Low Countries*, Aldershot: Ashgate PL, 2006.

Priestley, Margaret, "Anglo-French Trade and the 'Unfavourable Balance' Controversy, 1600-1685", *The Economic History Review*, Vol. 4, No. 1 (August, 1951).

Puffert, Douglas, *Tracks Across Continents, Paths Through History: The Economic Dynamics of Standardization in Railway Gauge*, Chicago: University of Chicago Press, 2009.

Ramsay, G. D., *The English Woollen Industry, 1500-1750*, London: Palgrave, 1982.

Reed, M. C., *Investment in Railways in Britain, 1820-1844*, Oxford: Oxford University Press, 1975.

Rich, E. E. and C. H. Wilson, eds., *The Cambridge Economic History of Europe*, Vol. V, The Economic Organization of Early Modern Europe, Cambridge: Cambridge University Press, 1977.

Rich, E. E. and C. H. Wilson, eds., *The Cambridge Economic History of Europe*, Vol. Ⅳ, Cambridge: Cambridge University Press, 1967.

Richet, Pascal, ed., *Encyclopedia of Glass Science, Technology, History and Culture*, Vol. 2, Hoboken: John Wiley & Sons, 2021.

Rorke, Martin, "English and Scottish Overseas Trade, 1300-1600", *Economic History Review*, new series, Vol. 59, No. 2 (May, 2006).

Rosés, Joan R., "Why Isn't the Whole of Spain Industrialized? New Economic Geography and Early Industrialization, 1797-1910", *The Journal of Economic History*, Vol. 63, No. 4, 2003.

Ross, Ian Simpson, *The Life of Adam Smith*, Oxford: Oxford University Press, 2010.

Rostow, W. W., "No Random Walk: A Comment on 'Why Was England First?'", *The Economic History Review*, Vol. 31, Issue 4 (Nov., 1978).

Rubin, Miri, *Cities of Strangers: Making Lives in Medieval Europe*, Cambridge: Cambridge University Press, 2020.

Rule, John, *The Vital Century: England's Developing Economy, 1714-1815*, London: Longman, 1992.

Singer, Chales, E. J. Holmyard, and A. R. Hall, *History of Technology*, Oxford: The Clarendon Press, 1957.

Singer, Charles, E. J. Holmyard, A.R. Hall & Trevor I. Williams, eds., *A History of Technology*, Vol. Ⅱ, Oxford: Oxford University Press, 1967.

Smail, John, *Merchants, Markets and Manufacture: The English Wool Textile Industry in the Eighteenth Century*, London: Macmillan Press LTD, 1999.

Smith, David Kammerling, "Structuring Politics in Early Eighteenth-Century France: The Political Innovations of the French Council Commerce", *The Journal of Modern History*, Vol. 74, No. 3 (Sep., 2002).

Soly, Hugo, "The Political Economy of European Craft Guilds: Power Relations and Economic Strategies of Merchants and Master Artisans in the Medieval and Early Modern Textile Industries", *International Review of Social History*,

Vol. 53. No. S16 (Dec., 2008).

Spielvogel, Jackson J., *Western Civilization*, Volume I, Belmont: Thomson Wadsworth, 2009.

Stewart, Jon, *The Emergence of Subjectivity in the Ancient and Medieval World: An Interpretation of Western Civilization*, Oxford: Oxford University Press, 2020.

Stobart, Jon & Bruno Blondé, eds., *Selling Textiles in the Long Eighteenth Century: Comparative Perspectives from Western Europe*, New York: Palgrave Macmillan, 2014.

Styles, John, "The Rise and Fall of the Spinning Jenny: Domestic Mechanisation in Eighteenth-Century Cotton Spinning", *Textile History*, Vol.51, No. 2 (2020).

Sylla, Richard and Gianni Toniolo, eds., *Patterns of European Industrialization*, London: Routledge, 1991.

Szostak, Rick, *The Role of Transportation in the Industrial Revolution: A Comparison of England and France*, Montrel & Kindston: McGill-Queen's University Press, 1991.

Taylor, A. J., "Concentration and Specialization in the Lancashire Cotton Industry, 1825-1850", *Economic History Review*, New Series, Vol. 1, No. 2/3 (1949).

Toniolo, Gianni, ed., *The Oxford Handbook of the Italian Economy History since Unification*, Oxford: Oxford University Press, 2013.

Toynbee, Arnold, *Lectures on the Industrial Revolution of the 18th Century in England*, London: Rivingtens, 1884.

Turnbull, Jill, *The Scottish Glass Industry 1610-1750*, Society of Antiquaries of Scotland, 2001.

Ucak, Ayhan, "Adam Smith: The Inspirer of Modern Growth Theories", *Procedia: Social and Behavioral Sciences*, Vol. 195 (2015).

Unwin, George, *Gilds and Companies of London*, London: Frank Cass & Co. Ltd, 1963.

Unwin, George, *Industrial Organization in the Sixteenth and Seventeenth Centuries*, London: Frank Cass, 1972.

Unwin, Tim, *Wine and the Vine: An Historical Geography of Viticulture and the Wine Trade*, London and New York: Routledge, 1996.

Usher, Abbott Payson, "Colbert and Governmental Control of Industry in

Seventeenth Century France", *The Review of Economics and Statistics*, Vol. 16, No. 11 (Nov., 1934).

van Bavel, Bas, "Early Proto-Industrialization in the Low Countries? The Importance and Nature of Market-oriented Non-agricultural Activities on the Countryside in Flanders and Holland", *Revue Belge de Philologie et d'Histoire,* Vol. 81, No. 4 (Apr., 2003).

van Bavel, Bas, *Manors and Markets: Economy and Society in the Low Countries, 500-1600*, Oxford: Oxford University Press, 2010.

van Doosselaere, Quentin, *Commercial Agreements and Social Dynamics in Medieval Genoa*, Cambridge: Cambridge University Press, 2009.

Vardi, Liana, *The Land and The Loom: Peasants and Profit in Northern France 1680-1800*, Durham: Duke University Press, 1993.

Voigtländer, Nico, Hans-Joachim Voth, "Why England? Demographic Factors, Struvtural Change and Physical Capital Accumulation during the Industrial Revolution", *Journal of Economic Growth*, Vol. 11 (2006).

Wagner, Peter, *A Sociology of Modernity: Liberty and Discipline*, London and New York: Routledge, 1994.

Wagner, Peter, *Modernity as Experience and Interpretation: A New Sociology of Modernity*, Cambridge: Polity Press, 2008.

Ward, J.R., *The Finance of Canal Building in Eighteenth-Century England*, Oxford: Oxford University Press, 1974.

Ward-Perkins, Bryan, *The Fall of Rome and the End of Civilization*, Oxford: Oxford University Press, 2006.

Weber, Klauis, "Geography, Early Modern Colonialism and Central Europe's Atlantic Trade", *European Review*, Vol. 26, No. 3 (May, 2018).

Wegner, Gerhard, "Capitalist Transformation without Political Participation: German Capitalism in the First Half of the Nineteenth Century", *Constitutional Political Economy*, Vol. 26, No. 1 (2015).

Williams, Eric, *Capitalism and Slavery*, Richmond: University of North Carolina Press, 1944.

Wilson, Charles, "Cloth Production and International Competition in the Seventeenth Century", *The Economic History Review*, New series, Vol. 13, No. 2 (1960).

Wintle, Michael, *An Economic and Social History of the Netherlands, 1800-*

1920: Demographic, Economic and Social Transition, Cambridge: Cambridge University Press, 2000.

Wrigley, E. A., *Energy and the English Industrial Revolution,* Cambridge: Cambridge University Press, 2010.

Wrigley, E. A., *The Path to Sustained Growth*：*England's Transition from an Organic Economy to an Industrial Revolution*, Cambridge: Cambridge University Press, 2016.

Yoneyama, Masaru, "The Decline of Guilds and Their Monopoly in English Provincial Towns, with Particular Reference to Exeter", *Urban History*, Vol. 46, No. 3 (Aug., 2019).

Zahedieh, Nuala, "Making Mercantilism Work: London Merchants and Atlantic Trade in the Seventeenth Century", *Transactions of the Royal Historical Society*, Vol. 9 (1999).

Zell, Michael, "Credit in the Pre-Industrial English Woollen Industry", *The Economic History Review*, New series, Vol. 49, No. 4 (Nov., 1996).

〔美〕阿夫纳·格雷夫：《大裂变：中世纪贸易制度比较和西方的兴起》，郑江淮等译，中信出版社2008年版。

〔英〕阿瑟·刘易斯：《经济增长理论》，周师铭等译，商务印书馆1999年版。

〔英〕安格斯·麦迪森：《世界经济千年史》，伍晓鹰等译，北京大学出版社2003年版。

〔法〕保尔·芒图：《十八世纪产业革命——英国近代大工业初期的概况》，杨人楩、陈希秦、吴绪译，商务印书馆1997年版。

〔英〕彼得·克拉克：《欧洲城镇史：400—2000年》，宋一然等译，商务印书馆2015年版。

〔英〕彼罗·斯拉法主编：《李嘉图著作和通信集》第一卷《政治经济学及赋税原理》，郭大力、王亚南译，商务印书馆1997年版。

〔美〕道格拉斯·C.诺思：《经济史上的结构和变革》，厉以平译，商务印书馆1999年版。

〔美〕道格拉斯·诺思、罗伯斯·托马斯：《西方世界的兴起》，厉以平、蔡磊译，华夏出版社1999年版。

〔美〕道格拉斯·诺思：《理解经济变迁过程》，钟正生等译，中国人民大学出版社2013年版。

〔法〕杜阁：《关于财富的形成和分配的考察》，南开大学经济系、经济学说史教研组译，商务印书馆1997年版。

〔英〕E. 罗伊斯顿·派克：《被遗忘的苦难——英国工业革命的人文实录》，蔡师雄等译，福建人民出版社1983年版。

〔法〕费尔南·布罗代尔：《15至18世纪的物质文明、经济和资本主义》第二卷，顾良译，生活·读书·新知三联书店1996年版。

〔法〕费尔南·布罗代尔：《15至18世纪的物质文明、经济和资本主义》第三卷，施康强、顾良译，生活·读书·新知三联书店1992年版。

〔法〕费尔南·布罗代尔：《菲利普二世时代的地中海和地中海世界》，唐家龙、曾培耿等译，商务印书馆1998年版。

〔德〕弗里德里希·李斯特：《政治经济学的国民体系》，陈万煦译，商务印书馆1997年版。

〔英〕海韦尔·G. 琼斯：《现代经济增长理论导引》，郭家麟等译，商务印书馆1999年版。

〔比〕亨利·皮朗：《中世纪欧洲经济社会史》，乐文译，上海人民出版社2001年版。

〔意〕卡洛·M.奇波拉主编：《欧洲经济史》第一卷，徐璇译，商务印书馆1988年版。

〔意〕卡洛·M.奇波拉主编：《欧洲经济史》第二卷，贝昱、张菁译，商务印书馆1988年版。

〔意〕卡洛·M.奇波拉主编：《欧洲经济史》第三卷，吴良健等译，商务印书馆1989年版。

〔美〕康芒斯：《制度经济学》，丁树生译，商务印书馆1997年版。

〔美〕罗伯特·M.索洛：《经济增长理论：一种解说》（第二版），朱保华译，格致出版社、上海三联出版社、上海人民出版社2015年版。

〔英〕罗伯特·艾伦：《近代英国工业革命揭秘：放眼全球的深度透视》，毛立坤译，浙江大学出版社2012年版。

〔英〕罗杰·奥斯本：《钢铁、蒸汽与资本：工业革命的起源》，曹磊译，电子工业出版社2016年版。

〔英〕马尔萨斯：《人口原理》，朱泱、胡企林、朱和中等译，商务印书馆2001年版。

〔法〕米歇尔·博德：《资本主义史1500—1980》，吴艾美等译，东方出版社1986年版。

〔英〕诺尔曼·庞兹：《中世纪城市》，刘景华、孙继静译，商务印书馆2015年版。

〔美〕彭慕兰：《大分流：欧洲、中国及现代世界经济的发展》，史建云译，江苏人民出版社2003年版。

〔法〕乔治·勒费弗尔：《法国革命史》，顾良等译，商务印书馆2012年版。

〔法〕萨伊：《政治经济学概论——财富的生产、分配和消费》，陈福生、陈振骈译，商务印书馆1997年版。

苏联科学院主编：《世界通史》第五卷，生活·读书·新知三联书店1963年版。

吴斐丹、张草纫选译：《魁奈经济著作选集》，商务印书馆2007年版。

〔美〕W. W. 罗斯托：《经济增长的阶段：非共产党宣言》，郭熙保、王松茂译，中国社会科学出版社2001年版。

〔美〕西蒙·库兹涅茨：《各国经济的增长》，常勋等译，商务印书馆1999年版。

〔法〕夏尔·季德、夏尔·利斯特：《经济学说史》上册，徐卓英等译，商务印书馆1986年版。

〔英〕亚当·斯密：《国民财富的性质和原因的研究》上卷，郭大力、王亚南译，商务印书馆1997年版。

〔英〕约翰·巴顿：《论影响社会上劳动阶级状况的环境》，薛藩康译，商务印书馆1997年版。

〔英〕约翰·克拉潘：《现代英国经济史》上卷，姚曾廙译，商务印书馆1997年版。

〔英〕约翰·米尔斯：《一种批判的经济学说史》，高湘泽译，商务印书馆2005年版。

〔英〕约翰·穆勒：《政治经济学原理及其在社会哲学上的若干应用》下卷，胡企林、朱泱译，商务印书馆1997年版。

〔英〕约翰·希克斯：《经济史理论》，厉以平译，商务印书馆1999年版。

〔美〕约瑟夫·熊彼特：《经济分析史》第一卷，朱泱等译，商务印书馆2001年版。

〔美〕詹姆斯·W.汤普逊：《中世纪晚期欧洲经济社会史》，徐家玲等译，商务印书馆1996年版。

《资本论》第一卷，《马克思恩格斯全集》第四十四卷，人民出版社2001年第二版。

陈紫华：《一个岛国的崛起——英国产业革命》，西南师范大学出版社1992年版。

罗荣渠主编：《现代化——理论与历史经验的再探讨》，上海译文出版社1993年版。

钱乘旦：《西方那一块土：钱乘旦讲西方文化通论》，北京大学出版社2015年版。

钱乘旦、杨豫、陈晓律：《世界现代化进程》，南京大学出版社1999年版。

王觉非主编：《近代英国史》，南京大学出版社1997年版。

徐滨：《英国工业革命中的资本投资和社会机制》，天津社会科学院出版社2020年版。

徐滨："18—19世纪英国劳工生活标准的变化"，《世界历史》，2005年第2期。

徐滨："英国工业革命中劳工生活标准的争论与辩驳"，《历史教学》，2004年第12期。

索　引

276